# 映画の声

## 戦後日本映画と私たち

御園生涼子

みすず書房

映画の声——戦後日本映画と私たち　目次

## 第1部　大島渚とその時代



## 第2部　メロドラマの政治学

# 第1部　大島渚とその時代

# 時代を証言する

## 『日本の夜と霧』

### 1　ある事件の記憶

暗闇を横切ってキャメラがゆっくりと移動してゆく。霧が流れてきて辺りを包み、その向こうに一人の男の姿が浮かび上がる。キャメラはその男を追いつつ彼を追い越し、さらに漸進し、窓の明るい建物のなかへ滑り込んでゆく。ここでは、折しも一組の男女の結婚式がとり行われようとしている［図1］。今は一九六〇年、日米安保条約の更新に反対する学生運動が盛り上がり、そして敗北した年だ。式会場の中央奥には新郎・野沢と新婦・玲子が並ぶテーブルがとらえられ、彼らを正面からとらえるキャメラを挟んで左手に野沢の友人たち、右手に玲子の友人たちが列席している。左右対称性が強調された画面構成は、これから行われる式が象徴するものを明確に示している。それは、一つの運動の歴史を画する二つの時代の会合でもあり、彼らが共有する傷を縫合するための儀式でもあるのだ。

一方に新郎である野沢が代表する世代、一九五〇年の朝鮮戦争の勃発、引き続くサンフランシスコ講和条約締結によって揺らぐ世相のなかで学生運動に身を投じた世代があり、もう一方に新婦である玲子が属する世代、十年後の一九六〇年、安保条約更新に際し立ち上がった学生たちの世代がある。野沢たちが全学連と共産党との共闘を掲げたのに対し、玲子たちの時代になると全学連は共産党との関係を断つ道を選んだ。彼らの結婚は党派間の和解のアレゴリーとして――しかし実際には問題は何も解決されないまま――示されている。

図１

　大島渚の『日本の夜と霧』（松竹）が公開されたのは一九六〇年十月。安保闘争が一つのピークを迎えた国会前デモが同年六月十五日の出来事であることを考えると、実に驚くべき速さで大島がこの事件に対応していることがわかる。大島の言葉で言えば「安保闘争の総括」であり、また戦前・戦後の共産主義、社会主義運動の「トータルな総括」として構想されたこの作品は、時代の騒乱から非常に近い時と場所から生み出された[1]。それは、いわば「時代の証言」としての映画であったのだ。シンボリカルな画面構成と物語構造によって組み立てられた『日本の夜と霧』が虚構であることに異議を挟む者はいないだろうが、この作品がまったくの虚構であると言うこともまたできないだろう。この作品における野沢たち第一世代には大島自身の左翼学生運動経験が色濃く投影されており、それは当時の学生たちの政治議論をそのまま再現するような俳優たちの言葉遣いや、共産党の内外部での抗争への明らかな言及といった形をとって現れている。また、大島は戸浦六宏や吉沢京夫といった大学時代の友人たちに主要な役を演じさせる一方、津川雅彦演じる太田には安保闘争を率いた当時の全学連のリーダーたちを連想させる人物造型をほどこしている。おそらく公開当時の観客は、大島が作品中にちりばめたこれらの符号を現実の対象と結びついたインデックスとしてより正確に読み解くことができたであろうし、現実と表象されたものの距離も今よりずっと近く感じられたに違いない。さらに、観客動員数の不振を理由に、封切りからわずか四日で松竹から上映中止を言い渡されるという事態に及んで（作品の政治色の強さに難色を示した松竹幹部が、劇場公開の直後に起きた浅沼社会党委員長刺殺事件の波紋を恐れて打ち切りを決定したとの憶測が流れた）[2]、この作品は「社会的事件」として現実の時間のなかに組み込まれることになる。このわずか二週間後に行われた大島自身の結婚式は、松竹のこの措置に反論する彼の友人たちのスピーチによって、『日本の夜と霧』の舞台を再現するかのような弁論大会と化したという。[3]現実に遅れてやって来た証言が、いつのまにか現実に先立つかたちで現実の証言となったのである。

しかし、このように現在という時間と危険なまでに密接に絡まり合った『日本の夜と霧』という作品が、実際にその語りの構造を見てみれば、明らかに過去へと遡行し、過去によって現在が浸食されてゆく映画であるという事実は、何とも奇妙ではないだろうか。もう一度冒頭の式場の場面に戻ってみよう。粛々と進められるはずだった儀式の空間に、一人の闖入者が現れる。先ほどキャメラが追い抜いた、式場の外から中をうかがっていた男、太田だ。安保闘争の主犯格として指名手配を受けている彼は、野沢と玲子の結婚を欺瞞だと言い放ち、玲子に、また式の参列者に、過ぎ去ったばかりのま

図2

だ生々しい安保闘争の記憶を呼び起こすよう迫るのである［図2］。式場は回想のトポスとなり、やがて各人がそれぞれの立場から過去を語り始める。向かい合って並んだ二つの世代に対応するように、二つの時系列、すなわち十年前の野沢たちの記憶と、玲子が闘った六〇年安保の記憶とが、フラッシュバックによって呼び戻される。しかし、なぜ彼らは過去について語らなければならないのか。あるいは、なぜ語らずにはいられないのだろうか。

大島は「映画監督の仕事は「この指とまれ」、「おれたちはこういう夢をいっしょに見るんだ」というのが映画監督の商売だ」と述べ、その典型的な作品として『日本の夜と霧』を挙げている。大島はこの作品を撮るにあたって多くの学生および左翼活動家に話を聞いたと述懐しているが、さらに自分から意見を言いにくる者、映画に何かの形で関わろうとやって来る者が後を絶たなかったという(4)。言ってみれば『日本の夜と霧』は、大島渚という作家の作品であるだけでなく、ある時代、ある世代に共有された集合的記憶を彼らにかわって証言する装置となっているのだ。こうした問題意識は大島一人のものではなく、彼を取り巻く時代の空気と、映画表現の革新をめざす表現者たちの間で共有されていたものである。

六月の安保闘争は映画をめぐる議論、とりわけ記録映画、独立プロ運動に携わる作家・批評家たちに大きな波紋を投げかけた。そこで焦点となったのは、現実の社会に対して映画がいかに「アクチュアリティ」をもって関わることができるかという問い、そして映画作家はいかに運動と自らの主体的表現とを接続することができるのか、という問いである。さまざまな立場から論陣が張られるなか、記録映画の側からは野田真吉らが中心となった『一九六〇年六月——安保への怒り』が、独立プロからは山本宣治の半生に題材をとった山本薩夫の『武器なき斗い』が現れた。

大島の『日本の夜と霧』は、松竹ヌーヴェル・ヴァーグと上記のような流れが交差し合うなかで、「時代の証言」としてその価値を問われたのである。(5) しかし、映画が「証言」となるとは、どのような事態を指すのだろうか。またそれは、どのような形で可能となるのだろうか。

## 2　「証言する主体」とは誰か

霧のなかをくぐり抜けて進むキャメラの動きに導かれて、私たちは今、式場のなかにいる。キャメラは新郎・新婦と彼らの脇で祝辞を読む宇田川を正面からとらえたのち、司会の挨拶をする中山、それに横やりを入れる東浦、そして祝いの言葉を述べる玲子の友人へと、台詞をしゃべる俳優にあわせてパンを繰り返す。さらに望遠レンズが発言者の表情をとらえ、その輪郭を際立たせる。(6) このキャメラは、まるで語られる言葉を聞くためにそこに立ち会っているかのようだ。人物の動きや舞台の転換が比較的少ないこの作品において、過剰ともいえる密度で詰め込まれた台詞は、映画の語りの機能の大部分を担っている。『日本の夜と霧』のとったこのような形式は「ディスカッション・ドラマ」と呼ばれたが、ここで彼らが激しい言葉の応酬によって行おうとしているのは、議論というよりはむしろ彼らが共有する過去の検証であり、犯された罪の暴露であり、式場は過去を裁く法廷の場となる。二つの世代がともに歌った学生歌に誘われるように、登場人物たちは過去の出来事について語り始めるが、それらの語りは十年を隔てつつ重なりあう二つの事件、すなわちスパイの脱走を助けたという容疑をかけられた友人の自殺と、六月十五日のデモで負傷して病院に運ばれた友人の失踪をめぐる法廷裁判の様相を帯びている。証言者たちは解決のない謎ときを前に、互いに罪を糾弾しあう。私たちはもはや、結婚式の客としてこの場所に参列しているのではなく、法廷の傍聴人として証言者たちの答弁に耳を傾けているのだ。

ショショナ・フェルマンはクロード・ランズマンの『ショアー』を論じた『声の回帰』において、証言という言表を複数の文脈の交差点に位置する行為として位置づけている。証言はそれが発話された時点からすでに、公的な法体系の内部に位置づけられ、裁かれることが運命づけられている。そしてまた証言する者は、現在という場所から、過去を未来に向けて語り伝えることによって、歴史という時間の流れのなかに身を置いている。そしてさらに、自らの語りを他者へと伝え、その行為によって共同体の記憶に参与することによって、他者とのコミュニケーションの問題に巻き込まれている。証言にはいつも責任を負う義務が付きまとう。証言をするということは、過去の出来事を過不足ない形で伝える、反映するということだけを意味するのではない。自分自身の唯一無二の経験を一つの「物語」として伝えること、そしてそれを他者と共有することによって、共同体あるいは歴史のなかに参与すること。これらの条件を満たすことによって、証言は事実の羅列ではなく、一つの行為とな

るのである。(7)

証言を一つの行為としてとらえ、その行為をもって複数の流れのなかに自らコミットすること。このような意味において、『日本の夜と霧』もまた、証言を行為として生起させることを目的として作られた映画だと言える。大島は自分自身の、同世代の人々の記憶を物語として提示することによって、個人的な経験を社会に参与させることに成功した(「ぼくがこの映画をやるんだということで、ワァッときた。(…)社会的事件として作るんだという気分がみんなにあったんで。社会的事件としての上映中止ということになった気がします」)(8)。『日本の夜と霧』は、観客に、社会に、あるいは歴史に対して「語りかける」映画として製作されたのだ。(9) こうした共同体への語りかけという構造は、『日本の夜と霧』の作品内部でも繰り返されることによって二重化されている。太田は、六月十五日国会前デモの記憶を語ったのち、結婚式の参列者たちに向かってこう呼びかける。「君、いや全ての君の共犯者たち! あの高揚した民衆の怒りを六月の日々、流れ解散のなかに流し去ったように、今忘却の彼方に忘れ去ろうとしている者たちを、僕は許すことができない!」。

ここで、太田はまず一人の女性の参列者へ「君」と呼びかけたのち、向き直って「全ての君の共犯者たち」と言い直す。ここで複数形によって呼びかけられている「共犯者たち」とは誰を指すのか。第一義的には、その場所に居合わせている人々である。しかし、それだけではない。おそらく彼の呼びかけは、スクリーンの向こうの観客、また六月十五日のデモに参加したすべての人々へと向けられているのではないか。また、太田は「僕」という一人称を使って語っている。しかし、彼は何かの、それあるいは代理代表としてこの言葉を語ろうとしているようだ。彼が代弁しようとしているもの、それは六月十五日の「民衆の怒り」であり、より具体的にはデモの後に姿を消してしまった彼らの友人・北見の言葉である。太田は式場を見渡しながら彼らを忘れてしまった者たちを糾弾し、釈明を迫る。「たった一言でいい、僕は皆さんに聞きたいんです。皆さんの返事を聞きたいんです。仲間であった一人の男、恋人でなくてもいい、友人としてでもいいが、われわれの前からポッカリ姿を消したことに頬かむりをして家庭という檻のなかに落ち着いていいのか！　そういう落ち着きは何を犠牲にしての落ち着きなのか。臭いものにフタをしていいのか」。

このように、証言とは誰かへの呼びかけとして発話され、また証言台に立つことのなかった者のために語られる。証言を証言として基礎づけているのは、証言者が出来事のその場所に居合わせたこと、その経験の唯一無二性であることは言うまでもないことだ。それはとにもかくにも「わたし」の経験であり、それを他でもない「わたし」が伝えることが証言を有効たらしめるのである。「わたし」という主体が、自ら語る声を獲得し、自分の拠って立つ位置を明確に示すこと。これは、『日本の夜と霧』が公開された一九六〇年当時に新しい映画の創造を目指していた映画作家たちにとって、早急に達成されなければならない課題であった。こうした問題意識に照らされたとき、『日本の夜と霧』は、政治的な問いかけを中心においた作品でありながら、最終的な判断が宙吊りにされている、大島自身の位置が不明確であるといった批判を受けることとなる。(10)

当時、雑誌『記録映画』の主要な論客の一人であった松本俊夫は、『日本の夜と霧』の試みの重要さを認めつつ、大島の「徹底しようとして徹底しきれなかったいくつかの曖昧さ」を批判し、ラストシーンについて次のような不満を述べている。「そして大島のカメラは中山から彼らの上を次々とすべるように通り過ぎ、彼らの内面に充分くい入らぬまま再び中山へと戻っていった。（……）この時、作家の具体的な批評行為としてのこのカメラの運動、作家の現実に対する批評そのものであるこの一ショットを通じて、私は主体としての大島の位置は一体どこにあるのかということを、かなり大きな問題として感じない訳にはゆかなかったのである」[11]。一九五〇年代終わりから一九六〇年代初めにかけて最も先鋭的な映画評論誌の一つであった『記録映画』では、作家の主体性の確立が大きな課題として取り上げられ、作家主体と社会運動とが取り結ぶ関係をめぐって盛んな議論がなされていた。そこでは映画は、言表主体である作家あるいは運動団体が社会に向けてメッセージを発するための媒体として考えられ、現状を変革する「アクチュアリティ」をもつことが求められた。松本の上記のような批判も、こうした文脈に位置づけられるものであると言える。

しかし、映画のなかで大島の事件に対する明確なメッセージが示されないことは、松本が言うように「作家自身の批評の眼が相対化する」ことや彼の「態度決定の曖昧さ」を意味するのだろうか。松本の議論は、映画は作家という個人の主張を伝える透明な表現媒体になりうるという前提と、主体という概念への信頼の上に成り立っている。また松本は、『日本の夜と霧』の「ディスカッション」形式を取り上げ、「各登場人物を相互に否定させ、人物を相対化させることによって、みるものに主体的な批評の契機を内発させようとする」[12]ものだと指摘している。だが、この映画を構成する複数の語りは、各論陣の立場を相対化するという以上の機能をここでは果たしているのではないか。過去の事件を前にしての彼らの逡巡や曖昧さは、政治的立場の弱さだけではない。そこには、直接触れることができず、語ることもできない経験について語ることの困難が表れているのではないだろうか。

『日本の夜と霧』の法廷と化した結婚式場において、十年を隔てて向かい合った学生運動家たちは、口々に発言権を求めて自らの経験を語ろうとする。しかし、彼らの経験の中心にあって語りえぬもの、共同体の存続を脅かすために抑圧され、忘れ去られようとしているものが滞っている。それは十年前、スパイ疑惑をかけられて自殺した高尾の存在であり、六月十五日以後失踪した北見の行方である。闇のなかに葬り去られようとしているこの二つの事件に関し、真実を語ることができるのは当事者の二人だけだが、彼らはここに来て語ることができない（彼らの友人の一人・宅見が招かれざる客として式場の入り口に立ち、高尾の名を名乗って場内を慄然とさせるとき、東浦は次のように叫ぶ。「あの男が本当に高尾君だとしたら、彼は幽霊なのです！」）。ただ残された者たちが、出来事のなかに呑み込まれてしまった者の代理として語るしかないのである。ジャック・デリダは、これは証言行為の根本に付きまとう一つのパラドクスであると指摘する。[13]「わたしの死」は私自身しか証人となることができない経験であるにもかかわらず、「わたしは死んでいる」という言表が論理的に不可能である限り、私は自分自身の死を証言することはできない。証人となることができるのは「生き残った者」だけであるにもかかわらず、「完全な証人」になることができるのは、実は証言することができない者たちのほうなのだ。このため、証言者として証言台に立つということは、自らの言葉を失った者たちの代理として語る困難、また言葉を失わせる体験について語るという不可能性の前で、「わたし」という言表の主体の基盤を揺るがされる経験となる。証言者たちは「わたし」あるいは「われわれ」と名乗り、「君」「君たち」と鋭く呼びかける。だが、語れば語るほど物語の中心にある空洞が深まっていくかのような『日本の夜と霧』の構造は、「わたし」と口にすることによって「わたし」という存在が脱主体化されてゆくプロセスである証言行為の核心をついているのである。

### 3 「いま、ここ」のアクチュアリティ

証言するという行為は、もう一つのパラドクス、すなわち彼もしくは彼女が声を発する基盤となる「いま、ここ」という時間と場所に関わるパラドクスに付きまとわれている。証言は、つねに発話者自身のその場所への現前を要請し、現在形で語られることを必要とする。それは、「わたし」が自分自身の経験を語ることによって、現在という状況のなかへ積極的に介入するのだという意思表示となるのである。一九六〇年六月の安保事件から四ヶ月と経たないうちに、この誰の記憶にもまだ新しい事件を真正面から取り上げた『日本の夜と霧』もまた、現在という時間と切り結ぶことを目的として作られた作品であると言えるだろう。『映画芸術』一九六〇年十二月号に掲載された評論において福田定良は、同年に公開された山本薩夫『武器なき斗い』とこの作品とを比較しつつ、次のように述べている。

> 今、私の心の中には、『武器なき斗い』における山本宣治暗殺の場面と、離れがたいものとして結びついている。(…)『武器なき斗い』で描かれた暗殺は単に過去の事件でもなければ劇映画の素材でもなく、今日の事件となったのである。映画は現実に、現実は映画に肉薄する。しかし、この切迫感を感じさせたのは『武器なき斗い』よりも『日本の夜と霧』であった。山本薩夫の作

品が今日の人間存在を過去の歴史の中でとらえたものだとすると、大島渚の作品はそれを現代の歴史の中でとらえようとしたものだ、と言えるだろう。[14]

治安維持法に反対し、凶刃に倒れた山本宣治の半生を通じて昭和初期の社会運動を描いた『武器なき斗い』は、そのテーマと独立プロという製作形態において、松竹製作の『日本の夜と霧』と対比されてよく論じられた作品である。映画製作だけでなく、興行から独立した映画観客運動や、自主上映活動の活発化といった大きな変化の流れのなか、議論の焦点は、映画がいかに「アクチュアリティ」をもって現実と関わるのか、という点へと絞られてゆく。[15] 福田が山本の死を浅沼委員長の暗殺に重ねてみているように、映画はフィクションの安定した語りの次元を越えて、「いま、ここ」の現在へと働きかけようとしていた。

こうした議論のなか、大島の『日本と夜の霧』はそのタイムリーな題材と観客に議論を引き起こすポレミークな力とを評価されつつ、観念的な表現が先行していること、難解すぎる内容が観客層を限定してしまい、結果的に上映中止に追い込まれたことなどが問題点として挙げられている。佐々木基一は肯定的にではあるが、大島の方法論的な前衛性を指して「時間と空間のリアルな表現を一切拒けて」、「もっぱら観念それ自身のドラマ」を追究していると指摘している。[16] しかし、この作品が観客に喚起する「いま、ここ」という現在の感覚は、この映画の時代設定が作品が公開された時期とほぼ等しく、まさに時代と同伴する映画であるという点にのみ由来するものではない。それはもう一方で、観念的であると指摘された表現上の特徴にも拠っているのではないだろうか。

『日本の夜と霧』は極端な長回しおよびワンシーン・ワンショットを基本として構成され、全編合わせてもわずか四三ショットしかない。そこでは、俳優たちが長い台詞をしゃべりつつ言葉につまったり、言い直したりといった通常カットされるような場面もそのまま使用されている。大島は長回しにこだわった理由について、次のように語っている。

パッパッとカットバックして俳優さんを見せるのと、一人の俳優、あるいはもう一人の俳優をワンカットで連続的に見せるということでは、俳優のもってる質感というか、実在感はちがうだろうと。俳優の生理と心理の流れを中断しないで見せることによって、観客が俳優の実在性みたいなものを、カットバックしたよりも強くもつわけで。映画のもってる深さ、深度みたいなものが変わってくるだろうと思うんですね。(17)

ある一定の幅をもって切り取られた長回しのショットは、時間と空間を一体として観客に提示し、「リアルさ」の効果、出来事が現前しているという感覚を呼び起こす。大島がここで選択した手法の大胆さは、法廷劇という映画ジャンルの一般的な形式と比較すれば明らかだろう。映画において、法廷シーンは多くの場合、証言者・弁護人等の語る人物と、その言葉に耳を傾ける裁判官・聴衆のカットバックの積み重ねによって構成されている。証言する人物のショットの出現に続き、それに応えるショットが現れるこの形式では、法廷という場は細分化され、そこで言葉を発する身体も抽象化してゆく。これに対し『日本の夜と霧』の徹底したワンシーン・ワンショットは、空間の同質性を強調し、発話する俳優たちの身体をそのなかに有機的に位置づける。[18]「君たち」と語りかける身体と、それに応える身体とをすばやいパンで結びつけるカメラの動きは、証言行為が「いま、ここ」で行われていることを証明しているかのようだ。全シーンがセット撮影、しかも舞台は結婚式場と学生寮の二つにほぼ限定されているという点からみれば、『日本の夜と霧』は象徴的な観念劇と判断されるかもしれない。しかし、発言者のリアルな身体と声のきめとを記録したという点においては、この作品はきわめてリアルなドキュメントとなっているのである。

だが、『日本の夜と霧』が安保事件という歴史的な出来事に対して真に語りかける力をもっていたとしたら、それは上述のような題材のもつ新しさや、長回しという手法によって獲得された発話者の身体の「リアルさ」といった、直接的に働きかける「アクチュアリティ」のためではないだろう。それはおそらく、このようにして言葉や映像によって過去の出来事に接近しようとする行為は、必然的に出来事に立ち後れるものであり、けっして完全なものにはなりえないという皮肉な事態に対する認識が、映画の語りのなかに織り込まれているからだ。大島は、この作品を現在の時間のなかに投げ込むことによって現実の「いま、ここ」へと介入させようとする。しかし、そこで彼が選び取った語りの手法は、安保闘争が六月十五日を境に急速に沈静化していった後の視点からその出来事について語ること、出来事の渦中から語るのではなく、過去へと遡行することだった。

大島が、安保事件という出来事を描くにあたって出来事の再構成という方法には拠らなかったということ、事件を映像によって記録するために、その出来事について証言する人々を描いたということは、非常に重要なことである。彼がここで行ったのは、いわば証言する主体としての「わたし」の自己対象化だ。証言する主体は、発話の「いま、ここ」に現前することを義務づけられている一方で、現在と語られる過去の出来事とのあいだで引き裂かれている。ジョルジョ・アガンベンが指摘する通り、証言する主体は「わたし」と言うことによって、「自分の生きたもろもろのことがらを底なしの過去へと追いやり、それらのことがらと直接的に一致することはもはやできない[19]」のである。映画表象と証言行為に内在する過去と現在のこうしたねじれた関係は、『日本の夜と霧』という作品の構造の根幹をなすものと言えるだろう。大島はこのように、現在と過去とが引き裂かれるトポスとしてこの作品を提示することによって、映画と証言行為とに共通する問題、そして映画で証言をすることの可能性についての問いを、浮き彫りにするのである。

## 4　回帰する時間

現在形で語りつつ、つねに出来事に立ち後れていること。証言が時間と取り結ぶ関係は、一方ではこのようなパラドックスとして現れる。しかしもう一方で証言には、別の時間軸が備わっている。それは、回帰、あるいは反復する時間である。なぜ人は、ある出来事について語らずにはいられなくなるのだろうか？　大島が、そして大島が安保闘争についての映画を作ると聞いて馳せ参じた人々がそうであったように。安保闘争の記憶は戦後社会主義運動の苦い挫折の記憶として時代に取り憑き、人々を証言行為へと駆り立てる。『日本の夜と霧』における過去と現在の学生運動家たちの議論は、こうした時代の衝動を反映させつつ、それを一つの「歴史の徴候」として指し示してみせる。彼らは過去を語らずにはいられない。しかし、彼らが過去へと立ち戻るのではない。過去がフラッシュバックとして、彼らのもとへやってくるのだ。あたかも回帰するトラウマ的記憶のように。

大島は、このような過去と現在とが交錯する時間構造というアイディアはシナリオ執筆当初からあったと述べている。フラッシュバックを多用した手法は、当時の松竹大船撮影所の規範においては禁じ手であり、ワンシーン・ワンショットの長回しとともにこの作品の革新性を決定づけるスタイルとなっている。[20]だが『日本の夜と霧』を時代を証言した映画であるととらえ、そこにはらまれている問題を考えてみた場合、フラッシュバックは単に技法的な実験であるというに留まらず、証言という語りの構造が必然的に要求する形式として立ち現れてくる。モーリーン・トゥリムは『大島渚の映画』において、この作品をモダニスト映画によるフラッシュバックの再定義をするものであるとして次のように述べている。

映画では初期のフラッシュバックは記憶と歴史の両方を表象する手段としてもっぱら使われていたが、モダニスト的なフラッシュバックの場合はそれを受け継ぎつつどちらの要素もバラバラにしてしまう。記憶のプロセスを断片化し、記憶痕跡や無意識のイメージの複雑さを探求するものもあれば、意識的に歴史的記憶やその意味、解釈、イデオロギーに焦点を当てるものもある。『日本の夜と霧』においては、いくつかの記憶が語られた物語として、物語内語り手の仲介による描写として与えられている。もしそれらが、心理学的なフラッシュバックと同様に私たちに抑圧されたものの回帰をもたらすのであれば、それらが呼び戻すのは政治的抑圧の対象となった歴史的事件である。集合的記憶において起こるのと同じように。太田と宅見は、過去を忘れ、またそこから学ぶことを拒むことによって過去を裏切ったとして、結婚式の客たちを非難するのである。[21]

トゥリムが指摘する通り、ここでのフラッシュバックは歴史と記憶とを破綻のない透明な語りとして提示する古典的なフラッシュバック形式には属していない。物語内語り手の記憶のなかで、空間は現実的にはありえない形で隣接し合い、人物には象徴的なスポットライトがあてられ、闇と霧とによって周囲が塗り込められている。フラッシュバックはここでは夢のテクストにより近いものであり、歴史の正確な語り手としての役割を放棄している。また、集合的記憶と抑圧されたものの回帰という視点から精神医学におけるフラッシュバック、すなわち反復的に回帰するトラウマ的記憶との類縁性を認めるトゥリムの指摘は、『日本の夜と霧』に込められた大島の意図と、作品がもちえた社会的な影響を考察するにあたって、とりわけ重要な観点を与えてくれる。

キャシー・カルースによれば、「心的外傷後ストレス障害」（PTSD）、いわゆるトラウマ症状の定義について、現在一般的に了解されているのは以下のような事柄である。「大部分の定義によれば〔PTSDは〕圧倒的な出来事に、一度ないしは数回にわたりさらされることにたいする（時としては遅延した）反応として現れるものとされている。その症状としては、繰り返し、しつこく襲う幻覚、その出来事を再現するような想起や行動などであり、また、その体験の最中、あるいはその後からはじまる無感覚をともなっており、出来事からくる刺激を喚起する度合い、または、その刺激を忌避しようとする度合いが増加していく現象もよく見られるものである[22]。

フロイトがトラウマ経験の問題と本格的に取り組んだのは、「快感原則の彼岸」においてであった。災害や事故といった生命を脅かすような経験をした者が、夢において繰り返し事故の状況に立ち戻っているという例を考察する過程において、フロイトはそれまでの欲動理論を再考する必要に迫られる。災害神経症患者の夢において繰り返される過去の体験は、快感を呼び起こす可能性のまったくないものであり、過去に抑圧された欲動の働きによるものとも考えられないからだ。「ここで、「夢は願望の充足である」という命題の例外を、初めて認めねばならないことになる。（…）しかし、すでに述べたような災害神経症者の夢は、もはや願望の充足の観点からは解釈できない。精神分析の際に、小児期の精神的な外傷の記憶が蘇ることがあるが、これも願望の充足の観点からは解釈できない。これらの夢はむしろ、反復強迫に従うものである。精神分析においてはこの反復強迫は、「暗示」に促された願望、すなわち忘却されたものと抑圧されたものを呼び出そうとする願望に支えられたものである[23]」。

トラウマという現象は、トラウマ的出来事の体験、その抑圧、そしてその回帰という一連の流れをたどる。『日本の夜と霧』において抑圧されていた出来事とは、まず第一に十年前の友人・高尾の死である。野沢や中山らがまだ学生だった時代、彼らが暮らしていた寮に一人の青年が潜入した。学生たちに捕らえられた彼は、運動に関わる書類を手にしていたことからスパイだと断定され、寮のなかに監禁される。しかし、スパイは霧の深い晩に逃亡し、彼の無実を主張していた高尾にスパイ逃亡の手助けをしたという容疑がかけられる。高尾は、友人たちの追及、党からの査問にさらされ、これを苦にして自殺する。この事件にまつわる謎、誰が高尾を死においやったのか、スパイを逃がしたのは本当に彼なのか、そもそも監禁された青年は本当にスパイだったのか、という疑問はそれ以上追求されることはなく闇のなかに葬り去られた。しかし、高尾の死はトラウマとして野沢らの記憶のなかに残存し、現在の彼らの元へと立ち戻ってくる。彼らの記憶は、次世代が自分たちの過ちを繰り返しているを知ったことをきっかけとして、糸がほどけるように明らかにされてゆく。十年前の高尾の死は、新婦の友人・北見の失踪と奇しくも重なり合い、この二つの不在が回想を呼び寄せる。十年を隔てて向き合った二つの世代は、野沢と玲子の結婚という和解の儀式によって互いの齟齬と挫折という傷口を縫い合わせようとする。しかし意図されたこととは反対に、彼らの会合は前へ進むための儀式とはならず、歴史が繰り返していることを確認するという結果に終わってしまう。歴史が前へ進むときに淘汰されてしまった部分が、時代の亡霊となって彼らに取り憑き、再び過去へと向かわせるのだ。

## 5　歌声とブザー

『日本の夜と霧』を貫くこうした回帰する時間において、大きな役割を果たしているのが二つの世代が共有する学生歌である。歌は彼らの記憶を結びつけ、蘇らせる。また、歌は、ショットのあいだ、二つの時間のあいだをつなぐブリッジとなる。この映画における一つ目のフラッシュバックは、式場で始まった学生歌の合唱に対する東浦の次のような台詞で始まっている。「相もかわらぬ歌だ。何時の頃だったか、何かにつけて歌ったり踊ったりするようになったのは……」。

東浦の言葉ののち舞台は暗転して十年前の学生寮へと移行する。室内で哲学の議論を続ける東浦や宅見たちのもとへ、中山らがフォークダンスの誘いにやってくる。反発し、誘いを断る東浦。中山が複数の学生を連れて去った後、東浦は廊下へ出て苦々しげに戸外でフォークダンスを踊る友人たちを眺める。ここで初めて、それまで背後に続いていた歌の音源が明らかにされ、フラッシュバックのショットつなぎに正当性が与えられる。ここで二つの世代に共に歌われている歌は『日本の夜と霧』において反復的に使用され、回帰する時間の流れを決定づける（たとえば回想シーンで語られる中山と美佐子の結婚式では、野沢と玲子の式とほぼ同じ場所と構図がトラックバックで提示されるなかでこの歌が歌われ、欺瞞の歴史が繰り返されていることを示している）。他方、この歌はその明るい音調とは裏腹に、過去のトラウマ的体験を呼び起こす。一九五〇年、共産党本部から活動方針の転換が告げられ、闘争的だった学生運動が平和・共存を掲げた穏健路線へと転向する。こうした方針転換の手段となった歌やフォークダンスは、野沢たちにとって当時の挫折感や党への疑念、内部分裂の予感を象徴するライトモチーフとなる。

ある時代背景と密接に結びついた、いわば時代の痕跡としての歌は、大島作品においてしばしば使われてきた。それらの作品において歌は時代への固着を表す一方、物語の時空間から遊離し、空間同士の非現実的な接続を可能にしたり、時間の位相の急激な変化を契機づける。クラウディア・ゴーブマンは、物語と関わりつつそこに束縛されず、自由に動き回る映画音楽の機能を指摘している。

サウンドトラックが映像のトラックに比べ、より多くの自由を物語に対してもっていることに気づくのは難しいことではない。（…）重要なのは、物語的文脈においても非物語的文脈においても同じくらい広範に現れつつ、しばしば両者の境界線を自由に行き来する唯一の映画言説の要素は、音楽だということである。映画物語に対して音楽がもつ自由奔放さを理解すれば、音楽がいかに多様な機能をもっているのかに気づくようになる。時間的、空間的、ドラマ的、構造的、共示的－通時的な映画の流れと、さまざまな解釈のレベルの両方において。(24)

映画の音声は、映像と切り離されることによって物語の線条的な時間から逃れる可能性を開く。『日本の夜と霧』において大島は、回帰と反復という異なる時間性を導入するために音声のこの性質を積極的に活用する。また一方で、回帰と反復という時間性は、精神分析においては音声に深く結びついたものとして理解されてきた。幼児は視覚的体制に組み込まれるより先に、母胎のなかにいるときから母の肉体が発する音、リズム、声を聴くことによって聴覚的世界に身を置いている。主体にとって音声は、母親との原初の融合状態を示し、失われた完全性へのノスタルジアをかき立てる対象となる。ギー・ロゾラートは、音がある種の退行的な性質をもつことを確認しつつ、音楽の反復は主体を失われた対象との再会へと導くのだと主張する。「反復は、それ自身を再創造する先行性を作り出す。こうしてそこから原初のファンタスムが生ずる。すなわち、失われた対象（母、母と過ごした時、死せる父、先祖たち）との再会、あるいはその対象の特徴のひとつとしての音、つまり声との再会が起こるのだ。この回帰を通じて、この衝動の運動それ自体が再生されることになる。なぜなら、この蘊奥は先行する状態を再確立しようとするものだからである(25)」。

幾度も繰り返されるライトモチーフは、子守歌のように、失われたユートピアへと人々を誘う。『日本の夜と霧』で使われる学生歌もまた、理想と団結を謳って、全体性への夢を若者たちのあいだに紡ぎ出す。彼らは手を取り合い、輪になって踊りながら歌う。「若者よ　体をきたえておけ／美しいこころがたくましい体に／からくも支えられる日が／いつかは来る／その日のために／体をきたえておけ／若者よ」[26]。

カリル・フリンによれば、古典的な映画音楽ないし大衆音楽へのアプローチは一九世紀後期のロマン主義イデオロギーを引き継ぐことによって成立したが、そこには次のようなロマン主義的教説の少なくともどれかひとつを認めることができる。「すなわち、音楽は慣習的言語以上の何物かをもたらす、それはより良き、より統一された世界（ないしはわれわれ自身の世界に関するより深い体験）を垣間見せてくれる、それは普遍的真実ないし本質を露わにし、新奇なる状況ないしは土地への扉を開ける、そして最後に――かつたぶんもっとも重要なことだが――それは失われた全体性と偉大さという感覚を取り戻すことができる、といったことである」[27]。学生たちが歌う歌は、まさにこうした大衆音楽を決定づけるユートピア幻想によって成り立っている。しかし皮肉なのは、この歌が描き出す理想的世界とは裏腹に、野沢や東浦たちにとってそれは挫折と裏切りが刻印された旋律にほかならず、この歌自体がそうした傷を覆い隠すために歌われていたのだという事実である。歌の反復が呼び起こす失われた対象へのノスタルジアに満ちた回帰は、ここではトラウマ的出来事への痛みを伴う反復強迫へと反転させられている[28]。『日本の夜と霧』におけるライトモチーフのこうしたアイロニカルな使用法は、トゥリムが指摘するこの映画のフラッシュバックのモダニズム的な展開と対応していると言えるだろう。どちらも古典映画の語りの形式を組み替え、回帰と反復という時間性を導入することによって、歴史と記憶の表象について、批評的な視点を提示するのである。

『日本の夜と霧』において時間の回帰を動機づけるもう一つの要素は、鋭いブザーの音である。音源は示されないがおそらく学生寮に備え付けられた警報のブザー音は、建物内に侵入するもの、あるいは外へと不法に出て行こうとするものの存在を皆に知らせる。ブザーがはじめに鳴り響くのは、東浦が十年前のスパイ事件について語り始めるときだ。「その夜も霧は深かった……」。この台詞とともに、キャメラは式場の外へと移動し、暗闇がさらに霧に包まれ、あたりは何も見えなくなってしまう。やがて、「スパイだ！　スパイがいたぞ！」という声とともにブザーが鳴り響き、キャメラがパンすると、舞台はすでに十年前の学生寮へと遡っている。牧歌的な学生歌とは反対に、短く鋭いブザーの音は直接的に高尾のスパイ容疑事件と結びついている。スパイが逃亡したときに誰がこのブザーを鳴らしたか、またブザーが鳴ったときにどこでそれを聞いたのかが、スパイ事件をめぐる謎の核心であり、この点をめぐって宅見、美佐子、野沢が各々の視点から証言を述べるのだ。断片的につなぎ合わされる記憶から、次第に事件の輪郭が浮かび上がってくるが、中心にある瞬間、スパイが逃亡し、ブザーが押される瞬間だけが抜け落ちている。真実を語ることのできる唯一の人物・高尾がすでに死んでいる以上、この一瞬は空白であり続け、ブザーの音はその出来事のいわば代理表象として機能する。この音が指し示す空虚な一点に吸い込まれるように、証言者たちの記憶は過去へと繰り返しフラッシュバックするのである。

ここで興味深いのは、この鋭いブザー音が、過去の出来事のインデックスになっているだけでなく、内部と外部とを標づける空間的な記号にもなっているという点である。パスカル・ボニツェールはこの作品における内部と外部との空間的な区別が、物語およびイデオロギー上の対立を地形学的に示していることを指摘しているが、[29] むしろここで注目したいのは、外部から内部へ、内部から外部への空間的な越境が、過去と現在のあいだの時間的な越境と一致させられていることだ。たとえば最初の宅見の回想シーンにおいて、キャメラは建物外部に出たのち闇と霧に包まれるが、その闇はそのまま十年前の夜の闇につながっている。おそらくこの間いったん暗転が挟まれ、次のショットへと移行しているのだが、ショット終わりとショット始まりがともに闇に包まれているため、観客にはあたかも過去と現在がワンシーン・ワンショットで撮影されているかのように感じられる。『日本の夜と霧』においては過去と現在は隔たった時間軸上の二点ではなく、隣り合った二つの空間として表れ、闇と霧のなかで通底している。鋭いブザーの音は、外部の闇と閉じた共同体の内部とのあいだの閾がふいに乗り越えられたことを示すと同時に、過去を現在へ、現在を過去へと接続するのだ。この映画において「いま」という時制はひどく危ういものだ。五〇年代の学生たちの過ちを六〇年代の学生たちが繰り返し、過去と現在とが一つの空間のなかで通底し合うなか、「証言する」現在と「証言された」現在とは混濁し、出来事のクロノロジーが定かではなくなってくる。

こうした過去と現在との並置関係は、映画のラストで再び内部から外部への越境が行われることで決定的なものとなる。北見がまだ生きていること、共同体の外部から語る北見の言葉（彼の居所を知る友人によって代弁される）を聞いた玲子は、式場を飛び出し北見の元へ行こうとする【図3】。しかし彼女と彼女を追う太田が外の霧に包まれた途端、「刑事だ、逃げろ！」という声が響き、太田は待

図3

ちかまえていた刑事たちによって逮捕される。この光景は、十年前のスパイ事件を思い起こさせる。全学連の先鋒であった太田の逮捕は、安保闘争の完全な敗北を予感させ、挫折の歴史が繰り返していることをまざまざと見せつける。闇を抜けて式場に入っていったキャメラは、最後に外に出て私たちを闇のなかへと連れ戻すことによって、物語を一つの円環のなかに括り入れるのだ。こうして安保闘争という出来事は、反復する歴史という時間性において相対化され、「いま、ここ」という現前性からはずらされた地点からとらえ直されることになる。

しかしまた一方で、建物の外部に広がる闇と霧は、共同体内部の安定した語りの審級を破り、矛盾に満ちた危険な過去の記憶へと私たちを直面させる。太田が逮捕されるラストシーンにおいて、闇の奥から音源が定かではない歌声が低く流れてくる。明るい音調の学生歌と対比させられるように現れる暗く重いこの歌は、六月十五日デモの回想シーンにおいて、樺美智子の追悼が行われるシーンに流れていた国際学連の歌だ。(30) 歌の背後に、かすかにデモの日の「安保反対！　安保反対！」というかけ声が聞こえてくる。キャメラが、式場の外へ出てきた参列者たちをなめるようにパンする。六月十五日の出来事が、音声として現在へ立ち戻ってきたのだ。安保闘争世代の学生たちは、この声に促されるように、太田の逮捕を仲間に知らせるため闇のなかへ散らばってゆく。大島は、過去と現在が混濁するこの闇の空間に希望を託しているようだ。だが闇のなかから流れてくる歌をうち消すように、中山が共産党主流派を代弁するかのような演説を行う。「われわれの統制を乱し、無謀なデモばっかりやっている連中が逮捕されたところで、それはわれわれの責任ではない」。内部分裂は繰り返され、挫折の歴史が続くのだろうか。それとも、この混沌とした状況から新しい道が拓けるのだろうか。こうした問いを宙吊りにしたまま、この映画は幕を閉じる。

## 6　映画は証言する

映画はこのようにして幕を閉じたが、『日本の夜と霧』と大島をめぐる現実は幕を閉じるどころか、まさにここから始まっている。すでに述べたように、映画公開のわずか三日後に松竹はこの映画の上映中止を決定し、その後三年間公式な上映を行うことができなくなる。時代のいくつもの証言を詰め込んで製作された『日本の夜と霧』が、それ自体一つの言表行為として現実の言説空間のなかに投げ込まれたのだ。(31) 大島は上映中止に抗議して松竹を退社し、一九六一年、自身の独立プロ「創造社」を立ち上げる。これ以降、時代とともに走り続け、つねに多くの議論を引き起こすとともに、自らも議論をけしかけてゆく戦闘的な映画作家・大島渚の活動が本格的に開始されることになる。一貫して時代の「いま、ここ」と関わることを選択する大島は、現実の事件に取材したテーマ設定、インプロヴィゼーションを多用した演出、俳優経験のない素人の起用、実写フィルムの挿入などのさまざまな方法によって、いかに映画によって状況に介入してゆくかという問いを模索していった。ここにはまた、松竹退社以後数年にわたって関わり続けたＴＶ番組『ドキュメンタリー劇場』での仕事も含まれている。こうして現実と映画を対峙させる、あるいは映画によって現実を読み解こうとする試みの出発点としてあったのが、『日本の夜と霧』だったと言えるだろう。

しかし、いわば「時代の証言」として現れたこの作品が真に重要だったのは、単に「現実を叙述する」という意味で時代の表象となっただけでなく、証言という行為をめぐる複雑な構造を作品内／外においてすでに内包していたという点にあるのではないだろうか。証言とは、「わたし」という名のもとにおいて語り、発話の「いま、ここ」へと関わることを選択するという「行為」にほかならない。しかし、その行為のただなかで、声を発する「わたし」という主体は脱主体化の危機にさらされ、過去と現在のあいだで引き裂かれるだろう。そしてまた一方で、幾度も立ち戻ってくる記憶に衝き動かされて、体験者たちはその出来事について語らずにはいられなくなる。『日本の夜と霧』における高尾の死のように、出来事の中心には到達することのできない謎、失われた一点が残されている。いまだ結論を導くこともできず、判決を下すこともできないこうした事柄に対して言葉を向けること、これこそが証言という行為であるとフェルマンは述べる。証言とは、言説を用いた実践であり、出来事の核心にあって言語化されることにあらがう部分に向かって呼びかける、行為遂行的な言語行為なのである。(32) 証言する主体をめぐるパラドクスと、証言行為をめぐる矛盾に満ちた時間の流れは、歴史というとらえがたいものに対して、どのようにアプローチしてゆけばよいのかと私たちに問いかけるのだ。『日本の夜と霧』が時代についての証言の映画だと言いうるとすれば、このような意味においてであろう。映画は、事実を証言するだけではない。自らが「証言となる」のである。

結婚式場の外に広がる暗闇は、やがて映画館の暗闇と通底し、歴史への、共同体への、他者へのコミットメントとして発せられた声は、観客の私たちにもこの法廷へ証言者として立ち会うよう呼びかける。あたかも『絞死刑』のラストで、こう語りかける声のように。「あなたも、あなたも、あなたも、あなたも……。あなたも……この映画を観てくださったあなたも……」。

（1）大島渚『大島渚1960』青土社、一九九三年、二四四頁。
（2）『日本の夜と霧』は浅沼委員長刺殺事件と同日（十月十二日）に上映中止され、映画評などを通じて新聞でも報道された。毎日新聞には上映中止をめぐる大島側と松竹側それぞれの主張を並べた記事が掲載され、浅沼委員長刺殺事件との関連も示唆されている。「この作品は戦後日本の学生運動をテーマにした政治的色彩の濃いものであるだけに、かなり難解な、一般の観客にとって、とっつきにくい映画である。しかし折から浅沼委員長の刺殺事件の突発した直後であるだけに、松竹首脳部の政治的配慮がかなり強い影響力を与えたともうわさされる」（「上映を打ち切った『日本の夜と霧』松竹のヌーベル・バーグ映画」、『毎日新聞』一九六〇年十月十四日付夕刊）。
（3）大島、前掲書、三一九—三二〇頁。
（4）大島、前掲書、「『日本の夜と霧』の背景と主題」参照。
（5）この他、同年に公開された劇映画としては、松竹ヌーヴェル・ヴァーグのもう一人の雄である吉田喜重の『血は渇いている』、あるいは似た題材を扱っているという点から増村保造の『偽大学生』が比較対象としてよく取り上げられた。
（6）共同脚本家である石堂淑朗はこの手法の狙いを次のように語っている。「此の作品に於いて、たとえば結婚式場に於いて、七十五ミリ、または百ミリが使用されているが、ご承知のように此の様なレンズは焦点深度が浅い。——ライティングで更に強調されている——したがって狙われた人物以外はカスんでしまう手法がとられています。（…）

発言者が代わる度にパンで人物を追い、常に発言者の大きい表情のみを撮すのですから、ロングサイズで客観的に捕らえられる討論とは逆に、観客一人一人に激しく問いかけるように作用するわけです」(『映画評論』一九六一年一月号に再掲載された『日本の夜と霧』シナリオに寄せられた「作者の言葉」から)。

(7) Shoshana Felman, "The Return of the Voice: Claude Lanzmann's *Shoah*", in *Testimony: Crisis of Witnessing in Literature, Psychoanalysis, and History*, ed., Shoshana Felman and Dori Laub, Routledge, 1992 (邦訳『声の回帰　映画『ショアー』と〈証言〉の時代』、上野成利・崎山政毅・細見和之訳、太田出版、一〇—一一頁)。

(8) 大島、前掲書、二四四頁。

(9)『日本の夜と霧』は上映中止という事件とも相まって、映画雑誌各誌でも賛否両論の議論を巻き起こした。「これは日本の映画にとって記念碑的な作品のひとつである」(南博『日本の夜と霧』評、『キネマ旬報』一九六〇年十一月上旬号)、「経験の不足による観念の遊技の空々しさ」(外村完二「時評　観念の夜と霧」、『映画芸術』一九六〇年十二月号)、「この映画は、さまざまな違った立場の人間に白熱的な論争をさせることで、どの立場を正しいとするか観客が主体的に考えてくれることを求めている。ただ考えてほしいというだけではなく、すすんで観客に論争をふきかけさえもする。(…) うかうか見物などしていられるものではなく、観客自身、ドラマの中に一登場人物として参加しなければならなくなるのである」(佐藤忠男「『日本の夜と霧』その独創にふれて」、『映画評論』一九六〇年十二月号、二一頁)。

(10)「大島渚は、われわれの周囲において、たえず口走られているような政治的意見を、作中人物の一人一人に猛烈な勢いで主張させ、彼自身は一段高いところから、かれらをみおろしているかのようだ。しかし、もしかすると、そういったかれの超然たる態度は、かれの政治的な判断中止のあらわれであって、この作品もまた、五〇年以降の学生運動をあつかった一種の風俗映画——思想風俗映画かもしれないのだ」(花田清輝「顔と集団」、『記録映画』一九六〇年十一月号、五頁)。

(11) 松本俊夫「残酷を見つめる眼　芸術的否定行為における主体の位置について」、『記録映画』一九六〇年十二月号、六—一〇頁。作家の主体をめぐる大島および同時代の議論は、戦後文学・思想史における「主体性論争」「近代主義批判論争」の文脈のなかでとらえられるべきだろう。大島の『戦後映画/破壊と創造』(三一書房、一九六三年)、とりわけ同書所収の「状況と人間と作家の主体」「戦後日本映画の状況と主体」を参照。「主体性論争」については、臼井吉見編『戦後文学論争』上巻（番町書房、一九七二年）等を参照。

(12) 松本俊夫、前掲論文、九頁。

(13) Jacques Derrida, *Demeure*, Éditions Galilée, 1998（邦訳『滞留〔付／モーリス・ブランショ「私の死の瞬間」〕』湯浅博雄監訳、郷原・坂本・西山・安原共訳、未來社、二〇〇〇年、六四―六六頁）。

(14) 福田定良「日本映画の夜と霧――映画の大衆性をめぐる問題について」、『映画芸術』一九六〇年十二月号、三五―三七頁。

(15) 『映画評論』（一九六一年一月号）や『記録映画』（一九六一年一月号、三月号）では、自主上映運動や独立プロの活動と大島や吉田喜重に代表される松竹ヌーヴェル・ヴァーグの台頭との親近性に焦点を当てた座談会が組まれた。ことに野田真吉ら記録映画作家、映画観客組織関係者、佐藤忠男といった評論家が出席した『記録映画』の座談会では、映愛連選定委員会で大島の『太陽の墓場』が特選となり、山本の『武器なき斗い』が選定に止まったことについて論争が起きたことをめぐって活発な議論が交わされている。

(16) 佐々木基一「『日本の夜と霧』に声援をおくる」、『映画評論』一九六〇年十二月号、一八頁。

(17) 大島、前掲書、二八九―二九〇頁。

(18) 映画における声と身体の受肉化については、Michel Chion, *La voix au cinéma*, Editions de l'Étoile/Cahiers du cinéma, 1982を参照。

(19) Giorgio Agamben, "Quel che resta di Auschwitz: L'archivio e il testimone（*Homo sacer* III）", Bollati Boringhieri, 1998（邦訳『アウシュヴィッツの残りのもの――アルシーヴと証言』上村忠男・廣石正和訳、月曜社、二〇〇一年、一六六頁）。

(20) 大島、前掲書、二七六―二七八頁。

(21) Maureen Turim, *The Films of Oshima Nagisa: Images of a Japanese Iconoclast*, University of California Press, 1998, p. 56.

(22) *TRAUMA: Explorations in Memory*, ed., Cathy Caruth, The Johns Hopkins University Press, 1995（邦訳「トラウ

マと経験――第I部への序文」、『トラウマへの探求――証言の不可能性と可能性』所収、キャシー・カルース編、下河辺美知子監訳、作品社、二〇〇〇年、一四頁）。

(23) Sigmund Freud, "Jenseits des Lustprinzips", 1920（邦訳「快感原則の彼岸」、『自我論集』所収、竹田青嗣編、中山元訳、ちくま学芸文庫、一九九六年、一五四頁）。

(24) Claudia Gorbman, "Narrative Film Music", in *Yale French Studies* No.60 "Cinema/Sound", 1980, pp. 106-107.

(25) Guy Rosolato, "La voix: Entre corps et langage", *Revue française de psychanalyse* 38, 1974, p. 75-94（邦訳はカリル・フリン『フェミニズムと映画音楽――ジェンダー・ノスタルジア・ユートピア』鈴木圭介訳、平凡社、一九九四年、一〇六―一〇七頁を参照した）。映画の声と母親の身体をめぐる幻想についてはKaja Silverman, *The Acoustic Mirror: The Female Voice in Psychoanalysis and Cinema*, Indiana University Press, 1988を参照。

(26) 学生歌『若者よ』（作詞：ぬやまひろし、作曲：関忠亮）。

(27) Caryl Flinn, *Strains of Utopia: Gender, Nostalgia, and Hollywood Film Music*, Princeton University Press, 1992（邦訳フリン前掲書、一七七頁）。

(28) 高尾が自殺当夜に口ずさんでいた歌もまた、トラウマと深く結びついて物語の現在へと回帰する。宅見が高尾の名をかたって式場へ現れるとき、彼もまたこの歌を口笛で吹きながら登場する。「『日本の夜と霧』のなかで高尾がうたう「西方に日が沈み……」という歌は、オリジナルです。脚本の段階で石堂が書いて、音楽家が曲をつくった。真鍋理一郎さん。『日本の夜と霧』だから、暗い歌。それの出典は、埴谷雄高の何かにあると思う」（大島、前掲書、二六八頁）。

(29) Pascal Bonitzer, "Le cercle de famille", *Cahiers du cinéma* No. 309, 1980.『日本の夜と霧』の物語と空間の対応関係、とりわけその円環構造についてはLouis Danvers, Charles Tatum Jr., *Nagisa Oshima*, Cahiers du cinéma Collection "Auteurs", 1986（邦訳『ナギサ・オオシマ』北山研二訳、風媒社、一九九五年）を参照。

(30)「国際学生連盟の歌」（作詞：オシャーニン、訳詞：東大音感合唱団、作曲：ムラデリ）。この歌は『日本春歌考』では伊丹一三演じる教師によって歌われ、逆に批評の対象となっている。「『日本の夜と霧』で、「国際学連の歌」と対照的に批判的に扱われる「若者よ、体を鍛えておけ」、あれはフォークソングじゃないけど、フォークの精神はあそこに源泉があるよな。あれは、ぼくの、共産党的左翼に対する批評であり、ぼくは、国際学連の人ですから、『日本春歌考』で「国際学連の歌」に春歌をかぶせることで国際学連が批判されるのは、ぼくの自己批評です」(大島、前掲書、二六九頁)。

(31)『日本の夜と霧』の上映中止は自主上映運動内にも波紋を呼び、大学の映画研究会を中心として再上映運動が盛り上がりを見せた。「上映中止という日本の映画界では異例といっていいこの事態をむかえ、松竹に同作品再上映の意志がないことが伝えられると、まず東京の六大学映研によって作られている都下大学学生映画連盟が十月二十日、松竹に対して『日本の夜と霧』再上映を要請した」(「『日本の夜と霧』再上映運動　東京24大学映研の意思表明」、『キネマ旬報』一九六〇年十二月上旬号)。

(32) Felman, "Education and Crisis, or the Vicissitudes of Teaching", in *Testimony*(邦訳「第二章　教育と危機、もしくは教えることの波乱」、カルース編前掲書所収、高尾直知訳)。

# 法の宙吊り

## 『絞死刑』における国家と発話主体

### 1

一九六八年、学生運動が最も大きなうねりを見せたその年の初めに、映画作家・大島渚は一本の映画を世に送り出した。『絞死刑』と名付けられたその映画の予告編(1)において、自らナレーションを担当した大島は、終始「俺たち」という一人称複数形を使って、「皆さん」と呼ばれる観客に向かってスクリーンから語りかける。「わたし」から「あなた」へと直線的な形をとって結ばれようとするこのコミュニケーションは、映画が複製芸術であり、何度でも再生可能であるというアイロニーを乗り越え、ただ一回の出来事として大島の言葉を「いま、ここ」において生起させようとするのである。映画を作った背景とその意図とを語りながら大島は、激しい口調で次のように呼びかける。「ここはアートシアターだ。しかし俺たちはアートを作っているわけでもないし、皆さんもここをシアターだと思ったりしないでほしい。俺たちは、街頭でデモをしたり、働いたりしているのと同じように俺たちの映画を作り、皆さんも、街かどで遊んだり、働いたり、喧嘩をしたり、人を憎んだり、人を愛したりするのと同じような気持ちでこの映画を観てほしい。この映画を観ることが、皆さんにとっての行動でなければならないと俺は思う」。

日々の「労働」の一環として映画を撮り、「行動」としてそれを観るということは何を意味しているのか。映画作品を大文字の「アート」ではなく、「出来事」として生起させるとは一体どういうことなのか。この問いの射程をさらに明確にするかのように、スクリーンには首に死刑執行の縄をかけた大島自身の顔がアップで映し出され、畳みかけるように見えない観客へと言葉を発し続ける【図1】。このショットにおける「国家こそ有罪で、俺たちには絶対に罪がない」という大島の言葉を字義通りに取るとすれば、『絞死刑』という映画の製作意図は「国家の弾劾」ということになるだろう。つまり、私たち観客は、発話主体・大島渚から国家を裁く法廷の現場に立ち会うこと、すなわち事件の当事者となることを求められているのだ。では、どのような罪によって国家は弾劾されねばならないのか。また、それは映画において、どのような方法によって可能になるのか。そもそも、国家とは何なのか、どうすればこの法的かつ領土的な制度を映画において可視化することができるのか――これ

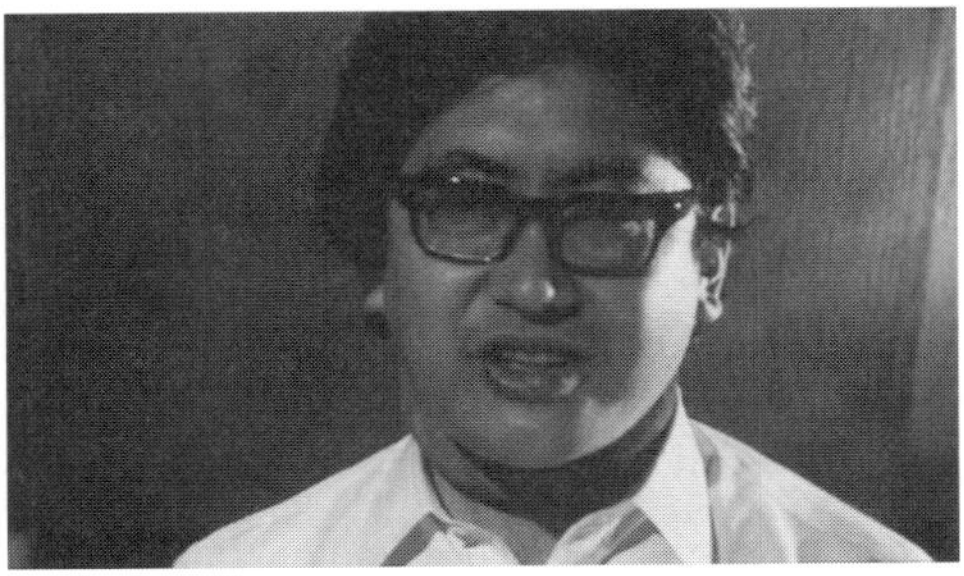
図1

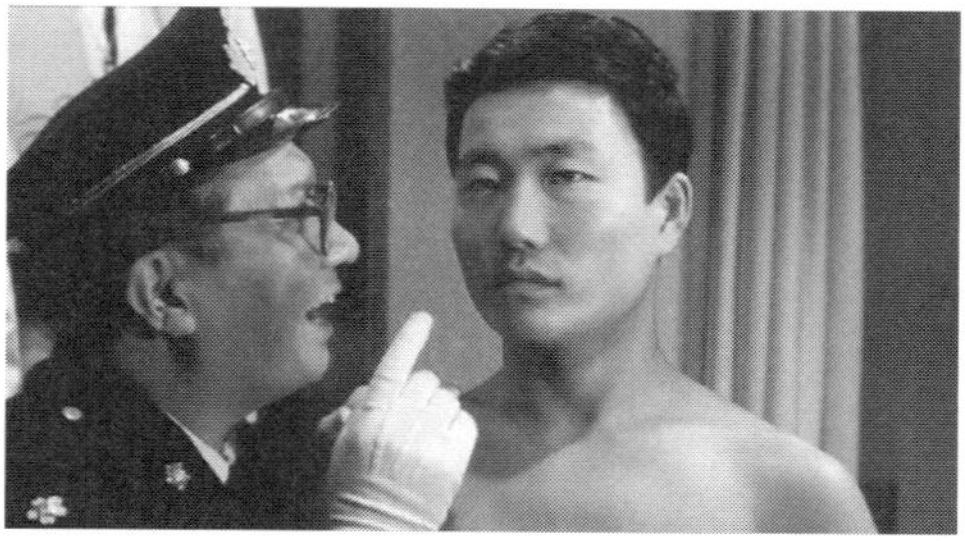

図2

らの問いに対し、大島は一つの法哲学的な提題をすることによって、答えることを試みる。その提題とは以下のようなものである。もし死刑という制度に例外事態が起こってしまったとするならば、すなわち、死刑の執行が失敗し、その後も被告人が生き延びてしまったとしたら、一体何が起きるのか？　こうした一見、抽象的な思考実験とも思える問いを通して、大島は「国家」という制度の核心へと近づいてゆく。彼の方法は、きわめて明快かつ直截的なものだ。つまり、彼は死刑という制度、すなわち「法」の失敗を、映画という視覚装置を通じて文字通り上演してしまうのである。『絞死刑』という映画は、この映画の主人公であるRという人物の死刑の執行と、その失敗から幕を開ける。Rは一時的に心神喪失状態になるが、ショック状態から目覚めた後もなお、自分自身が被告人Rであるということを認識できない［図2］。被告人が心神喪失状態では死刑の執行は不可能であるため、死刑場に集まった法の代理人たちは、ここに現在立っているRという人物が、判決文に記された被告人Rと同一人物であることを証明するために、法の言葉によって書き込まれた事件の全容を、それぞれの言葉によって再現しようとするのだ。

まず初めに問われなければならない問題は、なぜ「死刑」という問題を取り上げることが、国家という法的かつ領土的な制度を問い直すことにつながるのか、という問いだろう。法によって人間の生死を裁く「死刑」という制度は国家における司法権の一つの極限的な形であると考えられるが、それはまた一方で、人間の生物学的な条件を基礎として政治組織体（polity）を組み上げようとする政治的な意思の端的な表れでもある。『絞死刑』の主人公のRは、死刑執行後もなおも生き続けるという不測の事態を演じることによって、法的なものと政治的なものとが交わる境界線の外側へと滑り落ちてしまうのだ。映画の冒頭に、死刑制度の是非に関する統計データが示され、「あなたは死刑に賛成ですか、反対ですか」と書かれた字幕によって問いが提示されるにもかかわらず、ここで大島が問題化しようとしているのは、「死刑」という制度の法的妥当性ではないと思われる。彼がここで真に問いかけているのは、「法」的なものの内部と外部とを分ける境界線としての「死刑」という制度のあり方ではないだろうか。実物通りに再現されたという死刑場のセットにおいて、死刑に処される被告人Rの身体は、生と死とが分岐する境目となっていると同時に、国家とその外部、あるいは国民とその外部の境目を指し示す分岐点となっている。なぜなら、「日本」という法治国家の究極の形として現れる「死刑」という制度は、国家の主権が及ぶ境域と、国家の成員である国民というカテゴリーとの限界を指し示す一つの指標となっているからだ。このとき、ジョルジョ・アガンベンの言葉を借りるならば人間の生が「剝き出しの」状態に置かれて裁かれる死刑場という舞台は、生政治がトポロジカルな形で視覚化される場として立ち現われてくる。(2) このように考えてみたとき、『絞死刑』において大島が取り上げた「死刑の失敗」というモチーフが、なぜ国家にとってスキャンダラスなものとなるのかが明らかになってくるだろう。

「死刑」という法的制度の機能不全は、政治組織体としての国家の輪郭を揺るがし、その存在の基盤を脅かす。国家を一つの身体、すなわちbody politicとして捉えるとすれば、「死刑の失敗」という事態は、その心肺機能の一時的な停止状態に例えることができる。映画の主要な舞台となるこの簡素な死刑場において、「法」は縄にぶら下がった被告人Rの身体と同様に宙吊りにされ、生と死の間を彷徨うのだ。こうした「法」の失敗、あるいは「法」の宙吊り状態は、カール・シュミットによって提起された主権論、「例外状態」に関わる議論を思い起こさせる。「例外状態に関して決定をくだすことができる者」[(3)]が主権者であるとするシュミットの定義に従えば、「法」の宙吊りとは、国家の主権そのものが問い直される場であり瞬間にほかならない。すなわち『絞死刑』における「死刑の失敗」というモチーフは、シュミットの提起する「例外状態」における「法」の一時的な失効が、主権者による新たな権力の行使によって回復されるまでのあいだのわずかな空隙をスクリーン上に現出させる。このとき、主権の及ぶ領域から一時的に解き放たれた死刑場という空間で行われる「法」の奪回への試みは思弁的な思考実験の枠を超えた、国家の喉元に突きつけられた切先としての姿を明らかにするのである。

『絞死刑』という映画を卓抜な国家論として生起させている「死刑の失敗」という「例外状態」は、それでは国家という法的・政治的制度の何を明らかにし、問題化しようとしているのだろうか。また、それはどのような方法によって可能になっているのだろうか。この問いに答えるためには、『絞死刑』が製作された背景を考察してみなければならない。実は『絞死刑』は、ある現実に起こった事件がモデルとなっている。映画が発表される十年前の一九五八年、都立小松川高校で女子生徒の絞殺死体が発見されるという事件が起きた。その直後、『読売新聞』に自分が真犯人だと名乗る電話が入り、同じ高校の定時制に通う李珍宇という在日二世の朝鮮人の少年が逮捕される。四ヶ月前に起こった賄い婦殺人事件についても自供したこの少年に対し、翌年には死刑判決が下され、六二年には刑が執行されている。「小松川事件」と呼ばれたこの事件に、当時助監督だった大島は興味を抱いたものの、映画化する意思はまだなかったという。[4] しかし、その後松竹ヌーヴェル・ヴァーグの旗手として注目を集め、会社から独立した後は自身のプロダクション・創造社を立ち上げてインディペンデントな映画作家として活動を始めた大島は、次第に日本にとって最も近い隣人であり、また、近代の抑圧と搾取の歴史を通じて内なる他者でもあり続けた「朝鮮」という問題に接近してゆく。彼は一九六三年に在日傷痍軍人を題材にしたドキュメンタリー『忘れられた皇軍』を手掛け、その翌年には韓国の少年の生活記録をもとに構成した映像詩『ユンボギの日記』を発表する。そしてさらに四年後の『絞死刑』において改めて、日本と朝鮮との関係、そしてそこから不可避的に現われてくる国家主権とその境域という主題に正面から取り組むことになるのである。[5]

大島が一九六〇年代後半の日本に生きる一主体として、「朝鮮」という固有名詞によって限定される地理的・政治的カテゴリーを中心的な主題として据えることを通じて浮かび上がらせたものは何だったのだろうか。映像による国家論とも言うべき『絞死刑』という映画において、物語構成とその視覚化の手法は作品の主題と大きく関わり合っている。政治的異議申し立てとしての映画という側面から『絞死刑』という作品を評価する研究はこれまでにも一定の成果を上げてきている。とりわけ、映画内における「上演」という演劇的要素に体制攪乱的な作用を見出したノエル・バーチの分析、またこの作品にブレヒト的な異化効果を見出すモーリーン・トゥリムの分析は、この作品を映画史のなかに位置づけるという意味でも意義深い[6]。また、映画理論の系譜において大きな影響力をもったスティーヴン・ヒースの論文「物語の空間」においても、『絞死刑』はブルジョワ的視覚装置としての映画というメディアを政治的に問い直す作品として、特権的な位置を占めている[7]。しかし、これらの先行研究が大島の、そして『絞死刑』という作品の政治的な側面に光を当てるものであったとしても、その批評的立場はあくまで「映画」という視覚装置の政治性を問い直すものであり、この作品が問い直そうとしているもの——国家とその主権権力が暴力として現れたものとしての「死刑」という制度——を論じるものでは必ずしもなかった。それはまた、一九六〇年代における日本と朝鮮との関係およびその歴史的位置づけという、作品の政治的意味を論じるうえで不可欠となる具体的な時間と空間の地政学的意味を分析のなかに組み入れたものではなかったのである。すなわち上記に挙げた先行研究において、『絞死刑』という映画は、政治的に論じられることで、パラドキシカルなことながら非政治化されてきたと言ってもいい[8]。

しかし、大島が『絞死刑』で立ち上げた政治的な問いとは、映画という視覚装置の政治性を暴くためだけのものだったのだろうか。そう捉えてしまうことによって、零れ落ちてしまう真の「異議申し立て」がこの作品には織り込まれているのではないだろうか。在日朝鮮人が置かれた特殊固有の政治状況から始まるその問いかけは、映画が進行してゆくにつれて次第に国家とその外部を問う政治哲学的な一般命題へと向かってゆく。映画の舞台は死刑場というただ一箇所に圧縮され、登場人物の想像の世界という形をとる以外には、その外部に出ることはない。装飾物のほとんどないこの部屋に集まった人物たちも、所長、保安課長、教育部長といった役職名のみで呼ばれ、固有名を使うことは極力避けられている。この一種観念的な空間の中心となるのが、Rという頭文字のみで呼ばれることとなる被告人の青年である。Rは明らかに「小松川高校事件」の被告・李珍宇をモデルとしているが、その人物造型は他の登場人物と同様に高度に純化され、現実の李珍宇と単純に同一視することはできない。作品の区切りごとに挿入される字幕が示すように、Rは自己を自己として認識できない空虚な中心として現れるのであり（「RはRであることを受けいれない」）、一人の固有名をもった人物ではなく、Rが滑り落ちた法秩序の外部に位置するすべての人々を代理表象する存在として表象されるのだ。[9]ここで重要となってくるのが、在日朝鮮人という政治的身分をもつ被告・Rの法制度における位置づけである。彼は韓国籍をもつ限りにおいて日本国家の主権の埒外に位置づけられる人間だが、彼の犯した罪は日本領土内において裁かれ、法治国家の名の下に死刑という極刑が宣告されている。しかし、死刑場という生政治の突端に位置するトポスにおいて、彼は内なる外部としての自己同一性を露にすることとなる。すなわち、国家の最奥部において、Rの身体は国家主権の及ぶ境域を徴づける境界線として浮かび上がってくるのだ。

このように考えてみた場合、Rの死刑の失敗は、起こるべくして起きた事態であると言えるだろう。法制度と政治的圏域とのあいだ、国家主権の内部と外部のあいだに位置づけられるRの主体性は、それ自体が法の「例外状態」のなかにあり、その生は法秩序によって排除されつつ、そのことによって逆に包摂されているのだ。ここで、国家主権をめぐる先ほどのシュミットの理論が思い出されてくるだろう。彼の理論を現代の政治的な問いとして改めて提起したアガンベンの議論を再び引用するとするならば、「例外状態」とは「公法と政治的事実とのあいだ、また法秩序と生とのあいだにある」[10]閾的な空間だと定義されるものだ。それは「法律的形態をとることのできないものが法律的形態をとって現れたもの」であり、また生政治の観点からすれば、「生きているものを法に結びつけると同時に見捨ててしまうような関係を定義するための前提条件」でもあると言える。(11)

このように、「例外状態」としての「死刑の失敗」というモチーフを通して大島が問題化したのは、したがって、法的制度としての国家主権の臨界点において、境界の内部と外部との差異を不断に更新してゆく生政治のダイナミクスそのものであると言えるだろう。それでは、このような法秩序の「外部でもあり、内部でもある」場所、人間の生が法秩序から遺棄されることによって、逆に包摂されてもいる「例外状態」という生政治の場において、ある一個の主体——この場合は法の隙間に滑り落ちてしまった被告人Rのことを指すわけだが——は国家とどのような関係を取り結び、またそのなかで表象されることになるのだろうか。

## 2

ここでもう一度、この映画のモデルとなった小松川事件の犯人として処刑された在日朝鮮人二世の少年・李珍宇の人物造型を通じて、国家という政治的圏域において「外国人」という「他者」が提起する問題について考察してみたい。李少年の父親は、他の多くの在日韓国人一世と同様、日本の植民地政策によって動員された若年下層労働者として、一九一八年に来日している。一九一〇年の「韓国併合」の以前から、日本には一〇〇〇人近い朝鮮人がいたが、併合後その数は急上昇し、一九三八年までに八〇万人に達し、さらに第二次世界大戦中の「強制連行」によって、一九四五年の敗戦時には二〇〇万人とも二四〇万人とも推定される在日朝鮮人が存在したと言われている。[12] 李珍宇の父親はそうした在日朝鮮人の典型的な例であったのだ。来日後は、過酷な労働条件のもと、日本と朝鮮を行き来する生活を続け、ついに貧困にあえぐなかから窃盗をはたらき、六回におよぶ刑務所生活を経験することとなる。小松川事件が起こる頃には、妻子をかかえながら日雇いの労働者としてかろうじて生活を送っていたという。彼は長い日本滞在生活を送りながらも日本語がけっして自由ではなく、字を読むこともできない状態だった。[13] しかし、息子である李珍宇は、幼少時から読書を好み、小学三年のときに本の万引きを覚え、その後も小さな盗みを繰り返すようになる。さらに歳を重ねるにつれ、彼は強い知的好奇心と並外れた知力をもつようになり、江戸川区内の六ヶ所の図書館から五三冊の外国文学の本を盗み出して何度も補導され、保護観察に回されている。中学を卒業後は、朝鮮人であることを理由に大手の会社から就職を断られ、臨時プレス工として働きながら、事件当時は小松川高校定時制の一年に在学していた。[14]

このようにして形成された「在日朝鮮人」としての李珍宇の自己同一性は、けっしてその固有性を抽象化することは許されないとしても、ある政治的共同体におけるマイノリティの、より厳密に言えば国民国家の内部における「外国人」あるいは「他者」の法的・政治的立場を、如実に指し示している。そこには、「国民」というカテゴリーが、一方では「普遍的市民」のカテゴリーと重なり合い、もう一方では血統あるいは言葉や文化的慣習によって構築される「民族」のカテゴリーと同一化することによって生まれる矛盾が端的な形で表れている。自己を自己として認識することができず、「R

って何ですか」と問いかける主人公に、教育部長はこう答える。「Rというのはね、君の名前だよ。R。すなわち、朝鮮人の名前。朝鮮人のR！　わかるだろ？」。ここで「R」という名前は、一つの民族の名前を代理代表すると同時に、「在日朝鮮人」という自己同一性のなかに埋め込まれた亀裂の指標として立ち現われてくる。「一時、君はKという日本人の名前を名乗っていたこともあるが、やっぱり君はRという朝鮮人！」教育部長にこう断ぜられたRは、さらに問題含みの問いを法の執行人たちに対して投げかける。「朝鮮人って何ですか？」。

このRの民族＝国民というカテゴリーを揺るがすとともに、日本と朝鮮の入り組んだ植民地統治の歴史を呼び起こす問いに、誰も確かな返事を与えることはできない。「部長、どういうふうに説明してやれば……」と困惑する教育部長に、所長は簡単でいいんだ、人種的なことだ、と答える。しかし、在日朝鮮人という自己同一性は、「人種」のカテゴリーで説明できる存在だろうか？　その語られることを拒む複雑さ、自己同一性と民族との関係を問い質す問題を前に、教育部長は次のような説明を展開する。

教育部長「ここは日本だ。な？　で、ここにいらっしゃる方はみんな日本で生まれた日本人。君も日本で生まれたんだが、お父さんとお母さんが朝鮮半島で生まれたんで、君は朝鮮人」
医務官「そんなことじゃ説明になりませんよ。国家とか民族とか、そういうことをはっきりさせなければ説明になりませんよ」
教育部長「国家とか民族とか……。国家と言えば君は韓国籍。そういう意味では韓国人。民族と言えば君は朝鮮民……ああっ、面倒だなあ、もう。われわれ日本人にとっては、韓国人でも朝鮮人でも同じなの。とにかく一応、君は朝鮮人だ。わしは日本人。こいつは決まりなんだよ」

法によっては捉えきれないこの「在日朝鮮人」、すなわち「内的な外国人」という存在は、「わたしたち」という国民＝民族の共同体の上に仮構された自己同一性を絶え間なく浸蝕する。セイラ・ベンハビブが指摘するように、民主制国家において、自らを自己立法において拘束されることに同意した「われわれ国民」は、その自己立法の行為の行為それ自体において自分自身を「われわれ」として定義している。このプロセスは、単に自己統治の法制度の確立を意味するだけではなく、自己構成の行為、すなわち自らを法によって拘束する共同体を構成することによって、境界線を引き、自らを定義する行為も含意している。[15] 問題となるのは、この国民主権を通じた「自己構成」のプロセスが、「領土的」であると同時に「市民的」でもあるという事実である。すなわち、ハンナ・アーレントが『全体主義の起源』における「国民国家の没落と人権の終焉」の章で明確に示していたように、「人権の問題は最初から国民的解放や民族自決権の問題と収拾のつかぬほど混同されて」おり、「フランス革命が人類を諸国民の家族として把握していた限りでは、人権の基礎となる人間の概念は個人ではなく民族をさしていた」のだ。[16] アーレントがここで指摘しているのは、国民国家の根本を支える「人権」概念に胚胎されている解消しがたい矛盾である。つまり、民主制国家の陥穽として、「普遍的人権」と「市民＝国民の権利」とは分かちがたく結びつきあっている。そして、その硬直した二分法の隙間には、多くの「非‐市民」や「二級市民」——女性や奴隷、そして外国人——が「権利をもつ権利」

を剥奪されて彷徨っているのである。[17]

「無国籍ということは現代史の最も新しい現象であり、無国籍者はその最も新しい人間集団である」と指摘するアーレントは、この「無国籍者」というカテゴリーこそが二〇世紀において国民国家の「人権宣言に立脚した憲法によって守られた」理想主義という幻想に終止符を打ったのだと主張する。彼女によれば、難民 displaced persons と無国籍者 stateless people たちが全ヨーロッパに立証してみせたこと、それは「国家」という政治体が本質的に変質したということ、つまり「法的制度としての国家から民族的制度としての国家への変質」が既成の事実となり、「ネイションが国家を征服してしまった」という事実だったのだ。[18] ここで、国外への流出を余儀なくされ、故郷を失った人々に与えられる言葉として第一次大戦中に作られた「難民 displaced persons」という言葉に注目してみたい。文字通り、「dis-placed 居場所を否認された＝追放された」人々と形容される難民は、特定の国家における「場所」を失い、国境と国境の境目に留め置かれる。彼らは国民＝市民である権利を奪われた浮遊する民であり、その意味で人権概念に支えられた近代国家において「国民」と「国家」を結びつけてきた紐帯をつねに疑問にさらす危険な存在だと言えるだろう。

一方、ポスト植民地主義言説の文脈を考え合わせてみたとき、この「displace 置きかえる」という言葉は、ホミ・K・バーバが植民地における権力関係を脱臼させる「異種混淆性」の撹乱効果について適用した精神分析用語の「置換 displacement」という言葉と呼応し合っている。[19] 植民地における「異種混淆性」が植民地主体と宗主国との弁証法的主従関係を転覆させる働きをもつように、「難民 displaced persons」は帝国主義的地勢図によって保持されてきた近代国家の枠組みを突き崩す働きをもつのである。しかし、バーバが想定している植民地における権力関係が二項対立的であり、「異種混淆性」の攪乱効果も「逆転」または「転覆」という弁証法的な図式において構想されるものであるのに対し、「難民 displaced persons」を取り巻く権力関係は偏在的であり、その法的立場はつねに脅かされ、多くの場合、隔離と抑圧の政治的操作のなかで否定的な形をとって現れ出る。バーバが描き出して見せる「異種混淆性」による「否認を通じた支配のプロセス」の戦略的な逆転といった権力関係の解体への道筋は、「追放された人々 displaced persons」には開かれていないかのように思われる。しかし逆に、その「追放された displaced」という否定性においてこそ、国家の「暴力」が先鋭的な形で表れ出ることも、明らかな事実ではないだろうか。

ここで私は、バーバが植民地主体において適用した「置換 displacement」という言葉を、より強い政治的負荷を負った言葉として――つまり、透明な権力の弁証法モデルではなく、より錯綜し、実体化された政治的操作を表すものとして――考え直してみたい。なぜなら、日本と朝鮮の近代史を通じて生み出されてきた在日朝鮮人の問題は、植民地と宗主国との二項対立モデルでは捉えきることのできない、まさに「強制移住させられた displaced」存在と、そうした存在を生み出し、また隔離する国家という政治体の「暴力」の問題を鮮明に浮かび上がらせているからだ[20]。

「国家とは、ある一定の領域の内部で――この「領域」という点が特徴なのだが――正当な物理的暴力行使の独占を（実効的に）要求する人間共同体である[21]」というマックス・ヴェーバーによる「国家」の定義を正当なものとして認めるのであれば、国民国家の成立の基盤となっている基本的なテーゼ、「国家とは人間共同体がもつ政治機構である」という前提は、その根本に原‐暴力を隠し持ったものとして立ち現われてくる。「法」を遂行する制度としての「国家」は、その「法を作ること＝支配すること」に帰着する操作の原点において、「ある力の一撃」、すなわち「ある遂行的な暴力、したがって解釈に関わる暴力のうちに存するもの[22]」を抱えているのだ。この「それ自体としては正当なものでも不当なものでもないし、いかなる正義も、いかなる予備的先行的に根拠づけるような法＝権利も、いかなるあらかじめ存在する根拠も、定義上、その暴力を保証することはできず、それに抗弁することも、それを無効化することもできはしない[23]」という原‐暴力は、法的制度としての「国家」の領域内と領域外を隔てる境界線において、とりわけその力を際立たせることとなるだろう。すなわち、ここでは「国家」の境界を滑り落ちてしまった「排除されつつ包含されている外部」、すなわち一切の人権を奪われた「剝き出しの生」が、原‐暴力の対象あるいは効果としてあらためて浮上してくるのである。

国民国家という現在の国家のあり方を前提とする政治機構の狭間で、いかなる共同体に帰属することも許されず、ある者は故郷を失い、ある者は難民収容所にしか帰着点をもつことのできない他者としての生、すなわち「難民 displaced persons」は、現代においてアガンベンが提起する「剝き出しの生」の問題を最も鮮明に具現化している存在だと言えるだろう[24]。日本で生まれ育ちながら日本国籍をもたず、韓国籍ながら朝鮮人としての自己同一性にも立ち返ることのできない小松川事件の李珍宇は、国民が民族と同一視され、さらに普遍的概念としての市民の条件ともなる国民国家のアポリアを身をもって体現しているという意味において、「居場所を否認された人々 displaced persons」の系譜に連なる人物であり、「国家」の暴力を一身に浴びる運命に立たされているのだ。このように「国家」の創設に関わる暴力に晒された一主体が、「国家」の生政治が行使する暴力の最も極端な形である「死刑」という制度によって裁かれた小松川事件は、したがって「国家」の暴力を問い質すうえで象徴的な事件であり、ただ一つの固有の生をめぐる出来事であると同時に、すべての「追放された人々displaced persons」が辿った歴史を代理表象する出来事でもある。この事件をあえて徹底的に抽象化し、なおかつ「死刑の失敗」というフィクションを導入することによって『絞死刑』が抉り出してみせた「国家」の弾劾されるべき罪とは、「法的なもの」の外側へとはじき出されてしまったこのような「剝き出しの生」に対する「国家」の原‐暴力にほかならないのではないだろうか。[25]

## 3

死刑が失敗し、法が宙吊り状態になってしまったこの死刑場において、法の執行人たちはそれでも何とか死刑を続行しようとする。そのためには、被告人Rを心神喪失状態から目覚めさせ、自分自身がRであることを認めさせなければならない。すなわち、法秩序の外部へと滑り落ちてしまったRを、もう一度法の内部へと取り戻さねばならないのだ。このRの自己認識に至るまでの努力が、判決文に書かれた「言葉」によって為されることは非常に示唆的であると言える。国家の内部におけるRの存在とは、法制度の観点からみれば、死刑判決の文書に書き込まれた死刑囚としての存在でしかない。したがって、RがRであることを証明するために、死刑執行人たちは、法の言葉、ロゴスで事件を再構築することによって、法秩序のなかに再びRを組み入れようとするのだ。それはまた、法の外部から発せられた言葉が、いかに法の内部へと取り込まれてゆくかを示す過程でもあるだろう。しかし、判決文に記された「法」の言葉によってRの生を国家のなかに括り込もうとする努力は、生政治に捕らわれた被告人Rという存在と、それと一体化することを拒むRの肉体との間に、不断にずれを生み出してゆくのである。それはたとえば、法の執行人たちが事件を上演＝再現する次のようなシーンにおいて典型的に表れていると言えるだろう。

「RはRを他者として認識する」と手書きと思しき文字で書かれた字幕画面に続いて、死刑場に戻ったキャメラは、まず事件の調書を手にした検察事務官をフレームに収め、彼が事件の内容を語るのを映し出す。「第二、同年八月十七日、午後六時頃、プールででも泳ごうと思い立ち、途中その頃弟から借りて紛失したナイフの返済に充てるため、藤丸肥後の守ナイフ一個を買い求めたうえ、自己の通学する同区境一丁目十二番地所在の小松川高等学校に赴き、何気なく同校屋上に到ったところ……」。

検察事務官の言葉につき従うように、キャメラは斜めにティルト・ダウンして保安課長を映し出し、彼がRの行動を上演＝再現するのを追ってゆく。屋上へのぼるかのように死刑場内の階段を駆け上がった保安課長は、被害者となった女生徒に扮した教育部長が調書の文面通りに腰をかけ本を読む演技をしている横に座り込み、女生徒を襲う場面を一語一句違わないよう正確になぞりながら表現してみせる。「たまたま同校定時制二年生徒B（当十六年）が一人同所水槽タンク脇のコンクリートの石の上に腰かけ読書しているのを認め、話しかけた際、ふとナイフを所持しているのを思い出し、付近に他に人影もなかったところからにわかに劣情を催し右ナイフで同女を脅してこれを姦淫しようと考え、被告人の様子に不安を抱き立ち上がろうとした同女の右手首を左手でつかみ、右手で右ナイフの刃を起こして突きつけ、「ちょっと来い」と申し向け……」。

法的文書のなかに書き込まれた乾いた言葉を上演＝再現する役人たちは、あたかも自らが法の言葉になり代わったように、かつて生きられた過去の事件を繰り返してゆく。衣装を変えることもなく、死刑場という舞台において上演＝再現される事件は、演技が正確であればあるほど、過去の「出来事」は彼らの手から逃れ去ってゆく。かつて自らが生きたはずの事件を、あたかも他者の「出来事」であるかのように脇で見守るRに、教誨師が耳打ちする。「君はそう言えばいいんだ。僕はRじゃない。だからこんな所にいる必要はない。そう言えばいいんだ」。

「法」の言葉を上演＝再現する死刑執行人たちと、被告人Rの自己同一性との間のずれは、法廷という「発話」の場において、法的制度としての国家がロゴスによって構築してゆく「罪」の経験が、いかに現実の「出来事」の包摂を試み、そしてそれに失敗してゆくのかを如実に表している。このようにして大島は、「法」の言葉の外側と内側との境目に置かれた発話主体が、どのように国家の内部と外部、生と死の狭間を揺れ動くのかを視覚化してみせるのだ。さらに映画では、現実に起こったはずの「出来事」を捉える努力が続行される。「RはRであることを試みる」という字幕に引き続き、死刑場内には即興の舞台装置がしつらえられ、「在日朝鮮人」の部落で暮らすRとその家族の生活がR本人と法の執行人たちによって上演＝再現される［図3］。そこに浮かび上がってくるのは、自己の国語をも失われた「内的な外国人」（Rの母親は唖でしゃべることもできない）の貧しく困窮した生活である。Rの想像力に導かれるように法の執行人たちは想像内の空間でRの暮らした部落を訪れ（このシークエンスにはヒトラーの演説する声と朝鮮語のざわめきが重ねられ、この部落を生み出した歴

図3

史的背景が多層化された音声によって提示されている）、彼が犯行を犯した河原へ赴くのだが、彼の脇で事件のあらましを説明する教育部長の語る殺人の物語に反して、Rの想像力のなかの世界は穏やかさに満ち、Rの自己同一性と法的文書に書き込まれたRという実体とはかけ離れてゆくばかりだ。

Rは最終的に「RはすべてのRのためにRであることを引き受ける」という言葉とともに言説によって作り上げられた罪の主体となることを受け入れ、自らの死刑に臨むこととなる。それは、Rが在日朝鮮人の名をもった主体として——すなわち、すべての「追放された人々 displaced persons」を代理代表する主体として——国家という主権の領域において「包摂／排除された他者」としての自らの周縁化された生をあえて投企しようとする危険な企てでもある。RがRであるということを認めること、それは国家の圏域において主体性を獲得しようとする試みが、すべからく政治的な権力によって絡めとられてしまう試みだという事実を明らかにすることなのだ。しかし、Rの首を絞めつけたはずの縄からはRの姿は消えてしまう［図4］。罪の主体となるべき存在を欠いた空洞の処刑場は、ロゴスとしての法が結局「出来事」としての罪を捉えることができないことを露呈させるだろう。一方で、判決文の上演＝再現によって再構築された犯罪についての言説は、Rという生を取り逃がしてしまうのだ。

法廷という、ロゴスが司る場において明らかになる「発話」という行為の政治性、その時と場所をめぐる「出来事」性は、物語世界のみならず、『絞死刑』という映画の性格自体をも決定づける要因であると思われる。すなわち、大島が予告編においてスクリーンから語りかけたように、『絞死刑』という映画を観るという行為が一つの「行動」として生まれ変わるためには、この作品が映画という表現形態を与えられ、観客に語りかける発話という「出来事」として表象化される過程が問われなければならないのだ。大島の映画を通した国家制度の問い直しという実験が、世界各地で既存の体制を疑問に付し、否を突き付ける政治運動が若者を中心に高まっていった一九六〇年代の時代の趨向と連動するものでもあったことを、ここで強調しておく必要がある。

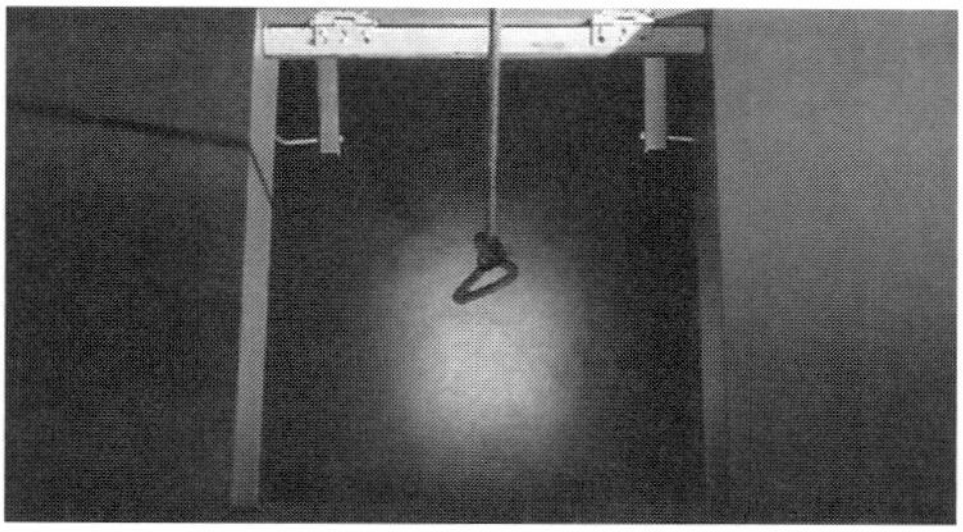
図4

日本映画において大手五社を中心とした安定した製作体制が崩れ、映画産業自体が斜陽へと傾いてゆく一方、独立プロダクションが牽引力となって新たな表現手段が模索されてゆく。そうした激動の時代にあって、『絞死刑』という作品が、ATG（アート・シアター・ギルド）が製作を手掛けた初の「一千万円」映画として世に送り出されたことは象徴的な「出来事」であったのだ。もともと独立系映画の配給会社であったATGと独立プロダクションが五百万円ずつ資金を出し合って製作するというこの試みは、低予算によって野心的な作品を撮ろうとする若い映画作家に多くの機会を与えてゆくこととなる。(26) 折しも時代は、政治の季節のただなかにあった。それは映画という産業・芸術・制度をめぐる環境においても例外ではない。新たな独立プロの活動やドキュメンタリー運動が興隆していくなか、映画の鑑賞形態も、大企業を軸とした既存の興行形態によらないシネ・クラブが数を増してゆく。[27]「映画」という発話行為に応答する言説活動としての映画批評にも、新たな芽が膨らみ始めていた。[28] そしてまた、一九六八年という年は、従来のスタジオ・システムの崩壊と新たな創造活動としての映画製作への希求との齟齬を明るみに出した「鈴木清順問題」が映画製作者および鑑賞者を巻き込んで表面化したまさにその年でもあった。[29]

このような時代背景を考えてみたとき、『絞死刑』という作品をその歴史的文脈から切り離して一個の「芸術作品」として鑑賞することは、間違いではないものの、この映画がはらんでいる多くの問題を取り落としてしまうことになるだろう。一九六〇年代という時代を織りなしていたいくつもの糸が交差する接点においてこの作品は生まれ落ちたのであり、ある特定の時間と場所においてのみ誕生しえたという意味において、『絞死刑』という映画はモデルとなった事件と同様それ自体が一つの「事件」であり、大島と創造社のメンバーから観客へと明確に向けられた「発話」行為であったと言えるのだ。それはまた、映画を鑑賞する私たちに、行動あるいは運動の主体となるということはいかなる政治的負荷を行うことであるのかを根源的に問い直す試みでもあったと言える。この映画の問いかけから、私たち観客は目をそらすわけにはいかない。なぜなら、映画の最後のショットにおいて、発話行為が向けられるのはほかならぬ私たち観客なのだから。

## 4

　ここで改めて、「呼びかけ」という、発話行為としての『絞死刑』という作品がもつ特異な言語論的位相を考えてみなければならない。すでに見たようにこの映画の予告編において、大島は自らのことを「俺たち」、映画において予期される観客のことを「皆さん」という複数形の代名詞に置き換えながら発話行為を行っていた。この予告編において大島の言葉が「私たち」から「あなたがた」へと直接的に受け渡されていたように、『絞死刑』の最後のショット、Rが消えたロープが宙吊りにされた映像の上には法の執行人たちへと、そして二人称で指示される客体へと向けられた「呼びかけ」の言葉が重ねられている。「所長、今日は御苦労でした。よく務めを果たしてくれました。教育部長、あなたも。保安課長、あなたも。あなたも、あなたも、あなたも、あなたも。あなたも。この映画を観て下さったあなたも」。

　この「呼びかけ」によって示されている「あなた」とは一体誰なのか。そして「呼びかけ」という形式の発話行為はどのような性格をもった言語活動なのだろうか。まず、この映画が一つの出来事＝発話行為としてどのように構成されているかを考え直してみる必要がある。まず、この映画の発話は一種の「入れ子構造」になっていることに注意することが重要だろう。この映画はその冒頭部分の死刑廃止の是非を問う字幕において、「皆さん」と二人称によって呼びかけている。この時点において、この映画は映画の語り手＝発話者と映画を見ている観客＝「皆さん」と呼ばれる対象との対話という図式を浮き上がらせる。続いて字幕は死刑廃止に反対する人々が国民の七一％を占めるとする昭和四二年当時の法務省世論調査の数字を提示した後、観客＝「皆さん」に対して次のように呼びかける。「しかし皆さん　死刑廃止反対の皆さん　皆さんは死刑場を見たことがありますか　死刑執行を見たことがありますか」。さらに字幕はここに立てられた二つの問いを畳みかけるように画面上に提示してから、現実の死刑場を俯瞰する実景映像へと切り替わる。ドキュメンタリー調のスタイルで死刑場の外部と内部とを映し出すこの映像には、映画が発話行為であるとするならばその話者であると考えられる人間の声がナレーションとして被せられている。キャメラはさらに死刑のプロセスを順々に映し出し、死刑が執行される瞬間までを追いかける。この死刑の執行が失敗した時点から、Rを中心とした物語が始まるのだ。

　このように、『絞死刑』という映画は二つのメタレベルの発話と、それらを介したフィクションとしての発話行為によって構成されている。注目すべきなのは、冒頭の字幕において措定される「皆さん」という不特定多数の対象と非人称を装った話者との関係が、これに続くドキュメンタリー部分のナレーションの「声」によって、実体をもった発話行為として生起しているという点である。ここにおいて、映画は私たち観客を否応なく「私」と「あなた」との対話という関係へと呼び入れる。映画のラストシーンにおける「呼びかけ」の試みは、映画の端緒からすでに始められているのである。このスクリーンからの「呼びかけ」において、発話行為の対象は「あなた」という目的格代名詞によって表示されている。「所長」や「保安課長」といった物語内人物に対する呼びかけの声がふと一瞬止まった後、その言葉を引き継ぐようにまったく異なる人物の声――おそらく監督でもある大島自身の声――が「あなたも。この映画を観て下さったあなたも」と力強く呼びかけ、物語外空間に位置する私たち観客を再び「わたし」と「あなた」によって構成される対話関係へと引き戻すのである。このように二者間の発話行為を生起させる強力な装置として『絞死刑』という映画を捉え直してみてもなお、映画を観ている「あなた」という観客があらかじめ予測できない「他者」である限りにおいて、この代名詞の指示する対象の座は、空白のまま置かれている。「呼びかけ」の言葉とは、この空白の「あなた」の座を埋めること、すなわち差し出された言葉を受け取り、発話行為を「対話」という「出来事」として生起させることを絶えず誘いかけてくるのである。

映画のなかの登場人物たちが固有の名ではなく役職を示す一般名詞で呼ばれ、主人公の少年が実在の李珍宇ではなく抽象化されたRという頭文字で呼ばれていたように、「呼びかけ」の言葉における「あなた」という対象も、この映画が特定の「誰か」によって鑑賞され、発話行為が生起しない限り、あらかじめ定められた実体としては存在しない。この空隙を埋め、「呼びかけ」に対し応答すること、他者への責任＝応答可能性 responsibility への道を開くことこそが、この映画の企図であり、私たち観客に求められていることなのだ。おそらくそれは、Rが在日朝鮮人＝「追放された人々 displaced persons」あるいは「国家によって包摂／排除された他者」として自らの主体性を引き受けたことへの応答として、私たち観客が「いま、ここ」に生き、国家の主権権力の一部分を担う主体としての「わたし」という主体性——生政治の場における責任＝応答可能性——を引き受けることにほかならない。たとえそれが、けっして予定調和的な対話ではなく「わたし」と「あなた＝他者」との解消しがたい共約不可能性を埋めるための「魂を絞めつけられるような痛みを感じる」プロセスでしかありえないのだとしても。

「すべてのRのためにRであることを引き受け」、死刑に殉じたRの身体は、なぜか彼の首を絞めたはずのロープから消え、がらんどうになった空間から「あなた」へ向かって声が投げかけられる。この空洞へ応答することによって、「私たち」観客は「国家」を断罪する法廷としての『絞死刑』という映画の運動に参与せざるをえなくなるのだ。それはまた、Rという主体が代理表象するすべての他者――外国人、よそ者、「追放された人々 displaced persons」――を排除しつつ包摂することによって生き延びてきた「国家」という政治体を問い質し、「あなた＝他者」を真に迎え入れるための責任＝応答可能性を引き受けることでもある。それは、「ウイと言うことができるのは私ではない――それは〈他者〉なのだ[30]」というエマニュエル・レヴィナスの言葉を引き継ぎつつジャック・デリダが追究して見せたように、他者を迎え入れること、「他者の無限へ、すなわち迎え入れに先立つ他者への無限へ、みずからを開く[31]」ことを引き受けるための、決断と責任をになう他者に先立って行われるべき応答なのだ。

> ウイを、「第一の」ウイを言うことができる唯一のものが〈他者〉であるとするならば、迎え入れとはつねに他者の迎え入れである。いまや、この属格の文法と系譜を思考する必要がある。とはいえ、私は「第一の」ウイの「第一」を引用符で括った。それはほとんど思考不可能なある仮説に従うためである。その仮説とは、第一のウイは存在せず、ウイはすでに応答であるというものだ。（…）応答することから始める必要があるのだ。ということは、始めに、第一の語は存在しない、ということだ。呼びかけは応答から出発して初めて呼びかけとなる。応答は呼びかけに

先んじ、呼びかけに先回りして「呼びかけを迎えに」到来する。呼びかけが応答以前に第一のものであるとしても、それは、呼びかけを到来させる応答を予期する「応答においてみずからを待つ」ためにすぎない。(32)

レヴィナスの、そしてデリダの主張する「歓待的迎え入れ」を自らの問題として引き受け、「あなた」と呼びかけるスクリーンの空洞へと応答すること。それが映画という発話行為から私たち観客へと引き渡された責務である。それはまた、「私たち」という主語を「国民」というカテゴリーと無条件に結びつける近代国家の法に逆らって、「あなた」という他者と出会うための実践であるに違いない。「私たち」のすぐ傍に「あなた」という「追放された人々displaced persons」が存在する限り、他者の「迎え入れ」というプログラムは、まだ始められてさえいないのだ。映画の節々で区切るかのようにインサートされている、文字のショットを思い出してみたい。何の変哲もない原稿用紙の上に、升目からはみ出るように飛び跳ねる字が書き込まれ、その場面ごとのRの状態を指し示す。活字ではない、したがって誰かによって書かれたに違いないこの文字による発話の主体は、映画内空間においてはどこにも位置していない。この誰によって書かれたかは分からない、しかし、「誰か」によって書かれたに違いない文字による発話行為は、あたかもスクリーンの空洞から呼びかける「あなた」という代名詞のように、その発話の客体を措定せずにはおかない。この「呼びかけ」、「誘い入れ」、「迎え入れる」発話行為の装置こそ、『絞死刑』という映画が私たちに引き渡そうとしている、他者と出会うための戦略なのだ。

以上、大島渚の『絞死刑』(一九六八)とその製作背景の分析を通じて、国家と法、そしてその境域における他者への暴力と、他者への責任＝応答可能性について考察してきた。在日朝鮮人という「追放された人々 displaced persons」の問題を焦点とする小松川高校事件という実際の出来事に「死刑の失敗」という「例外状態」のフィクションを導入し、実在の李珍宇という人物をRという極度に抽象化された主体へと純化させながら、大島は「国家」を存立させている原‐暴力へと私たち観客の眼を差し向ける。そして、この映画が世界的に政治的問い直しが行われた一九六八年という時代背景のなかで一つの「出来事」となったのと同様に、映画を一つの発話行為＝「呼びかけ」として生起させ、国家の原罪の糾弾と他者の「迎え入れ」という政治的実践へと観客を導いてゆくのだ。「あなたも。あなたも。あなたも。あなたも。この映画を観て下さったあなたも」というこの映画のラストシーンにおける呼びかけは、映像がスクリーンの前を去ってからも、私たちの耳のなかで響き続ける。一九六八年の、国家と法の、「私たち」と「あなた」の境界線を問い直す試みは、まだ決着をつけられずに私たちの目の前に差し伸べられ続けているのである。

(1) この予告編は映画のなかで保安課長を演じた映画監督・足立正生によって製作されたものである。足立もまた、翌年の一九六九年に死刑囚・永山則夫を題材とした『略称・連続射殺魔』を撮っており、七〇年代以降は自ら政治運動に身を投じることとなる。
(2) ジョルジョ・アガンベン、高桑和巳訳『ホモ・サケル――主権権力と剝き出しの生』以文社、二〇〇三年、一八

頁（Giorgio Agamben, *Homo Sacer: il potere sovrano e la nuda vita*, Giulio Einaudi Editore S. p. A, Torino, 1995）。

（3）カール・シュミット、田中浩他訳『政治神学』未來社、一九七一年、十一頁（Carl Schmitt, *Politische Theologie* (1922), Zweite Ausgabe. Verlag von Duncker & Humblot, München und Leipzig, 1934）。

（4）大島渚『大島渚１９６８』青土社、二〇〇四年、一五四頁。

（5）大島は自作と「朝鮮」という問題について次のように語っている。「『忘れられた皇軍』をいったん撮ったということは、あのテーマの重みと、そこで発見された方法の重みみたいなものが、ちょっと自分には忘れがたくある。そこから遠くへはすぐには行けない、なんだかんだいいながらも、あれが付いてくるというか。そういうところに急にはまりこんじゃった。朝鮮人というものに対する眼、体温みたいなもの。『青春残酷物語』（一九六〇）のなかでも韓国の学生革命のニュース映画を主人公二人が見るシーンを入れた。『太陽の墓場』（同）でも朝鮮人が出てくる。ぼくの京都の下町の家のそばに「朝鮮部落」があったり、同級生のなかにも朝鮮人はいたし。ぼくの曾祖父の大島友之は、明治維新の志士で、征韓論の走りといわれている人で、そのことが子どものころからぼくの頭のどこかにこびりついているんですね。ましてや韓国を攻めたのかと思うと、忌わしいところもある。私の中には、韓国に対する原罪意識みたいなものがあって、そのことをつい考えてしまう」、『大島渚１９６８』四三頁。

また、四方田犬彦は大島作品において最も重要な他者は「朝鮮人と女性」であると指摘し、朝鮮人がアブジェクティヴな他者として登場する『飼育』や『忘れられた皇軍』に対し、『絞死刑』における朝鮮人Rという匿名的な外貌をもった主人公は「日本社会に存在してはならない存在であり、厳粛なる法が統治する空間にあって「見えない」存在」として表象されていることに注目している（四方田犬彦『大島渚と日本』筑摩書房、二〇一〇年、一二九頁、一七一頁）。

（6）Noël Burch, *Pour un observateur lointain: Forme et signification dans le cinéma japonais*, Éditions Gallimard, 1982. Maureen Turim, *The Films of Oshima Nagisa*, University of California Press, 1998. pp. 62–64.

（7）ヒースはとりわけRと法の執行人たちが河原で繰り広げるシークエンス（ことにRと猫とのカット・バック）を、西洋における視覚中心主義が支配するデカルト的遠近法から解き放たれた表現として取り出してみせている。スティーヴン・ヒース、夏目康子訳「物語の空間」、岩本憲児他編『「新」映画理論集成』（フィルムアート社、一九九九年）

所収、一七一―一七四頁（Stephan Heath, "Narrative Space," in *Screen*, Autumn 1976）。

（8）前衛的・モダニスト的表現が、同時に政治的実践ともなる可能性を映画言説の詳細な読解から摘出し、「政治的モダニズム」として概念化したディヴィッド・N・ロドウィックは、同前のヒースの論考を辿りながら、『絞死刑』をそのなかでも特権的な位置を与えられた作品として論じている。D. N. Rodowick, *The Crisis of Political Modernism: Criticism and Ideology in Contemporary Film Criticism*, University of California Press, 1995, pp. 184-185. また、彼が同書第一章で展開する「言説行為としての映画表現」というテーマは、本論文の主旨と軸を一にするものである。

（9）「ぼくらは主人公以外の役を、ぜんぶ教誨師であるとか、保安課長であるとか、そういう役名で呼んだ。極端にいうと、彼らは役割を演じているにすぎない。そういうことを自覚して、役名で出すんだということが最初に決まった。そうしたら当然、李珍宇も、抽象的なRとして、登場すべきだろうということでRになった、それでぜんぶ「Rは……」という各章の章だてが決まったんで。単純明快構造が成りたった。多少、不条理劇を真似てるところはある。Rは他者としてあそこに存在してる。彼は主体じゃない。みんなから見られてる存在。ある人物を語るんじゃなくて、ここに存在するドラマを語ろうとしたんだと思う。刑務所の職員と、Rという異物が存在したときに、どういう劇が起きるか」、大島『大島渚１９６８』一六二頁。

（10）ジョルジョ・アガンベン、上村忠男他訳『例外状態』未來社、二〇〇七年、八頁（Giorgio Agamben, *Lo stato di eccezione*, Brossura 2003）。

（11）アガンベン、同前、八頁。

（12）鈴木道彦『越境の時　一九六〇年代と在日』集英社新書、二〇〇七年、四九―五〇頁。朝鮮における日本の植民地政治と「在日」という自己同一性についてはさまざまな議論があるが、まとまった通史としては金賛汀『韓国併合百年と「在日」』（新潮選書、二〇一〇年）、「在日外国人」という広範な視野から「在日朝鮮人」という自己同一性が孕む問題を論じた文献としては田中宏『在日外国人新版――法の壁、心の溝』（岩波新書、一九九五年）、「在日」と普遍的人権をめぐる問題系については金泰明『マイノリティの権利と普遍的人権概念の研究――多文化的市民権と在日コリアン』（トランスビュー、二〇〇四年）が詳しい。

（13）鈴木、同前、九八―九九頁。

(14) 鈴木、同前、五七頁。

(15) セイラ・ベンハビブ、向山恭一訳『他者の権利――外国人・居留民・市民』法政大学出版局、二〇〇六年、四二頁(Seyla Benhabib, *The Rights of Others: Aliens, Residents, and Citizens*, Cambridge University Press, 2004)。

(16) ハンナ・アーレント、大島通義、大島かおり訳『全体主義の起源2　帝国主義』みすず書房、一九七二年、二七三頁(Hannah Arendt, *The Origins of Totalitarianism*, George Allen and Unwin: 1951/ Harcourt Brace Jovanovich: 1958, 1966-68, 1973 /A Harvest Book, Harcourt, Inc.: 1994)。

(17) ベンハビブ、四二―四四頁。

(18) アーレント、二四九頁。

(19) ホミ・K・バーバ、本橋哲也他訳『文化の場所――ポストコロニアリズムの位相』法政大学出版局、二〇〇五年、一九二頁(Homi K.Bhabha, *The Location of Culture*, Routeledge, 1994)。

(20) 映画内において「朝鮮人」という民族の自己同一性を一身に体現するのが、小山明子演じる「姉さん」と呼ばれる若い女性である。現実の李珍宇を支援し、死の直前まで往復書簡を交わし続けた在日二世の女性編集者・朴寿南をモデルに造型されたこの人物は、純白のチマチョゴリを身につけ、民族の自己同一性に目覚めるようRに迫る。しかし、現実の書簡においても映画内においても、「在日二世」というRの自己同一性と「姉さん」の語る「民族」としての主体性とはすれ違ってゆく。この点については、別稿を設けて論じたい。李と朴の往復書簡は、朴によって編集され書籍化されている。朴寿南編『罪と死と愛と――獄窓に真実の瞳をみつめて』三一書房、一九六三年。

(21) マックス・ヴェーバー、脇圭平訳『職業としての政治』岩波文庫、九頁(Max Weber, *Politik als Beruf*, *Gesammelte politische Schriften*, Dritte erneut vermehrte Auflage. hrsg. von Johannes Winckelmann, 1971)。

(22) ジャック・デリダ、堅田研一訳『法の力』法政大学出版局、一九九九年、三一頁(Jacque Derrida, *Force de Loi*, Éditions Galilée, 1994)。

(23) デリダ、同前、三一頁。

(24) ジュディス・バトラーは、「剝き出しの生」が現実の政治において姿をとった例の一つとしてグアンタナモの勾留者を挙げ、「収容所」という形象が生政治において提示する極限性を鮮やかに論証している。ジュディス・バトラー、本橋哲也訳『生のあやうさ　哀悼と暴力の政治学』第三章「無期限の勾留」（*Precarious Life: The Powers of Mourning and Violence*, Verso, 2004）。

（25）しかし、なぜ法的制度であるところの「国家」の創設にまつわる原‐暴力——法＝権利の起源において「われわれ国民」という主権のカテゴリーを生起させる「法措定的暴力」——の問い直しが、「死刑の失敗」というモチーフを通してなされなければならないのか。そしてなぜその問いが、「追放された人々 displaced persons」という形象を呼び寄せるのか。それは「死刑」という「合法的な殺人」の存在が、「国家」の存立の起源と深く絡み合っていることと関係していると思われる。「死刑」という殺人の合法性は、殺人を行う主体と、法を司る主体とが同一であることによって支えられている。注意すべきなのは、合法的な暴力というものがあらかじめ存在するのではないという点だ。事態はむしろ反対であり、他を圧倒する暴力を蓄積することができたもの——すなわち「主権国家」——が、合法的なものと違法的なものを決定する権利を獲得する。言い換えれば、「国家」は死をもたらす暴力を共同体の内部において独占することによって、自らの法＝権利の正統性を認めさせているのだ。この意味において、「死刑」という制度は「法権利の可能性の条件であり、こう言ってよければ超越論的なもの」（デリダ、藤本一勇他訳『来るべき世界のために』岩波書店、二〇〇三年、二〇四頁）であると言える。法の境界に位置しつつ法を支えてもいる「死刑」のこうした性質について、ベンヤミンは以下のように述べている。

「じじつ死刑の意味は、違法を罰することではなく、新たな法を確定することなのだ。というのも、生死を左右する暴力を振るえば、ほかのどんな法を執行するよりも以上に、法そのものは強化されるのだから。しかし同時に、まさにその点においてこそ、繊細な感受性はとくに、法における何か腐ったものが感じとられる」（ヴァルター・ベンヤミン、野村修編訳『暴力批判論』岩波文庫、四三頁（Walter Benjamin, "Zur Kritik der Gewalt," in: ders. *Gesammelte Schriften* Band II.1, Suhrkamp, 1991）。

（26）「ＡＴＧが製作をするということになったのは『絞死刑』が第一作。創造社が五百万、ＡＴＧが五百万、一千万映画という形がはっきり決まったのはそこから。ＡＴＧというか、井関種男社長の独創だったですね。これは凄いですよ。いかにケチかということですよね（笑）。よくそんな、一千万でやろうなんてことを考えた」、『大島渚１９６８』一五三頁。

（27）一九六〇年代の映画と社会との関係における独立プロ、シネ・クラブの位置づけの総括としては、小川徹、野田真吉、松本俊夫、森弘太、武井昭夫（司会）「討論　転換期の映画運動」（『新日本文学』一九六八年六月号、一三〇―一六四頁）が詳しい。討論者はそれぞれ当事者としての立場から言葉を発しているが、それらは同時代に生きる主体からの批評的な示唆に富むものである。

（28）この年、戦前から続く日本の主要映画雑誌『キネマ旬報』と『映画評論』は『絞死刑』をめぐる議論から大島作品全体にいたるまで大きな特集を組んでいる。なかでも『映画評論』三月号掲載の矢島翠「抽象的に迫る国家弾劾」は、『絞死刑』という作品には身体性が抜け落ちているのではないかとの重要な指摘を行っていることが興味深い（一九―二六頁）。しかし、これらの主要映画誌がおおむね穏当な大島評を載せていることよりも、むしろこの映画公開の同年に『季刊フィルム』『シネマ６８』といった新たな映画および映画をめぐる文化状況を取り上げた雑誌の創刊が見られたことに注目すべきだと思われる。

（29）村山匡一郎・編集部編『シネマ１９６０』フィルムアート社、二〇〇三年、一二八―一二九頁。

（30）エマニュエル・レヴィナス、合田正人訳『全体性と無限――外部性についての試論』国文社、一九八九年、一三三頁（Emmanuel Lévinas, *Totalité et l'infini*, Martinus Nijhoff, La Haye, 1971）。

（31）ジャック・デリダ、藤本一勇訳『アデュー　エマニュエル・レヴィナスへ』岩波書店、二〇〇四年、三七頁（Jacques Derrida, *ADIEU à Emmanuel Lévinas*, Éditions Galilée, 1997）。

（32）デリダ、三九頁。

# 呼びかける死者たちの声
## 『儀式』における国家と戦後民主主義のイメージ

### 1　地中に響く声

地面に耳を当ててみる。かすかな声が聞こえる。あの声は弟の声だ。まだ息があるのに埋められて、土をかけられた弟の声だ。ここはどこだろう。この土は、この土地は、誰のものだろう。弟の泣き声にかけられた土、これは何処のものだろう。土が、耳のなかに、口のなかに、入っていく。苦しい？いや、とてもあたたかい……。いい気持ちだ。土のなかに、大地の胎内のなかに僕はもどっていくんだ。そう、「弟」はぼくなんだ。

大島渚の一九七一年の作品『儀式』の後半部分、桜田家に君臨してきた祖父・一臣の葬式でのことだ。参列客が帰ってゆき、がらんどうになった式場の広間に、満州男は一人、ちぢこまったような姿勢で横たわっている。その姿は、母の胎内に眠る胎児のようにもみえる。彼の長年の想い人である律子がやってくる。葬式の日にもかかわらず、彼女は白装束だ。満州男のかたわらに座り、ゆっくりと、いたわるように、満州男の身体を撫でる。「満州男さん、かわいそう……」彼女はかつてない優しさで、満州男と交情する（一時間五一分三九秒―一時間五五分三〇秒）【図1】。そう、これは儀式なのだ。一つの世代が終り、また次の世代へと移り変わってゆくための、桜田家（＝天皇制国家）の皇位継承のための儀式なのだ。一臣の葬儀の夜に、新たな世代が生まれ行くための。

図1

しかしこの儀式は、満足に成し遂げられることができるだろうか？　満州男に、律子に、それができるだろうか？　「律子さん、君がぼくと結婚してくれてさえいれば……」「でも私は、とっくに初夜を済ませてしまったわ」。律子は桜田家の嫡子のために、あらかじめ定められた花嫁だった。一臣に犯され、満州男の父・韓一郎の恋人だった彼女の母・節子がそうであったように。けれども、彼女が嫁ぐべき桜田家の嫡子は、二人いるのではなかっただろうか。一人は満州男。そしてもう一人は、一臣が韓一郎の妻になるはずであった女性に産ませた子どもである輝道。律子が済ませてしまった「初夜」とは、輝道と身体を重ね合わせたあの夜のことを指しているのだろうか？　叔父・勇の婚礼の夜。忠が中国から帰還した父との絶縁を言い渡した夜。そして、満州男が日本刀を握りしめて節子の寝室を訪ねた夜。あの「儀式」の晩に、世代から世代へのいくつもの移行がなされたのではないだろうか。あの夜、律子が「桜田家を真に継ぎうる」ただ一人の男・輝道の花嫁となった夜に、すでに時代は新しい世代——戦後民主主義というイデオロギー(1)の子どもたち——へと受け渡され、その証拠として、節子は自ら命を絶ったのではなかっただろうか。

したがって、名実ともに桜田家を支配してきた家主・一臣の葬儀の晩に、「正統な」嫡子である満州男とあらかじめ定められた花嫁・律子が世継ぎのための「儀式」を行おうとしても、それはすでに遅れてきた、あらかじめ「挫かれた」儀式にしかなりえないだろう。そもそも、「正統な」嫡子が輝道と満州男の二人に分裂してしまった戦後民主主義の時代の桜田家においては、もはや滑らかな皇位継承は起こり得べくもない。その証拠に、今から花嫁・律子を迎えようとしている当の満州男は、王位を継ぐことを拒否するように、胎児のようにちぢこまり、あたかも母胎回帰願望を表しているかのようではないか。失敗を運命づけられた王の地位の委譲。あきらかな断絶。その断絶をもたらしたものは何だったのか。桜田家＝天皇＝国家の存続はどのように不可能性へと達してしまったのか。あるいは、なぜどのようにして一臣が亡くなったこの夜まで生き永らえて来たのか？　それはおそらく、第二次世界大戦敗戦後の日本、そして満州男の名前に埋め込まれた「満州」という幻の土地＝喪われた帝国の記憶とも結びつき合ってくるだろう。

## 2　「儀式」としての戦後史

『儀式』は日本の南端に位置する島に君臨する伝統ある一族の冠婚葬祭＝儀式を通じて、日本の戦後史および「家父長制度」を規範として組み立てられた近代日本国家の総括を試みた作品であると定義づけられ（佐藤忠男、九四―九五頁）、大島自身も、自分自身も生きた戦後史の総括である、としている（佐藤重臣、三五―三八頁）。一族のそれぞれの儀式は、大島の言によれば「あえて少しずらした」時点に設定されているが、戦後日本史の画期となる事件の前後に設定されている。満州男親子の帰国＝一九四七年（天皇の人間宣言の翌年）、満州男の母親の葬式＝一九五二年（サンフランシスコ講和条約、日米安全保障条約締結の翌年）、日本共産党の党員である叔父・勇の結婚式＝一九五六年（戦後五十五年体制の開始の翌年）、満州男の結婚式および従弟である忠の葬式＝一九六一年（日米安全保障条約の発効、安保闘争の翌年）、祖父・一臣の葬式＝一九七一年（パリ五月革命の三年後、大阪万博の翌年）。

彼らの家名の「桜田」は日本を象徴する花になぞらえられ、この一族が「近代日本国家」の一つの雛形として提示されていることが明らかにされている。家主の一臣は「臣」の字が示すように天皇制国家に仕える官人であり、戦前の内務省の高官であったが戦犯として起訴された後、赦免されて故郷に戻ってきていることが物語の端々を通じて伝えられる。主人公の満州男はこの一家の正嫡であるが、その名が示しているように、「満州事変が起こった頃に生まれた子ども」であり、彼にとっての第二の故郷である植民地の地名を名前のなかに埋め込まれている（天皇の人間宣言の際に自死した彼の父の名は韓一郎であり、やはり近代日本の植民地史を象徴する名前を与えられている）。桜田家＝家父長制国家を継ぐべき立場にある少年・満州男が、母とともに満州から引き揚げてくる時点から――正確にはその当時を回想する成人した満州男の視点から――物語は幕を開ける。田舎の道を、母と子が転がるように走って逃げている。野火がたかれ、幾人かの男が彼らを追いかけてくる。そのなかには、少年時代の輝道や忠の姿もある。輝道が、満州男の背中をつかまえる。満州男のモノローグが始まる。「輝道君、君がぼくをつかまえた。昭和二一年の正月が過ぎたばかりだった。（…）せっかくロシア人や満人や朝鮮人につかまらずに逃げて来たのに、何のことはない、日本に帰るってことは日本人につかまることだったんだ」（五分四〇秒―七分四秒）。

帝国日本の敗北に殉死した父の命日にはからずも帰還してしまった母と子は、桜田家の薄暗く長大な座敷にしつらえられた一周忌の席に座らせられている。長い廊下のような広間の両側には複雑な関係を取り結んだ親族たちが並んでいる。遠近法的なイメージの階層構造を強調するかのように配置された放射状の構図の消失点には父・韓一郎の遺影が掲げられ、その前に祖父・一臣と隣り合わせに満州男が正座している。カメラがゆっくりとトラックアップしてゆく（七分五一秒―八分三秒）［図2］。祖父・父・息子という三角形を描いた配置は、この一周忌が単なる弔事ではなく、「桜田家」という共同体の頂点に立つ宗主の権限の委譲の儀式でもあることを明白に表している。桜田家を継ぐべき人物であった父は死に、祖父がふたたび宗主の座へと戻ったのだ。あたかも、彼が戦争犯罪人の咎を免れて、民間社会に戻ってきたことと同期するかのように。その隣に座らせられた満州男は、息子として孫として、未来の宗主になることを運命づけられている。桜田家で冠婚葬祭が執り行われる際に繰り返し現れるこの座敷は、あたかも「一臣」という首長を頭にいただく一つの身体のようなものであり、もし桜田家＝日本国家というあからさまなアレゴリーが機能しているのであれば、一臣の身体こそは「国体」であり、家はその胎内、何らかのかたちで彼の血を引く親族たちは彼の手であり足であり、何らかの意味においての器官を構成していることになる。(2)

国家という統一された共同体を一つの形象、すなわち社会の頂点に君臨する「王の身体」という実体になぞらえて表象するという象徴体系は、ヨーロッパ中世において構築され、その起源には神学‐政治学的な概念が礎として根を下ろしている。政治哲学者のクロード・ルフォールがエルンスト・H・カントーロヴィチの古典的著作『王の二つの身体』に言及しつつ解説しているように、この象徴体系において、王の身体は二重化されたものとして――すなわち一つは朽ち果ててゆく個人の身体として、もう一つは不死の集合体としての身体として――表象されていた。こうした表象モデルは一八世紀には、個人主義の台頭や平等主義の進展によって、また新たに登場してきた社会概念によって大きく揺るがされる。アレクシ・ド・トクヴィルが民主主義革命の基礎となる国家行政とみなしたものがこの新たな動きに相当し、中世の国家モデルに比べ、より自律的かつ非個人的なものとされた。しかし、国家を有機的で神秘的な統一体として捉え、「王権」をその頭脳および四肢になぞらえるという伝統は完全に途絶えてしまったのではなく、社会的な流動性や身体、習慣、規律の規格化が進むにつれて、逆説的にこの伝統的な象徴体系を強化した側面があったことを忘れてはならない（Lefort, pp. 302-303）。

日本思想史を専門とする歴史学者ヴィクター・コシュマンは、戦前の「天皇制」がヨーロッパの絶対君主制に即して構築され、「絶対主義」と

図2

いう概念がたしかにマルクス主義による戦前の政治社会体制の分析に重要な役割を果たしていたとしても、フランスのアンシャン・レジームと戦前の天皇制国家を同一視することはできない、と留保を付けつつ、ルフォールの分析が、日本の戦後民主主義革命――統一された「国体」（national body）として社会を構築する想像体から、そうした全体性が不可能だと認識する想像体への解釈の転換――において起こったことを理解するために有効なのではないか、と提議する（コシュマン、二八―三一頁）。第二次世界大戦敗戦後の日本に湧き上がった新しい動き、そして連合国占領軍による新たな政治体制への変換が、広義の政治哲学的な意味における「近代民主主義革命」と重なり合うものであるかという点においては、多くの疑義が残る。むしろ戦後の社会・政治運動は敗戦後の日本という個別的な時代状況において発生した「戦後民主主義運動」という固有の出来事として扱ったほうが妥当であるかと思われる。しかし、戦後の多くの知識人、そして一般大衆たちも、戦後の一連の政治的・社会的改編を、「戦後民主主義」イデオロギーという名の「革命」であると認識し、その到来を寿いだのである(3)。

## 3 「家」としての国体

しかし、第二次世界大戦後の日本において、頂点に「王＝天皇」を頂いた「王の身体」としての国体は本当に潰え去ってしまったのだろうか？ もちろん日本では、占領軍は「天皇」を象徴的にも現実的にも絞首刑にすることはなく、それどころか「日本国の象徴」かつ「日本国民統合の象徴」の地位を授けたのである。「象徴」であるところの「天皇」が、戦中・戦後を通じて一定の政治的影響力をもち続けていたことは、近年の研究により徐々に明らかになってきているが[4]、現実の政治に直接的なかたちで関与することを封じられた「天皇」および「天皇制」は、戦前においては日本の津々浦々まで行き届かせていたその権力を、果たしてすべて失ってしまったのだろうか。天皇制をヨーロッパ型の王制と比較して考えてみるならば、それは「家」という血縁的共同体と「王の身体」という生命をもった有機体とを統合させたところにその独自性をもっているといえる。たとえば藤田省三は、戦前天皇制の構造を次のように分析している。

天皇制は体系だったそれ自身の理論をもっているとはいいがたいが、その権力の正統性を基礎づけているイデオロギーは、国家構造の思想的側面として、その意味において一つの体系をなしている。「家族国家観」といわれるものがそれである。これは国家を「家」の延長拡大として理解させようとするものであるから、天皇は大家長であり、「臣民」は天皇の「赤子」となる。いうまでもなくこの国家観は日本社会の家父長的構成に依拠して、しかも個々の封建的な家父長制的世界を国家的規模にインテグリーレンしようとするものである。（藤田、八―九頁）

「家族国家観」が、「国家」を一つの世代からまた次の世代へと移り変わってゆく、それ自体一つの生命体として構想するものであり、それが新陳代謝を繰り返してゆくのが戦前天皇制国家の正史であったとするならば、家長＝天皇が統率者としての権限を奪われ、王を頂点とした階層構造が崩れてしまった戦後において、「家」をモデルとした有機体として想像されていた「王の身体」は、その身体をばらばらにされて、葬り去られてしまったのだろうか。それとも、戦後日本の失われた基層としてその威力を発揮し続けていたのだろうか。映画のなかで「王の身体」として表象された桜田家は、生身の身体が生き、朽ちて、世代交代を繰り返すかのように、一方では外部と姻戚関係を結び、もう一方では衰退し葬り去られてゆく。そのようにして「王の身体」＝国家が、一人の王＝生ある人間が朽ち果ててしまっても、もう一つの身体として生き永らえてゆくことを、『儀式』という作品は証明しようとしているのだろうか。

しかし、思い出してほしい。映画の後半、一臣が亡くなった葬儀の晩に、誰もいない広間に一人横たわっていた満州男の姿を。手足をちぢめて、胎児のように丸くなった彼の姿は、一臣＝王の身体の死と同時に何かが終ったこと、あるいは満州男自身が新たな「王の身体」として生まれ直さなければならないことを示しているかのようだ。だが彼にはその力も意思もない（自らの結婚式の当日に花嫁に逃げられることによって、彼は一度象徴的に去勢されている）。彼が自らの妹であるかもしれない律子と初めて身体を交えるのも、この葬式の夜だ。「王の身体」＝国体は、生まれ直すことを望んでいる――しかしそれは、「同族婚」という自家中毒的なかたちでしか成し遂げられえない。「戦後民主主義」イデオロギーの子どもたちである満州男たちの世代は、君主制としての「国家」を引き継ぐことができない、あるいは拒否しているのだ。そして満州男のみせる胎児への擬態は、「王の身体」として再び生まれ直すことではなく、母胎へと回帰することを望んでいる。だが、彼の母胎とは、母なる故郷とは、どこにあるのだろう。「満州」という失われた故郷の土のなかに埋められた弟へと同化してゆく満州男は、「苦しいんだ、息が詰まる。でも、いい気持ちなんだ」、とつぶやく。「土の匂いがする。耳がふさがる。身体中の毛穴が……つまる……もう土が、ぼくの皮膚とはなれなくなった。……土のうえで、誰かが、ぼくの声を聞いてる……ぼくの兄だ……いや、ぼくだ」（一時間五二分三一秒―一時間五四分四七秒）。

まだ息を残したまま埋められた弟になりかわってゆく満州男は、自らを弔おうとしているようにも、母なる大地へと戻ってゆこうとしているようにもみえる。しかし、いくつかの問題がここにあることを見逃してはならない。まず、彼が戻ってゆこうとしている大地、それはどこにあるのだろうか？彼の身体の上に覆いかぶさってくる土は、どこの国土の土なのか？「満州」という彼にとっての故郷の土地の名を刻み込まれた彼の身体は、桜田家＝日本国家の正嫡としての彼の身体と相反し合っている。彼は一体「どの土地」に帰属するべき人間なのか。どのような国家＝共同体の成員なのか。そして、真に桜田家＝日本国家を継ぐべき人間は誰だったのか。その問いに、自らの死をもって答えるのは、満州男ではなく、輝道となるだろう。「『テルミチシス』テルミチ」。その電報をきっかけに、満州男の、輝道の、律子の、忠の、そして大島自身の戦後史が、めくり返されてゆく。そして、新たに配置され直した「戦後日本国家」は、「天皇制国家＝王の身体」の統一性を民主主義革命によって解体してゆくだろう。映画監督としての大島渚が取り組んだのは、まさにこの問題、すなわち「天皇制国家＝王の身体＝桜田家」と「戦後民主主義革命＝戦後史を担った満州男たちの世代」との確執と抗争の歴史なのだといっていいだろう。

## 4 「三角ベース」と「死者たち」

『儀式』という作品について映画公開当時に書かれた多くの批評においても、作品に登場する「桜田家」が戦前の家父長制国家のアレゴリーであり、佐藤慶演じる家主の「一臣」が帝国日本の官僚制度、ひいては天皇制国家それ自身を表しているという解釈については、大体のところ一致している。言ってみれば、それは読まれるために書かれた象形文字、自らの意味するところを顕示しているイメージなのである。しかし、そのイメージの底には、謎めいた澱みのような疑問が漂っている。すなわち、もし本当に「桜田家＝天皇制国家」であるとすれば、第二次大戦後、天皇の人間宣言以後においても、日本において天皇制は継続していると大島は認識していたということであろうか。「戦後民主主義」という言葉と「天皇制国家」という言葉は、一見相互排他的であるように思える。しかし、天皇制が、「王の身体」が戦後においてもなお生き続けていたのだとしたら、その「死後の死」を生き延びていたのだとしたら、日本の戦後史とはどのようなものとして理解すればよいのだろうか。そのとき、固有名の出来事としての日本の「戦後民主主義革命」はどのような相貌をもって表れてくるのだろうか。

桜田家の長大な広間が家主・一臣の身体のイメージであるとすれば、「戦後民主主義」イデオロギーを担うべき次世代とされた満州男、輝道、律子、忠（そして大島自身）をつなぐイメージは、広い野原で三角ベースで遊ぶ子ども時代の光景だろう【図3】。「輝道君、君は満州にも野球があるかと言った。うれしかったな、ぼくは。だってぼくは、満州で中澤不二雄さんにコーチしてもらったことだってあったんだから。勿論、ぼくの球は律子や忠には打てなかった。さすがの君も、ミットをはめた左手を痛そうにしていた。ぼくが君に好意をもったのはこのときが最初だ」（二三分三七秒―二四分〇五秒）。「野球」は、『儀式』という映画において「希望」、あるいは民主主義の「理想」の象徴として随所に現れてくる。それは満州での幸福な幼年時代の記憶でもあり、かつて一高野球部のエースだったという父・韓一郎の記憶にもつながっている。一方で、成長して高校生となった満州男はやはり野球部のエースとなり、試合のために母の死に際に立ち会うことができないという傷をも彼の心に残す。そして成人した後も、勤めていた会社を辞め、母校の野球部のコーチになるといったかたちで、つねに彼の人生に寄り添ってくるのだ。三角ベースという子どもの遊戯は、四人の子どもたちを互いに等間隔に配置した構図をかたち作り、彼らのあいだに「連帯」というイメージを作りだす。

図3

しかし、実はその前に、彼らはすでに秘密の紐帯を取り結んでいたのだ。朝早く起きた少年の満州男は、庭の土にかがみ込み、耳を地面に押し当てる。何も聞こえない。場所を移動して、同じ動作を繰り返す。満州男の顔にうっすらとした笑みがほころぶ。彼は愛しいものの声を聞くように目を閉じて耳を澄ます［図4］。気がつくと、律子と忠も並んで地面に耳を押し付けている。輝道が隣に立っている。「なアに？　なアに？」「もぐら？　ひきがえる？」「満州男さん、どいてよ。私にも聞かせて」満州男は律子に場所を譲ると、律子はそこに耳を押し当てる。

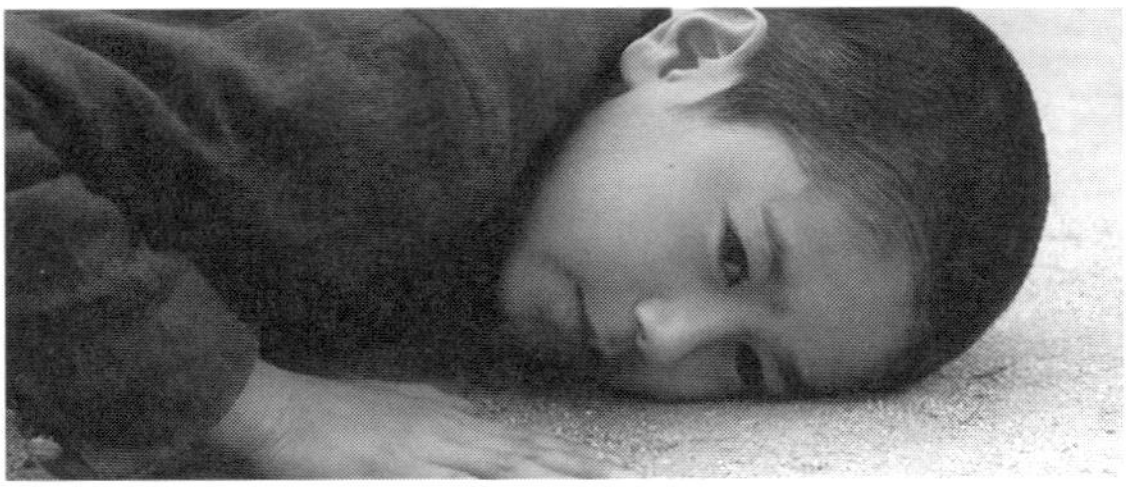

図4

「何だ、何にも聞こえないじゃない」「聞こえるんだ」「聞えるのか。何が聞えるんだ」（一九分二四秒―二一分五七秒）。

そこで満州男は、満州から引き揚げてきた途上で、まだ少し息のある赤ん坊の弟を土のなかに埋めたことを打ち明ける。「土をかぶせたけど、まだ泣いているような気がしてその上に耳をつけてた。お母さんがぼくの手をものすごい力で引っ張った。それからぼくたちは夢中でかけて、前をいく人たちの列に追いついたんだ」（二二分三三秒―二三分〇三秒）。

それはおそらく満州男が自分の生と引き換えに引き受けた原罪だ。異郷の地に埋められた弟。その泣き声は、彼の弟一人のものではないだろう。他の多くの異郷の地で命を失った人々の、戦争に関わったものすべてに共有されるべき、国民の負の記憶だ。その記憶が埋められた土の上に、日本の「戦後民主主義」国家は建設された。「戦後民主主義」イデオロギーの根源には殺人という罪が横たわっているのだ。広い空の下で行われる三角ベースが「戦後民主主義」の「正」のイメージであるとすれば、地面の下に眠る殺人の記憶はその「負」のイメージだ。この相反する二つのイメージを抱えながら、満州男たちの（そして大島自身の）世代は戦後を生きてゆくことをあらかじめ運命づけられている。満州男の話を聞いた輝道は、「今の話は誰にもするんじゃないぞ。男の約束だ」と忠に告げる。「私も男の約束に入れてくれる?」と律子が尋ねる（二三分一二秒―二三分二五秒）。こうして満州男、輝道、律子、忠の四人は、「負」の記憶という秘密を紐帯として結びつけられるのである。「戦後民主主義革命」を担うことになる彼らの紐帯――「三角ベース」という美しい「正」のイメージと、満州に埋められた赤ん坊という「負」の記憶のイメージ――は、戦後史を生きた多くの日本国民が共有していたものでもあるだろう。すなわち、自分たちは戦中・戦後に命を落とした多くの国内外の人々の犠牲のもとに「生き永らえてしまった」者たちであるという「原罪」の意識である。大島自身はこの問題について、次のように発言している。「私は今、戦後の日本で出会った多くの死者たちをとむらいつつ自分自身は生きて行かねばならぬという決心を固めているのである。それが『儀式』であると言ってもよい」（大島、「大映京都で『儀式』を撮る」、『キネマ旬報』一九七一年三月上旬号）。大島の言葉が「戦死者」に向けられたものであるのか、それとも「戦後民主主義革命」のなかで命を落としていった者にささげられたものであるのかはいささか判然としないが、当時まだ子どもであった大島たちの世代を含め、敗戦を実体験として受け止めた国民の多くは、戦時中の自らの道義的責任を強く問い質す必要に迫られたことは間違いないだろう。もっとも、その「道義的責任」が誰に向けて問われたものであるかについては、言を俟たないわけではない。歴史社会学者の小熊英二は、敗戦後の首相に任命された東久邇宮稔彦が一九四五年八月二八日の記者会見で行ったいわゆる「一億総懺悔」発言について、以下のように分析している。

この「一億総懺悔」という言葉は、東久邇首相が前述の記者会見で発言し、有名になったものである。もちろんそれは、連合国やアジア諸国に、日本の侵略を謝罪するという意味ではなかった。

それは彼らが、敗戦の屈辱感を表現するために、敗北の原因として「道義の頽廃」を見出すなかで発された言葉だった。

そしてじつは、「道義なくして勝利なし」というのが、「大東亜解放」を掲げた戦中のスローガンでもあった。「道義」を掲げた戦争が敗北に終わったとき、人びとは戦時期の言葉づかいの延長で、「敗因は道義の頽廃」だと唱えたのである。（小熊、六九―七〇頁）

「戦後民主主義」イデオロギーにおける民主化への思想が、戦時中の「官僚の独善と腐敗」への糾弾に起因し、国民が総意をもって団結し総力戦を戦わなかったことへの慚愧の念にその根源の一端を発しているという小熊の議論は、それが「敗戦という衝撃に直面した人びとがとった、一種の心理的な防衛機制にほかならなかった」（小熊、六九頁）という指摘とともに正鵠を得ていると思われる。もちろんそこで新たに模索された「道義」が、戦前の天皇制国家における「道義」とは異なるものであったことは間違いない。しかし、「戦後民主主義」の思想が第二次世界大戦後に新規に創造されたものではなく、十五年戦争を牽引した「総力戦」の思想の延長線上に位置するものであるという認識は重要である。昭和天皇ただ一人に戦争責任を負わせるのではなく、むしろ国民が総体としてその罪を被るという発想、および「戦後民主主義」イデオロギーを貫くモラルは、このようなナショナリズム的観点と表裏一体のものであったという視点は見落としてはならないだろう。

しかし、それでは一体、「総懺悔」をしなければならない「国民」とは誰のことなのだろう。第二次世界大戦敗戦後、日本は明治にはじまる近代史において獲得してきた植民地のほぼすべてを失った。

戦地へ、外地へと赴いていた「日本国民」は、戦後一斉に「引揚者」として本土への帰途についた。そのプロセスも、けっして一様ではない。ある者は捕虜として抑留され、またある者は帰国の途上で餓死し、命を落とす者も後を絶たなかった。先述の満州男の弟のように、足手まといになるからと大陸に残され、あるいは家族の手によって殺された子どもたちもいた。彼ら「引揚者」にとって、日本本土は確かに祖国には違いない。しかし、植民地で生まれ、その人生の多くの部分を外地で過ごした人びとにとって、「戦後民主主義」によって生まれ変わった「日本」は身を寄せるべき「故郷」なのだろうか。戦争の犯した罪。「引揚者」という名の故郷喪失者。日本という領土と、日本人という国民の境界。いくつもの問題の導線が桜田家という家のなかに重なり合っている。この戦後史の核となる問題群に、『儀式』という作品はどのような解釈を示しているのだろうか。

## 5　「不死の身体」としての天皇

まず一つ目のステップとして、戦争の犯した罪、「戦争責任」という問題について『儀式』という映画が示している立場をみてみたい。映画の冒頭部、韓一郎の法事のあとの宴席で、満州男は一臣の隣にかしこまって座っている。満州男のモノローグが被さる。

「戦争犯罪人。輝道君、君の言葉をかりれば、ぼくの隣に坐っているお祖父さまこそ東条なんかと一緒に巣鴨の監獄に当然たたきこまれるはずの人だった。チビが言った戦犯はずっと位の下の戦犯だった。まだ中国につかまっているという話だった。その人はぼくの父の弟、でも腹ちがいだ。もう一人べっている姿を映し出す。

大広間のなかから、満州男の視点ショットが、叔父の勇が節子をひきよせて、得意気に何かをしゃの腹ちがいのおじさんがいる」（一一分五二秒―一二分二四秒）。

「いやな感じだな、演説の合い間に節子おばさんの膝なんかたたいて。あとで聞いたことだけど、あれは共産党の徳田球一の真似だったんだって。でも戦争中も節を曲げなかった偉い人だと君は言ってた。だけど変だなア。この共産党のおじさんだって、ぼくには戦争犯罪人に見えた。それだけじゃない。写真のなかのぼくの父も、ここでお酒をのんでいる他の人たちも、大人の男はみんな戦争犯罪人にしか見えなかった」（一二分二四秒―一三分〇二秒）。幼い満州男のモノローグが語るように、この大広間に集まっている（あるいは此処にいるべきであるが不在の）桜田家の男性たちは、それぞれ戦後日本に存在したいくつかの人物カテゴリーの典型化された姿をまとっている。後に節子から渡されることになる遺書から判るように、満州男の父・韓一郎は皇道派の急先鋒で、遺してゆく息子に、共産党の支配下で麻のように乱れるだろう戦後の社会を同志と糾合して戦え、と遺言するような人物であった。一方、一臣の妾の息子である叔父の勇は、宴会での言動からも分かるように多少カリカチュアライズされた日本共産党員であり、後に同志の党員で、自らの結婚式の宴席で「インターナショナル」を歌う花嫁をもらうこととなる。妾が産んだもう一人の不在の叔父・進は、戦争犯罪人として中国で長期間抑留されたのち、自己批判書を書いて赦免され、帰国するが、中国での体験を話すことはほとんどない。進の息子・忠はそうした父親を許すことができず、反動的に急進派の右翼青年へと成長してゆく。韓一郎と同じ母から生まれたさらにもう一人の叔父・守は、弟の結婚式で猥歌を歌い出す俗人ではあるが、強い政治的主張は表さない平凡な男として描かれている。戦後民主主義社会をミニチュア化したようなこの三人の兄弟（満州男が生涯負け続ける相手であり、一臣が韓一郎の許嫁に産ませた輝道を入れれば四人）たちを、錯綜してはいるが強い父権的血縁関係で結びつけ、彼らの頂点に立っているのが、宗主の一臣なのである。

少年である満州男は、彼らのすべてが「戦争犯罪人」にみえる、と語る。戦後日本社会を類型化したこの空間にいる男性たちすべて（この家父長制を体現した一家において、女性は正式な成員とはみなされていない）、演繹するとすれば個人のイデオロギーには関係なく、戦争の時代を生きた日本国民すべてに戦争責任は存在する、と彼の眼には映るのである。おそらく、それは監督である大島自身の主張でもあっただろう。そしてその論理に従えば、帝国日本を率いて第二次世界大戦を戦った当の本人である昭和天皇には、おそらく最も大きな戦争責任が課せられるはずだ。しかし、もしこの桜田家が戦前の天皇制国家を模した空間であるとするならば、『儀式』の物語が実際に展開される「戦後民主主義革命」を経たはずの戦後史においても、なぜ王自身の暗い胎内にも似た大広間の頂点に、一臣＝天皇は座り続けることができるのだろうか。中世ヨーロッパにおいても封建制度の象徴であった王の身体は、民主主義革命が起こるとともに断頭台にかけられ、その存在を抹殺される運命にあったはずだ。それとも、戦前の天皇制国家と、戦後の民主主義国家とは、その構造において変化することはなかった（ということは、一臣＝天皇にも当然戦争責任は存在する）、という見立てが、大島渚が『儀式』において提示した見解なのだろうか。空白であるはずの王の座に座りつづける一臣＝天皇。その実体はどこにあるのだろうか。

第二次世界大戦後、天皇制国家に初めに鋭い切っ先を突きつけた理論家の一人が、丸山眞男であったことに疑念をはさむ者はいないだろう。一九四六年、広島から復員してきた丸山が雑誌『世界』の同年五月号に発表した初期の代表的論文「超国家主義の論理と心理」は、広範かつ大きな反響を巻に巻き起こした。戦前の日本官僚社会には「自由なる主体的意識」をもった近代的自我が確立されておらず、その権力機構は「究極的価値の実体」である天皇との近接度によって構築される「無責任の体系」にすぎない、と喝破した丸山の「超国家主義」批判は、従来の図式的なマルクス主義による分析とは異なる視点を提示し、天皇を君主制における唯一無二の主権的権威の保持者であるという定式を覆した。

ところが超国家主義にとって権威の中心的実体であり、道徳の泉源体であるところの天皇は、しからば、この上級価値への順次的依存の体系に於て唯一の主体的自由の所有者なのであろうか。近世初期のヨーロッパ絶対君主は中世自然法に基く支配的契約の制約から解放されて自らを秩序の擁護者（Defensor Pacis）からその作為者（Creator Pacis）に高めたとき、まさに近世史上最初の「自由なる」人格として現われた。しかし明治維新に於て精神的権威が政治的権力と合一した際、それはただ「神武創業の古」への復帰とされたのである。天皇はそれ自身究極的価値の実体であるという場合、天皇は前述した通り決して無よりの価値の創造者なのではなかった。天皇は万世一系の皇統を承け、皇祖皇宗の遺訓によって統治する。欽定憲法は天皇の主体的製作ではなく、まさに「統治の洪範を紹述」したものとされる。かくて天皇も亦、無限の古にさかのぼる伝統の

権威を背後に負っているのである。（丸山、二六―二七頁）

丸山が「超国家主義」という造語を用いながら分析してみせる「天皇制国家」の構造は、その根幹となる主張（「無」よりの決断者＝絶対的主権としての「天皇」の否定）において差異はあるが、先に言及したコシュマンの主張通り、カントーロヴィチが描き出した中世ヨーロッパの王制の伝統と基本的に似通ったものである。丸山が天皇の権力の源であるとみなす「無限の古にさかのぼる伝統の権威」が「国家の永続性を担う王の「不死の」身体」であるとすれば、現世に生きる王の「死すべき」身体には「仮象」としての価値しかない。したがって、皇都から遠く離れた南の島に綿々と続く一族の血統＝桜田家が、天皇制国家を縮小実現した体系として表出されることは、単に大島が作り上げた物語上のアレゴリーではなく、現実の近現代日本史において処々に見出されたものかもしれないのだ。だとすれば、『儀式』が語る戦後史において、桜田家の家主・一臣は「仮象」としての王の身体を過渡的に体現したイメージにすぎず、それとは別に永久不変に過去から未来へと続いてゆく「縦軸の無限性（天壌無窮の皇運）」（丸山、二七頁）としての天皇制＝桜田家は、戦後の民主主義革命によって反撃を与えられたのちも、生き永らえつづけたのだという議論は十分に成り立つ。たとえ擬制としてであっても、君主政治としての「天皇制国家」と、「戦後民主主義」イデオロギー体制が共存し合っていたという戦後史解釈は、新奇なものではないにしても、問題含みのものではあるだろう。第二次世界大戦において帝国日本が犯した罪の責任は、主権者であった天皇にも、皇国のために戦った国民にも等しく求められるべきものである、と『儀式』という映画は主張しているように思える。桜田家の正嫡を自任する輝道が、自死によって桜田家＝天皇制の命を絶とうとしている、あるいはもう絶ってしまっているのではないかというサスペンスが、この物語の起点でもあり終着点でもあるのは、「天皇制国家」と「戦後民主主義」イデオロギーとの癒着関係を断ち切ろうという、大島を初めとする創造社のメンバーの決意表明であると言えるだろう。

## 6 〝日本〟と〝日本人〟

しかし、ここで第二の問題が浮上してくる。第二次世界大戦を戦い、「戦争責任」を各々負っているという「国民」とは、一体どのようなカテゴリーなのだろうか。日本国籍をもっている人びと、日本の領土内に暮らしている人びと、日本人の親族をもっている人びと、日本語を解する人びと……。さまざまな条件が折り重なって、「日本国民」という自己同一性は構築されている。そして、そのカテゴリーが示す意味も、その境界線も、いま現在も刻々と変化している。私たちが逃れることのできない、そして私たちを強く縛りつけているこの「国民」という概念を、『儀式』を製作していた当時の大島は、どのように捉えていたのだろうか。

『儀式』を発表した年である昭和四六年の一月一八日付の『東京新聞』に、大島は「私の中の〝日本〟と〝日本人〟」というエッセイを掲載している。『儀式』において戦後史を総括する視野に目を向けていた彼にとって、「戦後民主主義」の時代における「日本人」というカテゴリーがどのような意味をもっていたのかを、このエッセイは私的な感慨というかたちを通してではあるが、私たちに伝えてくれる。大島は、映画監督としての自分が「日本人であることにがんじがらめになって、日本人をみつめ日本人とは何かを考えつめる以外に、映画をつくるすべを知らないのである」ことを告白しつつ、自らも主体として関わってきた戦後史を概観したうえで、次のような問題提起をする。「そうした中で日本人というものは一体、どれだけ変わって来たか、あるいは変わらなかったか、そして今後どうなってゆくのか、というのが問題なのである」。このストレートかつ本質的な問いに対する大島自身の解答はこのようなものだ。「今のところ、日本人的なるものは、表面はともかく根幹においてはほとんど変わらなかったのではないか、という方向に傾くのである」。この大島の戦後日本人観に触れつつ、同年の『映画批評』四月号で『儀式』を論じた思想史家・後藤総一郎は、こうした認識は日本思想史の文脈においてもほぼ正当なものではないか、と認めている。後藤は彼の師である橋川文三が、清沢洌の『戦中日記』を検証する作業を通して描き出した「私の日本人論」を引用し、橋川の以下のような総括を、大島の『儀式』と相通ずるものとして挙げている（後藤、六五―六六頁）。

一、戦後の日本国民は、戦前、とくに明治の国民よりも、はるかに進んだという考え方をもたないほうがよいということ。日本ファシズムとよばれる国家体制は、そのあたりに関する無自覚と自惚れによって成立したと思われることが多いということ。

二、戦後民主主義がそれ自体なんらかのメリットを日本国民にもたらしたという形式主義的錯覚をも適当に放棄すること。日本国民がそれほど変わったとは他人は別に思っていないことを知るべきだということ。

三、しかし、日本人の精神構造、民族性その他に関する外国ないし日本の学者たちの悲観的論評を別に信奉する必要もないということ。それはまだ未解決の問題であり、参考ていどにしておけばいいこと。

四、要するに日本国民も、どこの国民も、大したことはないと覚悟した上で、とくに日本国民にもダメなところがあるという方法的認識を堅持すること。（橋川、二六九―二七〇頁）

一九四五年における第二次世界大戦敗戦と、同時に始まったとされる「戦後民主主義革命」とに日本史の画期を見出すのではなく、むしろあえて「日本国民」というカテゴリーの連続性に注視するという橋川のこうした観点は、『儀式』という作品のなかにも明確に表れている。天皇という「究極的実体」（丸山、二〇頁）への近接度が、全国家機構を運転せしめている起動力にほかならない、という丸山の天皇制国家分析に従うならば、天皇に「より近い位置にいた」とされる元・内務省官僚の桜田家の家主・一臣が、第二次世界大戦後においても、日本領土の南端に位置する小さな郷党社会で、「天皇」の地位に準ずる、あるいは「天皇」そのものとして君臨しているという図式は、架空の寓話であるというよりは、現実の戦後日本社会により即したものであったと言ってもよいかもしれない。大島の『儀式』における解釈によれば、たとえそれが生身の死すべき「王の身体」を伴うものではなかったとしても、「戦後民主主義革命」の後にも、「天皇制」は実際に「存在」したのだ。そして、それをいかに「死に至らしめる」のかという問題が、日本の戦後史を縛り続けてきた桎梏だったのである。

「天皇」を頂点とする戦前の「家族国家」観において、「天皇＝父権」の赤子であると自己認識することを要請されてきた「日本国民」にとって、「天皇制」の否定は象徴的なかたちでの「父殺し」にほかならない。[5] 連合国占領軍は、それが実際に行われた際の「日本国民」への影響の大きさを鑑みて(「天皇」という機関を通すことによって占領統治の利便を図る意図もあったであろうが)、「天皇」の戦争責任を追及することはあえてせず、「日本国の象徴であり日本国民統合の象徴」というかたちでの「天皇制」の延命を決定したのだった。しかし、家父長制に範をとった「家族国家」観において疑似的な「親族」という血縁関係によって結ばれてきた「日本国民」の紐帯が、絶対的な「父」が自分たちの共同体の正統性を保証する存在ではなく、反対に共同体の正統性を反映する「鏡像」へと反転してしまった戦後社会において、それでもなおかつ「日本国民」の共同体としてのカテゴリーを正統化するものは何なのだろうか。「日本国民」とは「日本国籍をもつ者」という法律上の定義がまず挙げられるだろう。では、どのような人間が「日本国籍」をもつ権利を与えられているのだろうか。日本国憲法における国籍法では、原則として血統主義を採用しているが、一部帰化による取得も認められているのが現状である。それでは、日本人の血が流れている者であれば、彼(女)は日本人であると言えるだろうか。たとえ日本の言葉を解さなくとも？ 日本の領土の外で生まれたとしても？ しかし、そもそも日本の領土の境界線は、近代以降揺れ動き続けているのだ。そして生命が朽ちて身体が大地へと還るとき、その土地が異国の地であったとしたらどうなのだろう。敗戦後、日本に帰ることのできなかった満州男の弟が、そうであったように(しかし、彼は日本の地を踏んだことがあったのだろうか?)。

かつて大島はテレビ・ドキュメンタリー『忘れられた皇軍』（日本テレビ系列、一九六三）において、朝鮮半島において徴兵され、日本兵として戦い傷つき、しかし戦後は韓国籍に戻されたため、日本国家からの慰謝料をもらえない傷痍兵たちの姿を映しだした。それは日本が近代史において犯した罪を告発する行為だっただけではなく、自らの「日本人」としての輪郭を見つめ直す作業であったと思われる。生まれた土地、家族の血、法的なカテゴリー、参戦への義務。「国民」を定義づける条件は複数でかつ錯綜しすぎている。「日本国家」という家父長制度のなかで、天皇＝父権の赤子として抱かれていた「日本人」は、敗戦に続く「戦後民主主義革命」の後、一体どこへ行ってしまったのだろうか？

## 7　「引揚者」——剰余としての「無国籍者」たち

第二次世界大戦敗戦後の寄る辺ない「日本国民」の自己同一性を考えるうえで、ここで注目しておきたい一つのカテゴリーがある。それは「引揚者」という名前で呼ばれた一群の人びとである。『儀式』の構造を家＝国家という視点から分析した批評は公開当時も数多く出たが、戦後新たに構築し直された「日本人」というカテゴリーにとって「剰余」とでもいうべき立場をとることを余儀なくされた人びと、ポツダム宣言によって日本の輪郭から外されたかつての植民地、朝鮮半島、中国本土、台湾などの「外地」から引揚船に乗って帰国してきた「引揚者」あるいは「引揚派」の視点からこの作品を問い直した少数の批評家たちがいた。その一人である松田政男は、「〈引揚派〉の思想と体験」という一文を『儀式』公開時のパンフレットに載せている。松田はやはり「外地引揚派」であった作家・五木寛之が「引揚派」の思想とは「漂流の思想」である、として論じた以下のような文章を引用している。

漂流の思想とは、まず生きることである。それはとりもなおさず加害者から被害者へと、自己の意思に反して巻き込まれた人間が、被害者的状況を、加害者に逆戻りすることなく、新たな次元で自己を回復しようとする思想である。私自身に即していえば、朝鮮植民者の子弟として半島に渡った日本人が、敗戦と同時に突然、引き揚げ者難民として被害体験を重ね、その状況からふたたび支配者として復活することなしに自己を被害状況から解放しようという志向と方法だといえるかも知れぬ。（五木、初出不明。松田、二八―二九頁に引用）

「戦後日本国家」のアレゴリーとして描かれる桜田家の成員たちが、思いのほか、「外地」からの「引揚者」をそのなかに含んでいることは、この作品が戦後日本史の総括として提示されているにもかかわらず、「正史」ではなくむしろ中心から外れた場所から歴史を語っていることとともに、より注目されるべき論点だろう（「国家」の雛形であるはずの桜田家が、日本の南端に位置する島に設定されていることのアイロニーもここには含まれる）。自らも台湾からの引揚者である松田は、主人公・満州男を「まぎれもない〈外地引揚派〉の相貌を一身に体現しつつも、にもかかわらず、未だ、自己回復の契機をば、あの無音の音のうちに危うくも聴き取らねばならぬという無念さの前で佇んでいる人間として造型されている」（松田、二九頁）と定義したうえで、満州男の次のような台詞へと注意を向ける。「引き揚げということが大日本帝国の後悔だとすれば、ぼくたちはみんな大日本帝国の後悔から生まれた子なんだ。この律子も、節子さんも、そしてあの戦争犯罪人の子、忠も」（五一分五〇秒―五二分一二秒）。

輝道の死を案じつつ、ともに帰郷の旅を続けている律子、その母の節子、そして満州男の失敗した結婚式の当日に無残とも滑稽とも言える死を遂げた忠。この三人と満州男を結びつけているのは、血族という「家」のしがらみだけではない。彼らは「血統」でつながりながらも、その正反対のベクトルで、すなわち「日本」という土地から一旦切り離され、また海を渡った植民地からも帰還を余儀なくされるという、いわば二重の「故郷喪失」を経験しているという「根無し草」的存在であるという意味で、共通の心的外傷を抱えているのである（節子は一臣の養女として中国の親日派の要人に嫁ぎ、律子を産んでいる。忠もまた、幼年時代を中国大陸で過ごし、戦犯として服役している父親を残して日本に帰国している）。敗戦後の混乱期の数年を「難民」として過ごしたという経験は、それが帝国日本による植民地政治の権力関係が反転した「外地」――つい最近まで「日本国領土」であった「外国」――において体験されたことによって、「引揚者」たちをより「故郷」から引き離す。彼らには「帰還」するしか選ぶ道はない――しかし、一度植民者として「外地」に生きることを選択した人びとにとって、戦後日本の「本土」は、帰るべき「故郷」なのだろうか？　帝国日本のグローバルな拡張主義の波に乗せられた彼らは、「国境」という名の境界線がフィクションであることを知ってしまっている。「引揚者」たちが向かったのは彼らがそこを旅立ったときの「故郷」ではもはやない。姿を変えてしまった「国土」へと還る「引揚者」の一群は、第一次大戦以降の世界に突如として顕在化し、第二次世界大戦を通してその数を増やしていった「無国籍者」[6]（H・アーレント）という人的カテゴリーの可変体の一つであったと言えるのではないだろうか。

戦後日本社会に包摂されつつどこかで「異人」意識を捨てることができず、「家族国家」として構築されていた帝国日本の矛盾を最も強い形で負ってしまった「引揚者」という名の人びと。やはり、自分自身の戦後引き揚げ体験に触れつつ、「引揚者」という問題系を『儀式』の作品のなかに見出した劇作家の別役実は、「引揚者」たちにとっての「親族」という関係性の複雑さについてこう語っている。

そして何よりもいけないのは引揚者というのは残念な事に外国人ではなく日本人なのであり、取り囲まれた親族と血がつながっているという厳然たる事実である。対人関係の正確な折り合いの点だけでいえば、外国人であり完全なよそ者であった方が、はるかにたやすい。親族の中にあっては他人は異物ではなく、引揚者だけが異物なのだ。（別役、六七―六八頁）

「日本人」であってしかし純粋な「日本人」の共同体には自己同一化することができず、だからといって「外国人」という〈他者〉でもない、「国民国家」の剰余としての「引揚者」たち。彼らが「戦後民主主義」という国家を統一する新たなイデオロギーに出会ったとき、果たして彼らは「日本人」という枠組みに包括されることができたのだろうか？「引揚者は原始共同体の匂いのする組織については致命的に不能である」(別役、六八頁)と、「引揚者」の本質的な「根無し草」性を語る別役は、だからこそ彼らは一つの組織のなかに原始共同体的暗黙の了解が忍び込んでくることについて鋭敏とならざるをえない、と指摘したうえで、少年時代から壮年時代にいたるまでの満州男が地面に耳をつけて弟の声を聞こうとする象徴的な身振りに、「引揚者」である彼が暗黙に了解し合える唯一のよりどころを求める欲求の表れを見出している。満州で幸福な少年時代を過ごし、その土地の名を自分の名前にも埋め込まれている満州男にとって、帰ってゆくべき場所は「本土」という名の戦後日本ではなく、彼の半身でもあるまだ息のあった弟が埋められている大陸の土地にほかならない。それは彼の身体を育んだ「土地」であり、「故郷」なのだ。しかし、その故郷、「満州国」という名の国はもはや存在しない。それは想像のなかの共同体でしかないのだ。それは、植民者たちにとって、帝国日本の野心に支えられた架空の夢の空間であったかもしれない。家主・一臣に引き裂かれた恋人同士であった満州男の父・韓一郎と叔母・節子は、大陸に渡ってのち何度も逢瀬を重ねることとなるであろうし(たとえ肌を重ねることはなかったとしても)、満州男の母・キクも大陸時代は幸福そうだったと回想される。満州男が彼自身の純粋な理想と情熱の表れとして人生の支えとなる野球を始めたのも満州の土地においてだった。もし彼(女)が生まれた土地、帰るべき「故郷」が「国民」のカテゴリーを定める制度を戦後日本が採択していたとすれば、満州男も、彼の弟も、律子も、忠も、「日本人」ではない。彼らは失われた「満州国」あるいは「大日本帝国」の「国民」であり、それらの共同体が消えてしまった戦後日本においては、文字通り国籍を奪われた「無国籍者」なのである。

しかし、『儀式』という作品の構造がアイロニカルなのは、戦後日本史を担ったのが、日本本土で生まれ育った人間ではなく、満州男ら「無国籍者」であった、と仮定している点である。「戦後日本国家」が血統においても生地においても正統な「日本人」ではなく、その国家の周縁に位置する曖昧な自己同一性を抱えた「無国籍者」であったという『儀式』が提示してみせるフィクションは、「日本人」の曖昧な自己同一性の問いに連なる、もう一つの疑問を投げかけている。それは、「戦後日本国家」を先導し、規定した「戦後民主主義」というイデオロギーは、それでは一体「誰のもの」であったのか、という問いである。

「満州国」という、帝国日本の束の間の理想郷（もちろんそれは「大東亜共栄圏」という美名の名の下に進められていた貪婪な帝国主義的欲望を糊塗する表の顔でしかなかったが）、国民的な夢想が展開されていた土地がその存在を抹消され、満州男の帰るべき「故郷」は永遠に失われてしまった。(7) しかし、そのときまだ息をしていた赤ん坊であった満州男の弟は、もう存在しない「国家」――かつて約束された「理想郷」――の土に埋められることによって、改めて帰属するべき場所さえも否定されてしまう。敗戦によって命を絶たれた「大日本帝国」が民主主義国家である「日本国」に生まれ変わろうとしているとき、新しい共同体からも棄却されつつ、帝国的欲望の残り滓、あるいは犠牲として「いまはもう存在しない場所」に埋められた満州男の弟の身体は、何を象徴しているのだろうか。「異国」の地に潰える運命を辿った新しい生命が、その命と引替えに「生き残った人びと」に与えた希望とは何だったのか。そして、その黙殺された「殺人」の記憶の秘密を介して結ばれた、満州男、輝道、律子、忠ら「戦後民主主義」イデオロギーの子どもたちの世代にとって、第二次世界大戦で命を奪われた多くの「死者」を基盤として成長してゆこうとする「戦後民主主義国家」は、「誰のためのもの」

だったのだろうか。論理的矛盾のようではあるが、満州男が大地に耳を澄ませて聴こうとしている声は、一方では第二次世界大戦において命を失った多くの死者たちの集合的な負の記憶を象徴しているのだが、もう一方では、死者たちの犠牲の上に建立されようとしている新たな希望としての「民主主義」、新たな「国家」、新たな「国民」の胎動でもあるかもしれないのだ。「大日本帝国」の野心の犠牲者たちへの哀悼と、「戦後民主主義国家」への夢。この二つのベクトルに引き裂かれながら、満州男たちの戦後世代、そして「この映画は僕にとっても最も僕自身の自伝的要素が含まれているものである」、あるいは『儀式』で渾身の力を込めて自分達の世代を描くことに僕は全力投入する」と語った大島自身の戦後日本史は、どこへ向かおうとしていたのだろうか。

## 8 「戦後」を生きる天皇

戦後日本社会の羅針盤となり、「日本人」という「国民」のカテゴリーのもつ意味を大きく変えてしまった「民主主義」という思想＝理想。それはどのようなかたちで勝ち取られ、また醸成されていったものなのか。第二次世界大戦後の日本にもたらされた歴史的固有名としての「戦後民主主義」とは一体何だったのか。その意味を問い質す一つの評論が、敗戦後五〇年経った一九九五年に発表され、大きな反響を呼ぶこととなった。文芸評論家・加藤典洋による『敗戦後論』である。加藤が指摘したのは、戦後日本が抱え込んだ、彼が「ねじれ」と呼ぶもの、すなわち平和憲法制定を含む「戦後民主主義革命」と呼ばれるものが、「国民」自身の手で選び取られたものではなく、「端的な力」＝冷戦体制における戦勝国のパワー・ポリティクスによって提示され、支えられたものであるという事実に、戦後の政治家・評論家たちが、保守派・革新派を問わず、眼をつむってきた、という点である。この戦後国民感情の奥底に植えつけられた「ねじれ」を解消するためには、当初は押しつけられたものであった平和憲法を、「国民」が「わたしたちのもの」として選び直すべきではないのか（国民投票などの手段を通じて）、というのが加藤の主張であった。それにもかかわらず、現実の戦後思想史において語られてきたのは、憲法を「民主主義的」方法で選ぶことの必要性ではなく、戦後政治史の過誤を糊塗する手段として「護憲」あるいは「改憲」を語る言説だけではなかったか、と加藤は問いかける。加藤のこのポレミカルな議論に対して、主な論争の的となったのは、「日本の三百万人の死者を悼むことを先に置いて、その哀悼をつうじてアジアの二千万の死者の哀悼、死者への謝罪にいたる道」（加藤、九五頁）を作りだす、という彼の主張であり、日本の保守・愛国的な国民感情を慰撫しながら、アジアにおける〈他者〉の死に対する戦争責任を回避する、ともとれる議論は、多くの論客からの批判を浴びることとなった。しかし、加藤の議論をあらためて二〇年後に問い直した政治思想家の白井聡は、「絶対的な戦争放棄という崇高な理念が冷戦と天皇制の護持という文脈から生まれたことのはらむ問題を、護憲派の多くが——意図的か否かにかかわらず——直視しようとしない傾向を批判的に問題化したことにおいて、加藤の問題提起は意義を持っている」（白井、四四頁）と評価する。むしろ、加藤の議論が現在においてもなお問題とされるべきなのは、彼が提起した第一の論点——平和憲法をはじめとする普遍主義的かつ理想主義的な原則、いわゆる「戦後レジーム」が国際的な政治力学によって強制されたこと——が指摘した、いわば「擬制された民主主義」の構造が、いまなお続行しているだけでなく、いっそう深刻なかたちで露呈しているからではないのか、と白井は指摘する。日本戦後史において、「戦後民主主義」とは、単なる空虚なスローガンでしかなかったのだろうか。

大島が『儀式』の製作準備に取りかかっていたちょうどその頃、「戦後民主主義」イデオロギーを「虚妄」であると批判し、「文化概念としての天皇」という主張を立ち上げ、戦後日本における革命的運動の一切を否定しようとした文化人がいた。『儀式』のキャスティングにおいて、輝道役の候補にも挙がっていたという、作家・三島由紀夫である。(8) 彼は有名な「文化防衛論」に先立って書かれた「反革命宣言」において、次のように語っている。「国際主義的あるいは民族主義的仮面にあざむかれず、直接民主主義方式あるいは人民戦線方式等の方法的欺瞞に惑わされず、名目的たると実質的たるとを問わず、共産主義が行政権と連結するあらゆる態様にわれわれは反対するものである」(三島、九頁)。第二次世界大戦後の議会制民主主義も、明治維新後の政治理念化された天皇制国家をも否定する三島はまた一方で、「「みやび」の精神」を古代から続く天皇制の中心概念として取り出し、それこそが「宮廷の文化的精華であり、それへのあこがれであった」(三島、七四頁)、と主張する。彼は「みやび」とは非常の時にはテロリズムの形態をもとるものであり、「天皇制」とはけっして国家権力と秩序の側にあるだけではなく、無秩序の側にも手を差しのべる思想であったことを強調しつつ、「文化概念」としてのその本質は日本の近代史において一度も発現されたことはなかった、と述べる。

国と民族の非分離の象徴であり、その時間的連続性と空間的連続性の座標軸であるところの天皇は、日本の近代史においては、一度もその本質である「文化概念」としての形姿を如実に示されたことはなかった。(…)

すなわち、文化の全体性、再帰性、主体性が、一見雑然たる包括的なその文化概念に、見合うだけの価値自体を見出すためには、その価値自体からの演繹によって、日本文化のあらゆる末端の特殊事実までが推論されなければならないが、明治憲法下の天皇制機構は、ますます西欧的な立憲君主政体へと押しこめられて行き、政治的機構の醇化によって文化的機能を捨象して行ったがために、ついにかかる演繹能力を持たなくなっていたのである。雑多な、広汎な、包括的な文化の全体性に、正に見合うだけの唯一の価値自体として、われわれは天皇の真姿である文化概念としての天皇に到達しなければならない。(三島、七三頁)

三島のこの挑発的な議論を受け、そこで提起された問題を、やや遠廻しながらも「日本人の文化における天皇(この場合、天皇制、もしくは皇室、いずれでもよい)の意味づけは如何という問題である」(橋川、四〇八頁)と理解した橋川文三は、かつて正確には誰によっても答えられたことのないこの問題を、「日本人とは何か、その文化とは何か」というより大きな問いかけとしてとらえ、日本および日本文化の「究極の価値自体」がすべて「天皇」に帰せられる、という三島のやや性急な結論を解きほぐすことを試みている。三島の天皇=文化論の特質を明らかにしようとするならば、そのなかの「全体性」という考え方に注目するのがわかりよいかもしれない、とする橋川は、「「芸術作品のみでなく、行動及び行動様式」を含んだ全体的人間集団の生の様式」を「文化」であるとする三島の立場を認めつつ、「それら多様な人間の生の諸様式に一定の意味体系を与えるものが、日本においては

「天皇」以外にはない」とするその帰結に疑問を呈する。三島による「文化概念としての天皇」という命題を、ルソーの「一般意思」になぞらえて、いわば「日本文化における美的一般意思というべきものを天皇に見出している」と解読する橋川は、そうした三島の議論に、維新期国学者の明治権力に対する批判と同質のもの――つまり、現実の政治権力に対する批判原理としての天皇という存在――を見出すのだ（橋川、四一〇―四一一頁）。自身のなかにも潜在する「国学的なユートピアへの憧れ」を認識しつつ、そのユートピアの核となるものが「国家」「民族」、そして日本においては「天皇」と呼ばれているものにほかならない、と分析する橋川の議論は、「天皇制国家」における「日本および日本人」というカテゴリーの唯一性を主張する三島の議論の基盤を切り崩すものだと言ってよいだろう。「日本」という共同体は、なぜ「日本」という国家として認識されうるのか、「日本人」というカテゴリーは、何を根拠として成り立っているのか、という疑問に対して、三島の天皇制擁護論は確たる答えを取り出してはいないのだ。

「文化防衛論」論争の後の三島の割腹自殺、そして奇しくも軌を一として大島の『儀式』が製作された一九七〇―一九七一年は、この二つの「事件」によって、「戦後民主主義革命」を牽引したイデオロギーおよびその後の展開の成否が真に問い質された年であったといえる（それはやはり偶然にも、加藤の「敗戦後論」が巻き起こした「戦後史」論争の約二〇年前、敗戦からやはり約二〇年あまりが経った年でもあった）。あたかも三島の「戦後民主主義」に引導を渡そうとして失敗した、戯画めいた自死を擬するかのように、『儀式』の作品中においては急進的な右派へと成長した忠が満州男の結婚式に乱入し、「新日本国家改造計画案」と題する巻紙を読み上げようとするが、彼は途端に周りにいたボーイたちに取り押さえられ、会場の外へと引きずり出されてゆく。のみならず、彼は結婚式が執り行われたホテルの前の道で車にはねられ、あっけなく死んでしまうのだ（一時間三一分一二秒―一時間三三分一九秒）。「天皇制」の「「みやび」の精神」に、腐敗した戦後史への救いを求めた三島の市ヶ谷駐屯地での演説が、まるでコミック・ショーのようにテレビによって中継され、映像化されることによって陳腐化していったように、「王の身体」の委譲によって受け継がれてゆくヨーロッパ中世型の王制はもはや一九七〇年の日本では効力をもたない。無残に終わった自らの結婚式の夜、満州男はついに現れなかった花嫁の幻を相手に一人で初夜を演じてみせる。現世に生きて朽ちてゆく「王の身体」を再生産する儀式である「結婚」が不成立に終わったことを証明してみせると、彼は立ち上がって今度は全身を包帯でくるまれた忠の遺体が安置してある座敷へと赴き、忠の遺体を棺から引き出すと、替わりに自分がそのなかに入って死んだように眼をつむる（一時間三三分二一秒―一時間四六分〇六秒）。結婚式と葬式という、王の権威委譲の二つの儀式が交錯するこの夜、満州男は「生産」の儀式＝結婚から「退位」の儀式＝葬式へと移行する。彼はできることならその棺のなかで息を引き取り、桜田家＝天皇制の歴史に自ら幕を引きたいと思っているように見える。しかし、彼には、「満州」という現在は存在しない「異国」の国土に故郷を求めるしかない「無国籍者」である満州男には、桜田家＝天皇制の息を止める力はない。それができるのは、「真に桜田家を継ぎ得るものはぼくだけだ」と遺書に書き残す、影の、しかし真の「日本国民」の嫡子である輝道だけなのだ。

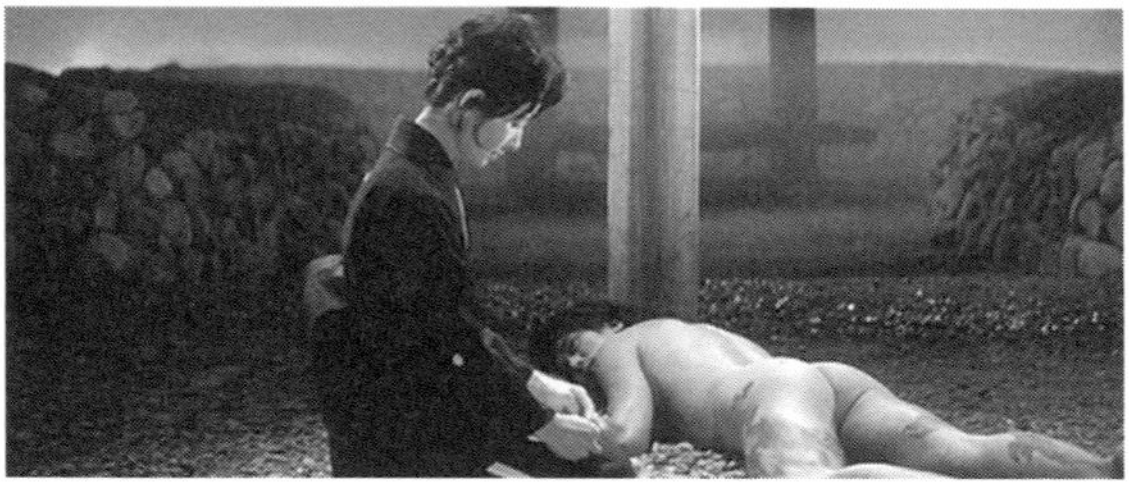

図5

## 9 「戦後史」の死

満州男と律子が桜田家の故郷である南島の岸辺に降り立ったとき、輝道が暮らしていた小屋は夜明けの光のなかに包まれるように存在している。その光景を見た瞬間、満州男は輝道にかつがれた、と思い、律子は「生きてる」と叫ぶ。しかし、彼が小屋の前まで行って輝道の名前を呼んでも返事はない。戸をあけようとするが、戸はすべて釘づけにされている。満州男と律子は狂ったようになって戸をたたきこわし、小屋のなかへと飛び込む。しかし、部屋には何もなく、ただ自分の生の痕跡をすべて消し去った輝道の死体が横たわっているだけだ［図5］。地面には一通だけ遺書が置いてある。遺書にはこう書かれている。「真に桜田家を継ぎ得るものはぼくだけだ。ぼくは自らを殺すことによって、ここに桜田家を滅す」（二時間五五分三八秒—二時間五七分三九秒）。第二次世界大戦敗戦後の「戦後民主主義革命」と、敗戦後も生き永らえ続けた「天皇制」。この二律背反的な二つのイデオロギーの駆け引きは、「王の身体」の正式な後継者である輝道の死によって、敗戦後二十五年経って、ようやく決着がついたのだろうか。桜田家＝天皇制は、輝道の死によって本当に死に至ることができたのだろうか。少なくとも、桜田家の真の花嫁・律子はそのように考えているようだ。彼女はハンカチで自分の両手両足をしばると、あらかじめ懐に用意していた薬を飲んで、輝道のかたわらに身を横たえる。桜田家の正嫡とされながら、家を継ぐことも、滅ぼすこともできなかった満州男は、桜田家＝天皇制の死――しかし輝道も律子も、満州男と忠との秘密の約束によって同盟を結んだ「戦後民主主義」の子どもたちではなかったか？――を見届けることができず、たまらず小屋の外へと飛び出す。砂浜に崩れ落ち、顔を砂に埋めて泣く。そして嗚咽の声を押しとどめるかのように起き上がり、背を伸ばし右手を上げると、それはいつの間にか、彼を支え続けてきた理想である野球のピッチングのフォームに変っている。満州男は思いきり目に見えないボールを投げる。

「ストライク！」

アンパイアの節子の声が響く。いつの間にか、砂浜は昭和二二年の三角ベースを行ったあの空き地へと還っている。少年の姿に戻った輝道が、満州男の投げた白いボールを受け止める。少女時代の律子がバットを握って立っている。輝道は受け取った白いボールを、満州男へ投げ返す。受け取った満州男は、今度は大きく振りかぶって、力一杯バッター・ボックスに向って投げる。律子のバットが快音を発し、ボールは空高く飛んでゆく。振り返ると、やはり少年の姿に戻った忠がボールを追っていく姿が見える。

「球、見つかるかい？」

満州男は忠が消えた方角へ歩み寄り、辺りを見回す。岩間の陰に、ボールが埋まっている。満州男はそのボールをつかみ、屈みこんでゆっくりと顔を寄せる。満州男の耳がボールに触れる。その姿は、少年時代から彼が繰り返してきたあの身振り――大地に耳をつけ、土に埋められた弟の声を聴く仕草

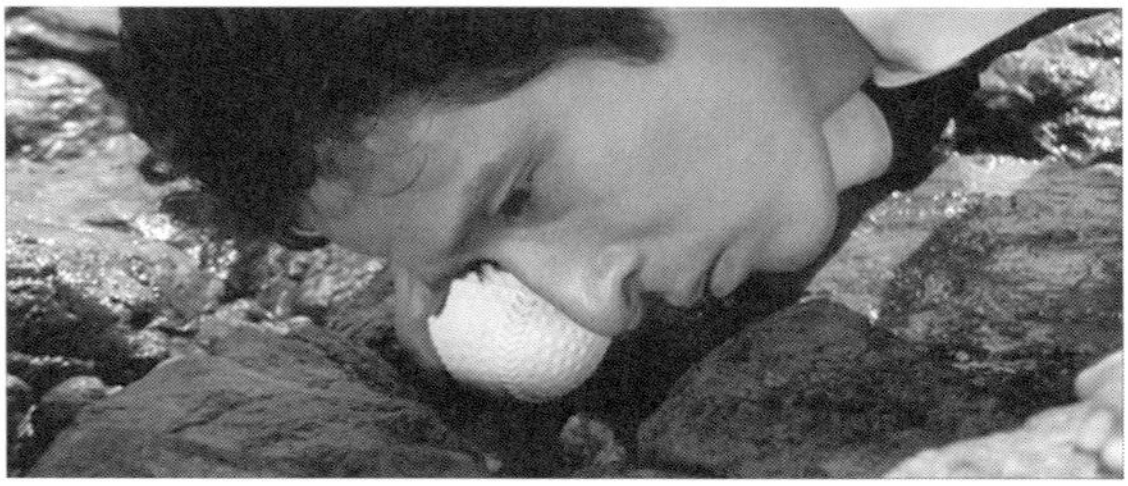

図6

――にほかならない（一時間五八分〇三秒―二時間〇二分五四秒）［図6］。彼には聴こえるのだろうか。あの失われた「故郷」の土に埋められた弟の、子どもたちの、多くの故郷を失った「無国籍者」たちの声が。大日本帝国の野心のために命を失った「日本人」たちの声が。そして、彼らの命と引換えに建設された「民主主義国家」の胎動が。満州男は固くボールを握りしめている。その手に摑まれた白いボールは、少年時代の三角ベースが表していた「戦後民主主義」の美しいイメージを今も体現しているだろうか。幼い満州男が投げ、輝道が受け取り、律子が打ち返し、忠が追いかけて行ったあの白いボール。浜辺に横たわる現在の満州男が手にしているボールは、あのときの理想をそのまま表しているのだろうか。あるいは、言い方を換えるとすれば、満州男たちの世代、「戦後民主主義」の子どもたちは、「戦後民主主義」というイデオロギーを自分のものとすることができたのだろうか？

『儀式』が製作された一九七一年における大島の歴史認識を鑑みるとすれば、その問いに対する答えは「否」であったと思われる。彼の視座はおそらく、戦後の歴史教育において広汎に浸透させられた「戦後民主主義革命」を起点とする戦後史観とは大きく隔たったところにあった。それは、満州男が最後のシーンで握りしめている白いボールのもつ意味の二律背反性に最もよく表れている。確かに、真っ白な野球ボールは「戦後民主主義」イデオロギーを表すに相応しい形象であり（そこに冷戦下の「アメリカ」の姿を読み取ることもできるかもしれない）、満州男、輝道、律子、忠は「三角ベース」という遊戯を通じて、この理想を手にすることができたのかもしれない。しかし、それは彼らの紐帯を表す「正」の戦後イメージだ。彼らのあいだには、もう一つの「秘密」という名の絆、すなわち「満州男がまだ息のある弟を土のなかに埋めた」という、閉ざされた「負」の記憶によって結ばれた絆があったのではなかっただろうか。「戦後民主主義」という思想＝理想に必ずついてまわる、「殺人」のイメージ。この二つは、コインの裏表のようなものだ。桜田家という象徴的な「家＝国家」のなかで執り行われるいくつもの冠婚葬祭を通して戦後史を総括しようとする『儀式』という作品は、それ自体、戦中・戦後を通じて命を落としていった多くの死者を弔う「儀式」だったのだろうか。少なくとも、「戦後民主主義」というイデオロギーの根底に無数の「死」が横たわっている、という事実にこの作品は自覚的である。そして、「戦後民主主義」が最も大きな戦争責任を負うべき「天皇」の罪を訴求せず、かえって「天皇制」を生き延びさせることによって、擬制としての「民主主義国家」を演じてきたのだという事実にも。こうした視座に立った場合、日本固有の出来事としての「戦後民主主義革命」とは、あらかじめ挫折することを運命づけられた笑劇でしかなかったのではないだろうか。

『儀式』公開当時、大島は、批評家・堀英三が『朝日新聞』紙上で、『儀式』を「大島渚の戦後についての早すぎる総括である」と批評したのに対し、これがぼくの気に入ったことばなんだけど、と前置きしつつ、次のように語っている。

堀君みたいに闘った男にしてみれば、「そう早く敗北と決めるなよ」という気持ちがあったと思うんだけども、ぼくはもう、革命を目指した側からすれば明らかに敗北であったと思うし。『儀式』の時は、まだ連合赤軍事件はあらわになっていなかったけど、ぼくはあの時点で、すべてはだめだ、社会主義、共産主義革命が日本であるということはぜったいにない、と思いましたね。かつて日本共産党が犯したすべての過ちを、共産党を批判して出発してきた新しい党派と称する人たちが、ぜんぶ同じようなかたちでやったわけですから。そのことの絶望感はおおきかったですよね。（大島、三四九頁）

連合国占領軍が指揮をとった「戦後民主主義革命」と、敗戦当時起こることが予想され、期待されもした「共産主義革命」は、イデオロギーの上では正反対の思想であり、これを同一視することはできない。しかし、第二次世界大戦敗戦後の一時、「人民」による「革命」がとうとう起こるのではないか、という機運は確かに存在したのだ。戦後史において、幾度も繰り返されてきた反権力闘争。それを敗北に次ぐ敗北の歴史とみるか、それともいまだ未完の「人民戦線」のプロジェクトとみるか。それは、大島にとっては戦後史だけでなく、自らの半生の総括でもあったはずだ。そして大島は、『儀式』という作品において、「戦後民主主義」が天皇という「王の身体」を頂点に置いた「王制国家」と共謀的な関係を取り結ぶことで生き永らえてきたことをまざまざと見せつけることによって、「人民による人民のための革命」が失敗に終わったことを、はっきりと明言したのである。つねに敗け続ける男、野球の白いボール＝未完の「戦後民主主義革命」に憧れ続ける男、しかし「王制国家」

を継ぐこともできない「無国籍者」である満州男は、おそらく大島渚本人でもあるのだ。「多くの死者を弔うためにこの映画を作った」と語る、一九七一年の戦後を生きる大島。彼の耳にも、きっと聴こえるのだ。「日本」という国土の地面に耳を付けてみる。その地中から聴こえてくる、音とも声ともつかないもの。失われた「故郷」に埋められた弟の声。戦争で命を落とした多くの死者の慟哭。そして、焼き払われた国土に育ち始めようとする「戦後民主主義」の胎動。これらすべてを、帰ってゆくべき「故郷」を失った少年の耳に響かせながら、大島渚は自らの「戦後」を弔ったのである。

（1）「戦後民主主義」の定式的な見取り図としては、中村／天川／尹／五十嵐編を参照した。また、「戦後民主主義」イデオロギーに批判的な立場からの提言として、佐伯を参照した。
（2）『儀式』における美術監督・戸田重昌の仕事については、井口（三一―三四頁）を参照。
（3）小熊（特に「第二章　総力戦と民主主義――丸山眞男・大塚久雄」）、およびダワーを参照。
（4）ルオフを参照。
（5）『儀式』における「家族国家観」についての分析・批判については、以下を参照。岩崎、田久保、長谷部、佐藤重臣、松田（以上すべて『アートシアター』八七号初出）、後藤（六三―七一頁）、原（二四―三一頁）、菅（一五―二三頁）、田原（三七―四七頁）、片岡（六二―六四頁）、中上（六五―六六頁）、別役（六七―六八頁）、市川（二三―二六頁）、馬場（二六―二九頁）、斉藤（二九―三二頁）。
（6）「無国籍ということは現代史の最も新しい現象であり、無国籍者はその最も新しい人間集団である。第一次世界大戦の直後に始まった大規模な難民の流れから生まれ、ヨーロッパ諸国が次々と自国の住民の一部を領土から放逐し国家の成員としての身分を奪ったことによってつくり出された無国籍者は、ヨーロッパ諸国の内戦の最も悲惨な産物であり、国民国家の崩壊の最も明白な徴候である。十八世紀も十九世紀も、文明国に生きながら絶対的な無権利状態・無保護状態にある人間を知りはしなかった。第一次世界大戦以来、どの戦争もどの革命も一律に権利喪失者・故国喪失者の大群を生み出し、無国籍の問題を新しい国々や大陸に持ち込むようになった。過去二十五年間のあらゆる国際会議にこれほど執拗に姿を現わし、しかも満足すべき解決の見通しが全く得られなかった問題は他に類がない」（アーレント、二五一頁）。

（8）歴史学者のルイーズ・ヤングは、満州帝国建設にユートピア的希望を求めた実業家や知識人によって、「すばらしき新帝国」のイメージが醸成され、満州国の植民地運営に影響を及ぼしていったことを指摘している。「満州国」とは、大日本帝国の心臓部に直結された「被支配的状況における双生児」であったとも言えるだろう。「よって日本が満州に帝国を築いたということは、帝国のシステムをふたつ創出したことを意味する。ひとつは植民地のシステムであり、ひとつは本国のそれである。満州で日本は、国家機構、経済の支配機構、社会的支配のメカニズムを形成した。そして国内においては、帝国建設プロジェクトの成功にとって必要な資源動員のための政治的社会的な機構を、満州の制度と対応するようにつくった」（ヤング、四—五頁）。

（9）大島は、当初「輝道」役に三島由紀夫を採用することも考えたが、その話を美術の戸田重昌としていた直後に、三島の割腹自殺があったことを回想している。「戸田重昌とある日東松山の方へロケハンをしていた時のことなんです。その時にキャスティングがなかなか決まらない。主人公は河原崎健三でいこうということに大体決まったんだけど、彼が生涯あの男には勝てなかったという従兄弟（…）その男を誰にするかということなんですね。（…）三島由紀夫はどうだろうと東松山へ行く車の中で戸田重昌と話していた（…）東松山に着いてそば屋に入ったら、何とあの市ヶ谷台の割腹をやっているんですね。まだ演説をしている最中でしたけれども。これはもう大変なショックだった。結果的には満州男が生涯かなわなかったという輝道、実際には中村敦夫が演ずるんだけど、あの中に三島由紀夫をみるという批評が、これは日本に限らず外国でもたくさん出ました」（『大島渚１９６０』三四九—三五〇頁）。

## 参考文献

### 邦語文献

井口昭夫「『儀式』の美術について」『アート　シアター』八七号。

市川雅「うしろめたい情念を描き得たか」『映画評論』「『儀式』特集Ⅰ　大島渚の苦渋と総括」一九七一年六月号。

五木寛之、初出不明。松田政男「〈引揚派〉の思想と体験」に引用（二八―二九頁）。

岩崎昶「作品研究『儀式』」『アート　シアター』八七号。

大島渚『大島渚１９６０』青土社、一九九三年。

――「私の中の〝日本〟と〝日本人〟」、『東京新聞』一九七一年一月一八日号。

――「大映京都で『儀式』を撮る」、『キネマ旬報』一九七一年三月上旬号。

小熊英二『〈民主〉と〈愛国〉――戦後日本のナショナリズムと公共性』新曜社、二〇〇二年。

片岡啓治「還るべき家郷との断絶」『映画芸術』「特集　満州育ちによるニッポン国廃絶の可能性はあったか――大島渚〈儀式〉の提起」一九七一年六月号。

加藤典洋『敗戦後論』ちくま文庫、二〇〇一年（初版一九九七年、講談社）。

菅孝行「戦後幻想史への総括と挑戦――大島渚の新作『儀式』をめぐって〈その１〉」『映画批評』一九七一年六月号。

後藤総一郎「戦後精神の暗部との対決――大島渚の新作『儀式』をめぐって〈連続企画①〉」『映画批評』一九七一年四月号。

斉藤正治「破産してゆく儀式」『映画評論』一九七一年六月号。

佐伯啓思『現代民主主義の病理――戦後日本をどう見るか』（ＮＨＫ出版、一九九七年）。

――『「市民」とは誰か――戦後民主主義を問いなおす』（ＰＨＰ研究所、一九九七年）。

佐藤重臣「〈女〉おんなは男の斗かいに参加し得るか」『アート　シアター』八七号。

――「大島へのインタビュー――非日常の儀式の中で日本人の心を考える」『映画評論』「特集Ⅰ　大島渚のミステリーゾーン」一九七一年四月号。

佐藤忠男「大島渚監督の「儀式」――戦後の不毛の歴史への愛惜をこめた全否定」『キネマ旬報』一九七一年六月下旬号。

――「『儀式』と〈死〉」『アート　シアター』八七号。

白井聡『永続敗戦論――戦後日本の核心』太田出版、二〇一三年。

田久保英夫「『儀式』の中の〈青春〉」『アート　シアター』八七号。

田原克拓「批評の根源的立場とは何か――〈運動〉と思想についての指標　その二・菅孝行批判」『映画批評』一九七一年一一月号。

中上健次「なぜ党派の会合のように描くか」『映画芸術』一九七一年六月号。

中村政則・天川晃・尹健次・五十嵐武士編『戦後民主主義　新装版戦後日本　占領と戦後改革　第四巻』岩波書店、二〇〇四年。

橋川文三「私の日本人論」『橋川文三著作集6』筑摩書房、一九八六年。

――「美の論理と政治の論理――三島由紀夫「文化防衛論」に触れて」中島岳志編『橋川文三セレクション』二〇一一年、岩波現代文庫（初出『中央公論』一九六八年九月号）。

長谷部日出雄「〈世代〉「父を見失ったオイディプスの」世代」『アート　シアター』八七号。

馬場一郎「死者を死せりと思うなかれ」『映画評論』一九七一年六月号。

原正孝「方法的自覚と方法論的無自覚――大島渚の新作『儀式』をめぐって〈その2〉」『映画批評』一九七一年五月号。

藤田省三『藤田省三著作集1　天皇制国家の支配原理』みすず書房、一九九八年。

別役実「引揚者の視線」『映画芸術』一九七一年六月号。

松田政男「〈引揚派〉の思想と体験」『アート　シアター』八七号。

三島由紀夫「反革命宣言」『文化防衛論』所収、ちくま文庫、二〇〇六年（初版一九六九年、新潮社）。

――「文化防衛論」『文化防衛論』所収、ちくま文庫、二〇〇六年。

『これでもまだ君は大島渚が好きか！？』ダゲレオ出版、一九八三年。

外国語文献

Arendt, Hannah, *The Origins of Totalitarianism*, George Allen and Unwin: 1951/ Harcourt Brace Jovanovich: 1958, 1966-68, 1973 /A Harvest Book, Harcourt, Inc.: 1994（大島通義・大島かおり訳『全体主義の起源2　帝国主義』みすず書房、一九七二年）

Dower, John, *Embracing Defeat: Japan in the Wake of World War II*, W.W. Norton and Company/ The New Press, 1999（三浦陽一・高杉忠明訳『増補版　敗北を抱きしめて　上・下』岩波書店、二〇〇四年）

Kantorowicz, Ernst H., *The King's Two Bodies: A Study in Mediaeval Political Theology*, Princeton University Press, New Jersey, 1957（小林公訳『王の二つの身体　上・下』ちくま学芸文庫、二〇〇三年）

Koschmann, J. Victor, *Revolution and Subjectivity in Postwar Japan*, University of Chicago Press, 1996（葛西弘隆訳『戦後日本の民主主義革命と主体性』平凡社、二〇一一年）

Lefort, Claude, ed., John B. Thompson, *The Political Forms of Modern Society: Bureaucracy, Democracy, Totalitarianism*, The MIT Press, Cambridge, Massachusetts, 1986.

Ruoff, Kenneth J., *The People's Emperor: Democracy and the Japanese Monarchy, 1945-1995*, Harvard University Asia Center, Cambridge, Massachusetts, 2001（高橋紘監修、木村剛久、福島睦男訳『国民の天皇——戦後日本の民主主義と天皇制』共同通信社、二〇〇三年）

Young, Louise, *Japan's Total Empire: Manchuria and the Culture of Wartime Imperialism*, University of California Press, 1998（加藤陽子・川島真・高光佳絵・千葉功・古市大輔訳『総動員帝国——満州と戦時帝国主義の文化』岩波書店、二〇〇一年）

# オオシマナギサを追悼する

## つねにいつもそこにいる運命的な「他者」に向って

「スパイだ！　スパイがいるぞ！」この台詞に導かれて、記憶は大島渚の世界に初めて触れた頃へと戻っていく。大学生？　いやもう修士に入っていたのか。なぜそこまで足を運んだのだかわからないが（ツタヤでビデオを借りることができたのに）、多摩の方角にあるやけに立派な文化施設へ、『日本の夜と霧』を観に行ったのだった。まだ「オオシマナギサ」という名前さえ、映画史のなかでうまく飲み込めていない頃だ。そのとき何を思ってあの作品を観ていたのかはわからないが、なぜか、理由もなく、「この映画だ」、と思ったのだった。どういう主旨の上映会だったのか、観客もまばらで、帰り道、都下の中都市にありがちなつるつるとした触感の石でできたただっ広い階段を下りながら、そのときのわたしは、「興奮」していた、のだろうか？　いや、むしろ、「囚われた」という感覚が手や足にじりじりと残っている。その後、映画を作る学校に入り、それもなぜだかわからないがまったく自然に、ビデオ課題の素材に、『日本の夜と霧』を選んだ、というかその「音」を盗んだのだった。

「スパイだ！　スパイがいるぞ！」その声に呼応してカメラが回転し、今はもう取り壊されてしまった東大駒場寮の廊下が映る。すでにそのとき駒場寮は廃寮寸前で、ほぼ廃墟と言ってよかった。年月を経たコンクリートの壁に大量の落書き。住人が去ってしまった後の寝室では、割れたガラス窓から木漏れ日が差し込み、床に影を作っていた。今にも消えてゆきそうなその建物をカメラで舐めながら、そのときわたしは、確かに「興奮」していた。正しいことをしている、という感触があった。思い返してみても、その頃のわたしは戦後の左翼史などはまったくの門外漢で、学生運動のなかで駒場寮がどんな役割を果たしたのかについても通り一遍の知識以外は持ち合わせていなかった。それでも、美しい、とさえ言える駒場寮の廃墟の映像に『日本の夜と霧』の音響を重ねたとき、これは「正しい」音と映像の邂逅なのだ、と思える何かがそこにはあったのだ。

時は流れて、そんなロマン主義的な感慨をぶち壊すのに十分な机上の知識を積み重ねて、わたしは映画を主な専門とする研究者になった。時代にコミットメントすることもなく、実作にそれ以上立ち入ることもなく、資料との格闘に追いかけられる日々に包まれるようになった。けれども、思い出すのだ。こんな夜も深くなった時間に、何かが幽霊のように立ち戻ってくるのだ。それは過ぎてしまったけれども、すでにつねに現在でしかありえない映像の幻影だ。消えてしまっても、影のようにわたしの身体にまとわりつく残像だ。その記憶の遠くに見え隠れしている、とても近しい、しかし決定的に「他なるもの」の面影が、わたしを走らせずにはいられないのだ。オオシマのなかの、彼が頻繁に取沙汰されるようになった「体制転覆的な」イメージとは別の、やわらかな「他なるもの」に対する視線が、眠り続けようとするわたしの意識を覚醒させずにはいられないのだ。ヒリヒリするような感覚のなかで、もう一度、わたしたちはオオシマに出会わなければ。もう一度、もう一度。その運命にも似た引力の圏内に入ることを恐れずに、その繰り返されると同時にただ一度でしかない出会いのチャンスに、もう一度賭けてみなければ。ただもう一度だけでも。

# 第2部　メロドラマの政治学

# 幼年期の呼び声
## 木下惠介『二十四の瞳』における音楽・母性・ナショナリズム

### 1 「唱歌」の記憶

水面が光る画面を背景にタイトルが浮かび上がる。高いヴァイオリンの音色が入り、木管の低いメロディ・ラインが後に続く。日本人なら誰でも知っているのではないか、『あおげば尊し』のメロディだ。ハープの音に促されるように、メロディが高音で繰り返される。子どもたちの合唱が始まる。「あおげば　尊し、わが師の恩／教の庭にも、はや　いくとせ……」(1)。

第二次世界大戦後の混迷から日本の社会がようやく抜け出そうとしていた一九五〇年代において、人々の生活の最も近くに寄り添っていた大衆芸術が映画であったことは、おそらく言を俟たないだろう。国内的には民衆の生活および産業の復興が推し進められる一方、国外的にはアメリカの占領期後も引き継がれた政治的・軍事的影響下において、より鮮明になってゆく冷戦構造のなかに組み入れられつつあった日本において、時代を象徴する一つの映画が生み出された。日本中のあらゆる層の観客に支持され、まさに「国民映画（ナショナル・シネマ）」の名にふさわしい作品として戦後映画史上に名を残すこととなった木下惠介監督・脚本の『二十四の瞳』（一九五四）である。十五年戦争当時から、終戦後にわたる日本の近代史を、小豆島の美しい自然に重ね合わせながら描いたこの作品のなかで、幾度も変奏されつつ繰り返される『あおげば尊し』のメロディは、挿入された幾つもの唱歌・童謡とともに、『二十四の瞳』の観客の涙をあふれさせた。その絶大な効果について、岩崎昶は以下のように述べている。「木下はこの映画の伴奏を全部童謡と文部省唱歌で通した。そのメロディは誰の胸にも幼き日へのノスタルジアをよびおこす。われわれの感受性はまず適当にやわらかくされ、適当にしめり気をおびる。そこへ美しい愛情と悲しい不幸との物語が語られる。涙がひとたまりもなく眼にあふれてくる」（岩崎、二〇九頁）。

公開当時から、この映画の「涙を流させる」効果について語った発言は枚挙にいとまがないが、音楽のもたらした効果についての指摘はなかでも目立って多い。『二十四の瞳』の音楽を担当した木下忠司は、監督・木下惠介の実弟であり木下作品のほぼ全篇の映画音楽を担当しているが、[2]ここではオリジナルの楽曲を提供するのではなく、既存の唱歌・童謡をさまざまなパターンに変奏しながら映画全体を覆い尽くすという形式をとった。この選択について木下惠介は、「こんどの場合は、なまじっかの伴奏をつくるよりは、すなおに、日本の古くからある唱歌を使ったほうが効果が多いと思った」[3]と述べている。実際、『二十四の瞳』の音楽について、「感傷的」「甘すぎる」といった否定的な評価を下した映画批評家も少なくはなかったが、[4]小豆島の美しいロケーション映像と結びついた唱歌のメロディが観客に及ぼした効果については、異論を唱えるものはいなかった。

しかし、「日本的抒情」によって観客の感情をゆさぶり、映画館を「滂沱《ぼうだ》嗚咽《おえつ》の声」[5]で満たしたという唱歌のメロディの記憶からは、決定的な何かが抜け落ちているのではないだろうか。唱歌が「懐かしさ」の感情と結びつき、涙がひとりでに流れてくるという反応が引き起こされる背景には、個人の内的領域に働きかける外在的な力学の存在が見え隠れしている。たとえば、冒頭の、小豆島の風景を数ショットによって点描するシークエンス（二分五六秒—四分二四秒）を見てみよう。静かな海上を櫓をこいでゆく小舟、石切り場、お遍路巡りの人びとといった瀬戸内海の小島の定型イメージが積み重ねられ、バスが行き交う海辺の道のショットから、昭和初期の――つまり、物語の始まる時点の――海辺の同アングルのショットへとディゾルヴしてゆく。まだ舗装されていない道を、野良仕事へ向かう人びとが歩く風景への移行は、観客を現在から過去へとゆるやかに引き戻す役割を果たす。ここで効果的な働きをしているのが、やはり唱歌のメロディである。フルートとハープによって奏でられる懐かしいメロディは、観客のノスタルジアをかき立て、現在から過去へのスムーズな移行を手助けするのだ。だが、ここで流れているメロディだけを取り出して聴いてみると、奇妙なことに気づかされるのではないか。このシークエンスで使われている唱歌は『才女』という題名で明治一七年の『小学唱歌集　第三編』に収録されたものだが、初期の唱歌集によく見られたように西欧の歌曲に日本語歌詞を付けたものであり、原題は『アニー・ローリー』というスコットランド民謡である。[6]なぜ『二十四の瞳』の観客たちは、遠い西欧のメロディに郷愁をかき立てられたのだろうか。あるいは、なぜスコットランドの民謡が小豆島の土着イメージに重ねあわされることに違和感を覚えないのだろうか。

木下が「日本の古くからある唱歌を使う」ことによって最大限の効果を上げたことはすでに述べた。しかし、唱歌を「日本に古くからある」と形容するこの発言自体に、すでに歴史の誤認が含まれている。学制の公布とともに設置された「唱歌教育」科目を実施するため、明治一二（一八七九）年に文部省に設けられた音楽取調掛によって開発された唱歌は、けっして日本古来のメロディではなく、むしろ和洋折衷の「ヨナ抜き音階」を用いることによって西洋音階を日本人の身体に浸透させてゆく機能を担ったメロディだった。しかし、唱歌の「ヨナ抜き」メロディを日本の土着イメージと連結させるという行為それ自体は、木下個人の誤謬に帰結させることのできるものではない。おそらくこうした感受性は、唱歌教育が全国的に根づいて以降に学校教育を受けた日本人の多くが共有しているものである。ここに見られるのは、「郷土」のイメージが、各々の土地固有の特性から一旦引き剝がされ、文部省唱歌が描き出した普遍的な日本風土のイメージへと塗り替えられてゆくという逆説的なプロセスでもある。唱歌とは、国家思想統一を目的として制定された祝日大祭日唱歌が典型的に示しているように、同じメロディを歌うという身体的な行為によって国民を一つの共同体へとまとめ上げ、日本の輪郭を形作るために近代国家が作り出した道具であったのだ。(7)

本論文の目的は、『二十四の瞳』を一つの頂点として木下惠介作品に繰り返し描かれた戦後のナショナル・アイデンティティの肖像を「映画音楽」という視点から読み解くとともに、これらの作品を熱狂的に受け容れる土壌となった戦後の社会的・文化的文脈の一端を明らかにすることにある。これは、おそらく周縁からのアプローチでもあるかもしれない。なぜなら、私がここで着目したいと考えている映画音楽は、木下作品において重要な役割を果たしながらも突出した個性を示すことはなく、つねに作品に同伴するか、あるいは作品世界において周縁的な位置を占めるものたちへと振り分けられる要素であったからだ。また一方でそれは、「故郷」が体現する母性や、欠損した男性性と結びつけられることによって、強くジェンダー化された音楽でもあった。国民国家という枠組みにおける全体主義イデオロギーと、周縁性・女性性との相克は木下作品に頻出するテーマだが、よく見るとこの両者は対立するのみならず、混交と融和を繰り返しつつ絡みあっていることがわかる。たとえば、先に見たように『二十四の瞳』に用いられた唱歌のメロディは、想像上の「母なるふるさと」へのノスタルジアを喚起しつつ、その歴史上の真の「起源」、すなわち「唱歌」というジャンルの生成過程において体現していた国民国家イデオロギーを、戦後ナショナリズムをイメージ化してゆく過程に応用していると思われる。木下作品におけるナショナル・アイデンティティの構築とジェンダー表象との関係におけるこうした「ゆらぎ」は、あるときは両者の協同関係として、またあるときは解きほぐしがたい矛盾として現れる。観客の情動に訴えかけ、共同体のイデオロギーへと押し流してゆく一方で、弱者に寄り添い、逸脱したものに力を与えもする木下作品の音楽は、作品内に潜在するこうした「ゆらぎ」を顕在化させる徴候であったと言えるのではないだろうか。

## 2 「郷土」という起源

映画の冒頭において、小豆島は原初の風景として提示される。戦争の惨禍からも戦後の社会変動からも直接の影響を受けず、変わらぬ姿を保ち続ける瀬戸内海の島々は、大石先生の生徒たちのように幼年期の段階にまどろんでいる。繰り返される唱歌のメロディが、ノスタルジアをさらに強化する。唱歌が呼び起こす「懐かしさ」の感覚は、幼年期に実際にそれを聴き、歌ったという個人的な記憶と結びついている一方で、歌詞に織り込まれた日本的な風景や風物詩の描写にも拠るところが大きいだろう。そこには、日本の「郷土」という普遍化されたイメージが描き込まれている。唱歌はノスタルジアを媒介として、個人の記憶と国民の公共の記憶とを結びつける。そしてまた、唱歌が描き出す「郷土」の風景は、木下が『二十四の瞳』において描いた小豆島の風景とともに、「すべての日本人のふるさと」(8)を観客に提示してみせたのである。

津村秀夫は、その木下惠介論において木下を「地方主義に徹底した」映画作家であると定義し、「あらゆる日本の地方的大自然をバックにして、その季節の変化の中に繊細な叙情を織り込んだ」と述べる。しかし、津村が主張する「地方性」とは、彼の以下のような発言をみると、むしろ日本の「郷土」の抽象化され、普遍化された表現であるとわかる。

> 日本の九月中はまだまだ残暑が厳しい。(…)台風がいくつか過ぎて、ある朝はっとして秋だと感ずる頃のうれしさを思い出した。そのデリケイトな季節の変化こそは日本の風土のありがたさであろう。
>
> 私はかねがね木下作品にそういう風土の微妙さを感じていたが、彼のムードのデリケイトな美は、それを軸にして回転する。たとえば『二十四の瞳』(昭和二九年)や『善魔』(昭和二六年)や『風花』(昭和三四年)などの日本の自然を流麗に溶けこませた諸作品を見るたびに、日本の伝統的

詩歌の感覚がいかに深く溶けこんでいるかを感じたりしたものだ。その意味では木下作品ほど日本的な肌を持った繊細な映画芸術も珍しいであろう。日本の風土そのものに、映画的表現を与えた最初の人といってもよい。（津村、三九七―三九八頁）

ヨーロッパやシンガポールと比較しつつ、和辻哲郎を想起させる「風土」という言葉を用いて津村が語っているのは、地方の自然の風景に投影された日本のナショナルなイメージである。土地の固有性を剝奪され、画一化された「郷土」のイメージを付された風景は、一種の抽象的な空間を形作る。歴史の外部に置かれたこの場所はまた、どことも特定することのできない場所でもあると言える。こうしたフラットな表象空間の創出は、日本近代国家が自らの「歴史的起源」を書き込み、国民の空間を形作るために不可欠なものであった。『二十四の瞳』における小豆島もまた、戦後ナショナリズムが自己の起源を書き込むための非時間的な空間として表象される。『二十四の瞳』の小豆島の風景に付された「郷土」のイメージは、物語の空間を歴史的時間から疎外し、非時間的な空間へと転化させるのである。

こうした物語の時空間をめぐる操作を端的に表しているのは、作品中幾度かインサートされる、「海の色も山の姿もそっくりそのまゝ昨日につづく今日であった」という説明字幕ではないだろうか。(9) ナラティヴに句読点を打ち、ストーリー・ラインを要約するように挿入されるこの説明字幕は、満州事変、日中戦争、日独伊防共協定の締結などといった歴史的事件が起こっていることを観客に告げ、戦争へと向かいつつある時代の荒波が小豆島にも押し寄せていることを知らせるという機能を担っている。しかしその一方で、静かな海に浮かぶ小島（作品冒頭とほぼ同じイメージが繰り返されていることに留意しよう）、花盛りの果樹林、風になびく草原、浜辺の夾竹桃といった四季を表す自然描写のショットを背景に積み重ねることによって、永遠に変わることのない円環的時間性のなかに島の風景を括り入れるのだ。こうした字幕の背景に流れるのは、弦楽器とハープによって奏でられる唱歌『春の小川』のメロディである。観客の多くが小学校で習ったであろうこの唱歌は、「学校」という近代国家の制度を媒介とした幼年期の集合的記憶と結びつく一方で、その歌詞が描く「日本的風景」のイメージによって「郷土」という共示的意味を強く帯びている。『春の小川』のメロディは、四季の自然によって喚起される神話的な時間性を裏書きしつつ、そこに幼年期へのノスタルジアを刻みこむのである。このようにして、『二十四の瞳』の風景は直線的な現実の時間から切り離され、神話的な「郷土」の空間へと措定され直すのだ。

さらに、小豆島の風景が神話的空間として提示されるにあたって重要な役割を果たしているのが、作品中の登場人物たちによって歌われる唱歌の「歌声」である。小豆島の自然と結びつき、その風景を「郷土」として概念化する唱歌のメロディは、その歌を歌う主体、すなわち高峰秀子演じる大石先生と、彼女の生徒たちの身体と結びつくことで、さらに深く風景のなかに埋め込まれ、実体化・肉体化されるのだ。その典型的なシークエンス（一八分一六秒―二〇分〇一秒）を見てみよう。島の分校に赴任して間もない大石先生は、新一年生のクラスを受け持つことになる。大石先生と幼い子どもたちの牧歌的な日々は、春真っ盛りの小豆島の風景のなかで歌いながら通り過ぎて行く彼らの姿を点景としてつないでゆくことで示される。満開の桜の下で一列になって汽車ごっこをする大石先生と子どもたちは、またあるときは海沿いの菜の花畑のなかを歩き、浜辺で丸くなって『かごめかごめ』で遊んでみせる。このシークエンスを通してメドレーのように流れ続ける唱歌の歌声は（『汽車ポッポ』、『七つの子』、『かごめかごめ』）、歌っている子どもたちの身体が示されることで映画的に正当化され、画面のなかにつなぎとめられる【図1】。

また一方で、これらのショットは、各場面の地形を生かした撮影法が選択され（桜並木の下では息の長いワンシーン・ワンショットによる横移動撮影、海沿いの切り立った崖淵の道では俯瞰気味の縦構図、浜辺では極端に引いて砂浜を広く見せたロング・ショット）、大石先生と生徒たちを小豆島の風景の一部として組み入れる。ここで重要だと思われるのは、大石先生と彼女を取り囲む子どもたちの姿が、図像的に一つの理想的な家族イメージを形作っている点である。慈しみに満ちた母と無垢な子どもという原初的なイメージは、それ自体「自然」の概念と結びついたものとして、小豆島の風景と親和性をもち、その「起源」の場所としての意味づけを強化するのだ。そして、このもう一つの「自然」としての母子イメージの身体によって肉体化された唱歌のメロディもまた、「母」「自然」「郷土」という原初のイメージ群によって重層的に決定づけられた空間を満たす「起源」の音楽となるのである。

ミツヨ・ワダ・マルシアーノの指摘によれば、『二十四の瞳』には「その反戦映画という指示的意味（referencial meaning）では直接には表現しえない、国家的アイデンティティを再構築するという」（マルシアーノ、九八頁）国民の欲望が明示されている。実際、『二十四の瞳』が製作された一九五〇年代前半は、相次ぐ逆コースと再軍備への波が押し寄せ、戦後の愛国的ナショナリズムが一挙に高まりをみせた時期だった。サンフランシスコ講和条約（一九五一年調印、五二年発効）および朝鮮戦争（一九五〇―五三年）がもたらした特需景気によって高度経済成長期の入り口にあった日本は、また一方で冷戦下の政治体制へと形を整えつつあった。こうした時代の流れのなかで、戦前・戦中のそれまで「語りえなかった」記憶を表現しようとする動きが現れる。「戦記もの」と呼ばれる文学ジャンルが大衆の大きな需要に応えた一方で、映画においても戦争映画・反戦映画のブームが起こる。『二十四の瞳』もまた、こうした社会的・文化的文脈において生み出されたのだ。

図1

戦前・戦中の記憶を語り直すことによって人びとが求めていたものは何だったのだろうか。過去をノスタルジアのなかへと囲い込み、「軍部と右翼テロリストたちを愛国者の名のもとに肯定あるいは讃美する」[10]効果をもった作品群が時代のファッショ的傾向を示しているのは確かだが、「言い表すことのできない」トラウマ的体験として国民のなかに残り続けた戦争の記憶に形を与えたいという人びとの願いを反映したものでもあった。サンフランシスコ講和条約によって新たに日本の境界線が引かれ、次々と再編されていった一九五〇年代の政治体制の下、自己の輪郭を再認識する必要に迫られた国民にとって、国民の物語に亀裂をもたらす「語りえぬ」戦争の記憶に一貫したナラティヴを与えることは避けられない課題であったはずだ。『二十四の瞳』の独創的な点、そしておそらく大きな成功を収めた理由の一つは、こうした戦前・戦中の記憶を、「母なるふるさと」という「起源」の物語へと結びつけたことにある。つまり『二十四の瞳』において、戦争のトラウマ体験を克服し、国民の物語を再編しようとする二重化された欲望は一つの充溢したかたちを見出すのである。

しかし、このように神話的な「起源」の風景を示すことによって「国民の物語」の構築に大きく参与する一方で、観客の記憶に強く結びついた唱歌を映画全体のトーンを決定づける音楽とした『二十四の瞳』は、そのために大きな亀裂を根本に抱えてしまっているのではないだろうか。それは、日本近代国家の語りの戦略に組み込まれた唱歌の歴史上の起源に関わるものである。「歌う」という身体的な技法の習得というプロセスを通じて、国民に「郷土」というナショナルなイメージを浸透させた唱歌は、一方で「東西二洋の音楽を折衷して新曲を作ること」、他方では「将来国楽を興すべき人物を養成すること」という、文部省音楽取調掛長・伊沢修二の矛盾する二つの方針のもとに制作されたものだったのだ。[11] 唱歌がその「起源」において抱えている異種混淆性は、西洋国民国家をモデルとして近代国家としての体制を整えつつ、その真正性の根拠を天皇制に基づく単一民族の歴史に求めようとした日本近代ナショナリズムのアンビヴァレンスをそのまま引き継いでいる。しかしこうした異種混淆性のもたらす亀裂は、『二十四の瞳』に流れる透明な単声合唱において縫合され、唱歌のメロディのなかに「想像の共同体」を求める観客たちによって積極的に忘れられてしまっているのだ。

## 3　均質化される歌声

その起源に亀裂をはらみつつ、「単一性」の幻想を聴く者にもたらす唱歌の効果は、オフの空間と画面内空間とを自在に行き来する『二十四の瞳』の巧みな音声操作によって、さらに強化されている。たとえば、生徒たちが小学六年生に成長したことが示される場面の冒頭（五五分一六秒―五七分一四秒）を見てみよう。瀬戸内海の海面をゆっくりと櫓をこぐ小舟が映し出され、『荒城の月』の合唱が流れる。成長した生徒たちが舟に乗っている姿が遠景で捉えられているが、この時点では歌声がBGMなのか、子どもたち自身の歌声であるのかは判然としない。子どもたちの歌う姿がミドル・ショットでとらえられることによって、はじめて歌声は子どもたちの身体および彼らが位置する場所につなぎ止められる【図2】。しかし、子どもたちの歌声によく耳を傾けてみよう。この声を特徴づけている単声合唱の「濁りのなさ」や「同質性」は、生徒たちの劇中の発話を特徴づける地方独特のイントネーションと際立った対照をなしているのではないだろうか。ここで流れている唱歌の歌声は、各人のもつ特異性をそぎ落とすことによってむしろ子どもたちの声を土地に根ざした身体から離脱させ、抽象化する。実際、ロング・ショットからミド

図2

ル・ショットまで一貫して同じボリュームで流れ続ける歌声は、現実の空間性からは逸脱したものだ。このシークエンスにおいて、歌声のBGMから現実音への移行は、物語への導入をスムーズにするだけでなく、BGMが属する想像的な空間と物語内空間とを媒介し、結びつける。唱歌の描く「郷土」が「どこにもない場所」であるのと同じように、子どもたちの歌声もまた、画面内の具体的な空間にその起源を求めることができない。

子どもたちの歌声の「同質性」は、『二十四の瞳』の観客が求めたほころびのない「国民の物語」の表象としてふさわしいものであるが、また一方で、「国民」を均質化してゆく日本近代化プロセスを如実に反映している。文部省の主導で始められた唱歌教育は、当初は教育者の不足、設備を整えることの困難も手伝って、全国各地での教授法は一定していなかった。しかし、オルガンの普及や教授法の整備が進むにつれて、文部省検定教科書による唱歌教育は、地域差はあれども、「同じ歌を歌う」ことのできる国民を創生していった。明治末期になって、文部省が自ら編纂した『尋常小学校唱歌』が民間版の唱歌集を圧倒し、ほとんど全国の小学校で使われるようになる。(12) 唱歌がもたらした歌声の均質化という効果には、教育という制度を通じて中央政府が日本全土を掌握してゆく過程が表われている。その一つの達成である文部省唱歌の出現は、日本近代が一つの段階に達したことを示すものでもあった。

このような「国民」を均質化するエージェントとしての唱歌の性格は、戦後の『二十四の瞳』の観客たちに敏感に感じ取られたのではないだろうか。唱歌のもつ「同質性」は、一九五〇年代のナショナル・アイデンティティにゆらぐ国民に、統一した国家のイメージを醸成する媒体として格好のものであったと思われる。しかし、唱歌の歌声の「濁りのなさ」には、唱歌の変遷のもう一つの段階である「童謡」の流行を考慮する必要がある。大正の自由主義的・教養主義的風潮の影響を大きく受けて生まれた「童謡」という新しいジャンルは、幼年期の無垢性に対するノスタルジアと理想化によって彩られていた。大正一八（一九一九）年に発刊された鈴木三重吉の編集による『赤い鳥』を皮切りに、次々と現れた童謡童話雑誌を舞台として一世を風靡した童謡は、それまでの唱歌とは伝播のあり方が根本的に異なっていた。明治唱歌が教育制度という行政組織を基盤として広まっていったのに対し、童謡は新聞・雑誌・ラジオ・レコード産業などの発展とともに拡大したメディア空間をその基盤としてもっていたのである。[13] 唱歌と童謡という二つの歌の性格の差異は、『二十四の瞳』においては笠智衆演じる男先生と、大石先生の歌う歌の違いとして表れている。

子どもたちの悪戯によって大石先生が足に怪我をして学校に来られなくなるというくだりは、『二十四の瞳』前半部分のクライマックスとなっている。唱歌を受け持っていた大石先生の授業を代行しなければならなくなった男先生は、子どもたちの帰ったあとの暗くなった教室で、奥さんと一緒にオルガンを練習する。小学校を出てすぐに教師になった男先生は、オルガンをうまく弾きこなすことができないのだ。

「俺だって、弾く気になればオルガンくらい……」
「そうですとも」
「大石先生ときたら、あほらしもない歌ばっかり教えとるからな。まるで盆踊りみたいなやわらかい歌ばっかりじゃないか」

「あんたがオルガン弾けるようになったら、生徒も見直すでしょうね」

オルガンという楽器と、男先生と大石先生が歌う唱歌の違いは、二人が属する世代間の亀裂を鮮やかに描き出す。「女学校出のパリパリ」である大石先生がオルガンを通じて子どもたちに歌を教えていたのに対し、オルガンが弾けない男先生は、昔ながらの口授法と数による記譜（ドレミではなくヒフミによって音を表わす）を通じて唱歌を教える。彼は大石先生の「やわらかい」歌とは反対に、国家への忠誠を謳いあげる唱歌『千引きの岩』を教えようとするが、子どもたちには喜ばれない（「男先生の唱歌、ほん好かん。やっぱり大石先生の歌のほうが好きじゃ」）。

木下はそのフィルモグラフィーの初期から、二つの歌の相克によって共同体同士の対立関係を表すという手法を多く用いてきたが、ここではそれをナラティヴ全体に挿入される小形式として応用している。男先生が「あほらしもない」「盆踊りみたいにやわらかい」歌と呼んでいるのは、大石先生が歌う『七つの子』『あわて床屋』といった童謡のことを指している。このシークエンスが興味深いのは、男先生が歌う国威発揚をテーマとした唱歌を子どもたちが嫌って大石先生の歌を好むというエピソードが、帝国主義ナショナリズムへの批判という原作のテーマと重ねられているというだけでなく、歌の均質化をすすめる制度（オルガンや五線譜）の大正・昭和期を通じた普及が子どもたちの歌への感受性を変化させていることを示しているという点だ。

吉本隆明は、明治期と大正期の唱歌を比較しつつ、そこに見られる変化を近代日本草創期から大衆資本主義社会への移行という社会構造の変化を反映したものであると指摘している。大正期の唱歌に描かれた、ノスタルジックではあるが抽象的な「郷土」のイメージは、「すでに現実には一部しか残っていないか、完全に失われてしまった過去の（いわば明治典型期の）、農村・家庭、人間の関係の分離などの情景を、大正期の感性でとらえる」ものとなっていった。さらに昭和期に入ると、実体験の基盤を失ったナショナル・イメージは、「概念的な一般性」にまで抽象化されてゆく。[14] こうした新たな「郷土」のイメージは、レコードに吹き込まれ、後にはラジオで放送されることによって全国を覆っていった。童謡の歌詞に描かれた「幼年期」あるいは「母なるふるさと」のイメージは、都市に生活する知識階級の道徳観を反映して、奇妙に実体性を欠き、無国籍風でさえある。それは現実の農村の姿からはかけ離れた、メディアに媒介された抽象的な「郷土」のイメージにほかならず、規格化された「濁りのない」歌声という形象と結びつく。大石先生がこの島に持ち込んだ童謡もまた、子どもたちの身体を近代のメディア空間の一端に配置するものであったのではないだろうか。

童謡が切り拓いた歌のメディア空間は、やがて軍国主義イデオロギーを子どもたちに植えつける媒体へと変貌してゆく。しかし、このように唱歌や童謡が媒介していた日本近代化プロセスの歴史は、『二十四の瞳』の観客によって思い出されることはなかった。「日本の古くからある唱歌」という木下の言葉が示しているように、小豆島の神話的な「起源」の風景と重ねられたとき、唱歌の歌声は近代教育制度のエージェントとしての、また近代メディア体験としての歴史を消去され、非歴史的な「郷土」の記憶へと回収されてしまう。おそらく、一九五〇年代の『二十四の瞳』の観客にとってもまた、童謡の記憶とは特定の故郷に直接結びついたものではなく、ラジオやレコードから聴こえてくる均質化された歌声の記憶だったのではないだろうか。しかし、唱歌の「濁りのない」歌声は、単一の国民の物語に抵触する雑音を消し去り、抽象的な「郷土」の記憶という共同体のなかに観客を包み込んだのである。

## 4 「母」というふるさと

映画が公開されて間もない一九五四年一〇月三日、『週刊朝日』は「みんな泣いた『二十四のヒトミ』ある女教師の喜びと悲しみ」と題した巻頭特集を組んでいる。「一本の映画記事を週刊誌が特集としてとりあげた最初」のものであり、その異例な扱いによって映画の興行的成功をさらに決定的なものにしたという この記事には、以下のようなリード文がついている。

「二十四の瞳」という映画が、いま大アタリをとって、あらゆる人を泣かしている。平凡な女教師の物語だが、まず試写室で映画ズレのした批評家が泣き、さらに文部大臣がナミダを流して、文部省特選映画とした。

するると、あれは反戦映画なのに……という声が出て来た。ところが反戦を喜びそうな側はなまぬるいセンチメンタルな映画だという。一映画ファンとしては迷わざるを得ない。一体、この、みんなが泣くという映画の背景にはなにがあるのだろう。(15)

記事はまず、当時の文部大臣・大達茂雄のインタビューを紹介する。『二十四の瞳』を文部省特選映画に選定した大達は、同年に教職員の政治活動を制限する「教育二法」を通過させ、日教組の大規模な反対運動を引き起こした人物でもあった。生活綴方運動に共感を寄せ、戦争に生徒を送ることを悲しんで辞職する教師・大石先生を描いた『二十四の瞳』を、なぜこうした人物が賞賛するのか。こうした疑問に答える鍵は、おそらく次のような大達の言葉のなかにある。大石先生が教え子の出征を泣きながら見送るシーンについて感想を求められた彼は、次のように答えている。「教師が教え子を、母親が子供を、戦場に送るとき楽しくないのは、ごく自然なことだと思う。大石先生のあの時の悲しい表情は、人間愛が、きわめて素直に出たものだ。ただ、この美しい人間愛を、特定の政治運動に利用して「再び教え子を戦場に送るな」といったスローガンを掲げたりするのは、許すべからざることだと思う(16)」。

大石先生が流す涙を「教師から教え子」、「母親から子ども」への愛の表現であると読み解くこと。さらに、こうした愛の表現を、反戦の「スローガン」とは区別すること。この二段階の読解を通して、『二十四の瞳』は「反戦映画」でありながら、極右として知られる大臣からも受け容れられる作品となる。『二十四の瞳』に見られる政治的な二律背反性は、公開当時からしばしば指摘されていた(17)。この映画が観客に流させる快い涙は、その快さによって反戦のメッセージを弱めてしまうというのだ。佐藤忠男はこうした批評を進めて、『二十四の瞳』の圧倒的な好評の原因は、この映画が第二次世界大戦中の日本人の戦争責任を免罪することに成功した点にあるのではないか、と指摘する。『二十四の瞳』が描くのは、一貫して弱く善良な人びとであり、彼らが苦難を受ける姿は観客の情動に強く訴えかける。しかしここからは、彼らもまたアジアでの侵略戦争に加担した国民であり、戦場に送り込まれた兵士たちであったという側面が消去されている。こうした欠如を補うかのように積み重ねられる「弱さと善良さ」のイメージは、それらが喚起する涙によって観客から負の記憶を消し去るのである。佐藤は『二十四の瞳』がもつ以上のような効果を、「幼年期退行」になぞらえている。心理的な危機に立たされた自己が、責任を一時的に回避するために無垢な子どもに自分をなぞらえる、あるいは母の懐に戻りたいと願う。『二十四の瞳』は、戦後主体のこうした願望にぴったりと合致する幼年期のイメージを提供したのだ（佐藤、一七五―一七六頁）。

大達の発言においても、また佐藤の分析においても、一つの鍵となるのは「母」という形象、あるいはそれに随伴する「幼年期」のイメージである。同時代の批評言説においては、「男性的」という形容詞によって語られる黒澤明に対して、つねに「女性性」というジェンダー属性によって特徴づけられていた木下作品においても、「母」という形象は特権的な位置を占めている。『二十四の瞳』において「母性」を象徴する人物として登場するのは、大石先生だ。彼女は、教師を辞めたのちに自分自身も母親となるが、むしろ小豆島の子どもたちの代理母のような役割を果たしていると言えるだろう。不思議なことに、生徒たちの母親はほとんどスクリーンに現れることはなく、登場したとしても旧式な共同体の価値観を代表する人物として描かれる。大石先生はこれに対し、子どもたちにとって理想化された、そしておそらく「唱歌」「童謡」ジャンルにおいて描かれてきた近代家族のイメージに合致するような母親像として、表象されている。

大石先生と子どもたちとの絆がとりわけ強調されるのは、足に怪我をした先生を見舞うため、子どもたちが長い道のりを歩いて先生の家へと向かうシーン（三四分四九秒―四四分三五秒）だろう。お腹を減らして泣きながら歩き続ける子どもたちの姿は、一種の「母恋い」のイメージを踏襲するものだ。子どもたちの道中と、彼らが姿を消したことに慌てる大人たちが交互に示されるこのシークエンスの音楽は、『故郷』、『菜の花畑』、『七つの子』という三つの唱歌によって構成されている。子どもたちが大石先生の家へと歩き出す冒頭のパートでは、『故郷』と『菜の花畑』のテーマが、長調の明るいトーンで演奏される。一方、子どもを探して右往左往する大人たちのパートは、『故郷』のメロディを弦楽器でリズムを強調したヴァリエーションでコミカルに表現される。しかし日暮れが近づいてくると、『七つの子』のテーマがハープで流れ、短調に転調し、子どもたちの心細さを強調する。さらに畳みかけるように、『七つの子』の「親子愛」を描いた歌詞が、単声合唱で子どもたちの泣き出した姿に重ねられ、パセティックな効果を増大させる。

前出の『週刊朝日』の各インタビューにおいても人気の高いこのシーンは、木下忠司の音楽演出が最も効果を上げている箇所だと言えるだろう。この後、本校への転任が決定した大石先生を見送るシーン（五二分一六秒―五四分一二秒）でも、男先生が『千引きの岩』を歌わせようとするのに逆らって、子どもたちが歌うのはこの『七つの子』なのだ。小舟に揺られながら、瀬戸内海の風景のなかに小さく消えてゆく大石先生の姿は、対岸で歌いながら見送る子どもたちにとって、小豆島という「母なるふるさと」と一体化した幸福な幼年期との別れを示すものだ。しかしそのとき、大石先生の身体は、子どもたちと歌う童謡に描かれた「郷土」のイメージを媒介として、小豆島の風景と結びつき、回帰する原点としての「母」のイメージとして結晶するのである。おそらくここで問題となっているのは、男先生・女先生という二人の呼称が示しているように、それぞれの歌に付されたジェンダー属性だろう。近代主義イデオロギーを歌った男先生の歌に対して、子どもたちは大石先生という「母性」と結びついた、いわば「母のメロディ」を選択するのである。

クローディア・ゴーブマンは、音楽には「慈悲に満ちた退行」を呼び起こす傾向、幼児期における母との一体化という幸福なファンタジーへと主体を誘い込む性格があることを指摘している（ゴーブマン、六〇―六四頁）。リズムや声といった聴覚的要素を「女性的なもの」と位置づけて考えるクリステヴァら精神分析の理論家によれば、視覚的な世界へと生まれ落ちる以前、母の胎内で聞いていた母の声や心臓の鼓動は子どもを聴覚的な世界へと包み込み、前言語的な段階を形成する。母の胎内という完全な調和のとれた、しかし永遠に失われた場所と結びついた音楽は、主体にとって憧憬と欠如の感覚とを同時にかき立てるノスタルジアの指標となるのだ。[18]「母」という形象を理想化すると同時に、その身体性を疎外するクリステヴァの母性理論は論駁されるべき点が多いが、「女性性」、とりわけ「母性」と音楽との関係を考えるうえで、有益なヒントを与えてくれるものではあるだろう。なぜなら、木下の作品においてもまた、音楽はいつも女性、あるいは傷ついた男性という、弱い「性」と結びついて現れてくるからだ。[19]『二十四の瞳』において、小豆島という幼年期と結びついた空間は、大石先生と子どもたちの歌う「母のメロディ」に文字通り満たされているが、なかでも『七つの子』のメロディは、ある一つの特権的なイメージと結びついて映画のなかに繰り返し登場する。それは、子どもたちが大石先生の家を訪ねた日にみんなで浜辺で撮った記念写真のイメージだ。

松葉杖をついた大石先生を子どもたちが取り囲む写真は、先にも指摘したように母子像の構図を思い起こさせ、擬似的な「家族写真」を形作っていると言えるだろう［図3］。この写真は、時間を凝固させるそのメディアとしての特性によって物語時間の流れに逆らうように変わらない一点として残り続け、成長し、傷つき何かを失った子どもたちが回帰してゆく風景となるのだ。治る見込みのない肺病を抱えて寝ている琴江を見舞った大石先生は、壁に掛けられたこの写真を見つけるだろう。また、戦争で盲目となったソンキは、「この写真だけは見ることができるんじゃ」と言いながら、指先で写真をなぞりながら級友の名前を一人ずつ挙げてゆく。失われた幼年期のイメージは、このとき、『七つの子』のメロディを伴って立ち現れてくる。視覚を失うことにより、欠損した男性性としてスクリーンに表象されるソンキの身体は、「母のメロディ」に誘われるようにして、視覚的なコード読解に抗うように「ふるさと」の原初的な光景へと立ち戻ってゆくのだ。

　これらのシークエンスに見られる、幼年期と母性、そして起源の光景としての「郷土」を重ね合わせるというレトリックは、『二十四の瞳』という作品の核をなすものである。しかし、学校制度に組み込まれ、土地の方言とは異なる言葉を話し教える大石先生は、果たして本当に「母性的」な存在であると言えるだろうか？　教師である彼女は、むしろ子どもたちを彼らが生まれた土地から引き離し、国家的制度へと回収してゆく役割を

図3

担う人物であったと言える。彼女が子どもたちに教える歌が、彼らを近代のメディア空間のなかに招き入れ、都市生活者が歌った想像上の「郷土」のイメージをその身体に刻み込んでいったように、大石先生が象徴する「母性」もどこか実体を欠いた抽象的なものだ。しかし、歌に描かれた「郷土」がその非実体性のために「日本人のふるさと」を表象しえたように、大石先生もその「母性」の抽象性のゆえに「国民の物語」の母となりえたと考えることはできないだろうか。すでに前節において見てきたように、一九五〇年代の多くの論者によって無条件に「ふるさと」の記憶と重ねられていた唱歌のメロディは、実際にはすぐれて近代の産物であり、そこで描かれる「郷土」の記憶も国民国家イデオロギーを反映して文化的に構築された概念であった。生徒たちのために泣き、悲しみを一緒に背負ってくれる大石先生の「母性」もまた、「国家」を一つの大きな家族とみなす幻想のなかに、観客を招きいれるのである。大石先生はやがて、「国定教科書でしか結びつきあえない」教師と生徒の関係に見切りをつけ、教師をやめて自分の家庭に入る。しかし、次第に土地の言葉を話すようになり、家族のために耐える大石先生の姿は、さらに純粋化され、理想化された「母」のイメージに近づいていく。それは、彼女が嫌う「明けても暮れても忠君愛国」のメッセージを発信し続けた国定教科書が描く「母」の姿そのものだったのではないだろうか。

そもそも大石先生は、初めから「母性」をその属性としてもっていたわけではない。洋服を着て、自転車に乗った「モダンガール」として村に現れた大石先生は、初めは村の人びとからの反発を受ける。大石先生が共同体に受け入れられるのは、子どもたちの悪戯が原因で彼女が足に怪我をするという事件が起きた後である。斉藤綾子が指摘するように、この事件は、異質な闖入者として共同体にやってきた「強い女性」＝他者である大石先生を象徴的に「去勢する」ための通過儀礼として位置づけられるだろう。この儀礼を通して、大石先生は正しい「母性」へと参入するのである（斉藤、九五―九六頁）。

洋服から和服へと着替え、次第に土俗化されてゆく大石先生の「母性」は、現実の「母」という存在につながるものというよりも、文化的な記号であると言えるだろう。小豆島の風景と大石先生の身体はともに「母なるふるさと」の表象としてフェティッシュ化され、「「起源」と「始源」を捏造したいという同時発生的な欲望」に奉仕するのだ。こうした「郷土」と「母性」をめぐる意味生成プロセスには、レイ・チョウが「原初への情熱」と呼ぶ民族の欲望を見出すことができるだろう（チョウ、六五頁）。土俗化された「女性性」のイメージは、「自然」や「原初的なもの」と結びつき、その原初性によって「国民の物語」の起源に根拠を与える。このとき、女性と「郷土」の風景を結びつける媒介となった唱歌に刻み込まれた近代の歴史は忘れられ、大石先生の歌は民族の幼年期へと観客を誘いこむ「母」の歌になるのである。このように見てみると、『二十四の瞳』の核となる要素として「母性愛」を取り上げ、これを反戦メッセージと切り離すことを主張した先の大達の解釈は、けっして間違いであるとは言いきれない。『二十四の瞳』を通して流れている唱歌と童謡は、「郷土」や「母」といったイメージを帯びることによって「国民の物語」の起源の記憶へと結びつき、ナショナルな欲望の媒介へと転化する。同様に、木下の弱者を慰撫する眼差しもまた、大石先生という「母性」を媒介することによって、愛国ナショナリズムへと反転する可能性を多分に孕んでいるのである。

「郷土」や「母」という概念をめぐって大石先生という形象が見せるこうした二面性は、一九五〇年代の日本がそのナショナル・アイデンティティにおいて抱えていた「ゆらぎ」を確実に反映していたのではないか。子どもたちを守りたいと願う大石先生の「母性」に基づいた反戦メッセージは、実は「国民を守るため」という再軍備推進論者のロジックと通底している。また、弱きものたちが苦しむ姿を通して、戦争に対する嫌悪感を高めようとする『二十四の瞳』のレトリックは、「戦争に真面目に貢献し、犠牲を払った一般国民」を倫理的根拠として、戦争責任の追及を一般国民にまで及ばせなかった戦後の支配的論調におけるレトリックと軌を一にしている。[20] 出征する卒業生たち、そしてそれを泣きながら見送る彼らの代理母というべき大石先生の姿（一時間五九分四四秒―二時間〇分四五秒）は、日本の戦争責任を問う論議を飛び越えて、戦争の「悪」を感情のレベルにおいて納得させる。しかしその一方で、戦争によって苦しんだ善意の人間の姿は、観客たちが自らの戦争責任に触れることなく、被害者として心置きなく涙を流すことを可能にしたのだ。『二十四の瞳』における反戦メッセージは、したがって、戦後の国民が抱えていた愛国ナショナリズムと、そして戦争主体としての戦争責任の否認と、表裏一体の関係にある。一見相反するこの二つのベクトルを結ぶ要となっているのが、「母性」の象徴である大石先生が歌う「ふるさと」の歌だったのではないだろうか。

## 5　終わりに

以上、『二十四の瞳』の映画音楽の分析を通して、戦後ナショナリズムの再構築とその媒介となった「幼年期」および「母性」イメージの関係を考察してきた。木下恵介が「日本に古くからある」歌として映画全体を覆い尽くすようにして用いた「唱歌」というジャンルは、ノスタルジアを強く帯びた歌詞と曲調によって観客の涙を誘った。しかし、日本の「郷土」の普遍的なイメージを歌った唱歌は、日本国民国家の編成に大きく寄与した近代の産物であり、異種混淆的な成立過程と非連続的な発展段階をその均質な歌声のなかに隠し持っていた。日本近代化プロセスを媒介し反映してきた唱歌の「郷土」イメージは、『二十四の瞳』において大石先生という象徴的な「母性」と結びつき、「国民の物語」の起源を求める一九五〇年代の日本国民のナショナルな欲望に応えることになる。このように構築された「母性」というジェンダー表象を通じて語られる『二十四の瞳』は、周縁性と全体主義イデオロギーとを同時に表象する「母」イメージの二面性によって、「反戦」と「愛国ナショナリズム」の間を揺れ動く戦後のナショナル・アイデンティティを反映していたのだ。『二十四の瞳』によって瀬戸内海の小さな島に日本の「郷土」を縮約して表現した木下恵介は、この三年後、一つの家族が日本の輪郭線をたどって転地を重ねる『喜びも悲しみも幾歳月』を撮ることになる。そこでは「国民の物語」の起源をうたう近代の歌や唱歌ではなく、家族の人生をうたう一つの歌が映画全体を覆っていた。映画と同名のこの主題歌が大ヒットし、国民の皆が口ずさむようになった頃、日本の戦後は一九六〇年代の高度成長期のただなかへと乗り出そうとしていたのである。

（1）『あおげば尊し』の歌詞は、堀内／井上編に拠った。

（2）木下忠司の映画音楽については、小林、秋山を参照。

(3)「みんな泣いた『24のヒトミ』」、七頁。
(4)上野、リチイ等を参照。
(5)佐藤「戦意昂揚映画と戦後民主主義映画」、二六二頁。
(6)堀内／井上編、二三頁。
(7)唱歌教育を通じた国民国家の編成については西島を参照。
(8)『二十四の瞳』における瀬戸内の風景は、大石先生や村人達の平和への祈りを内に包んで、ともに戦争への流れに抵抗した。先生の一途な愛情、子供たちの無邪気さ、村人たちの素朴さ、それらがこの風景を媒介に、一体となって人々の胸に迫るのである。こうして小豆島はすべての日本人のふるさととなった」(江藤)。
(9)この字幕の機能については、木下映画における「共同体」という問題を分析した波多野に示唆を受けた。
(10)岩崎、一九六頁。
(11)山住、四八頁。
(12)堀内敬三・井上武士『日本唱歌集』解説、二五四—二六二頁。
(13)上笙「日本の童謡」。近代日本の編成と唱歌における「郷土」イメージの均質化については、成田および内田を参照した。
(14)吉本「日本のナショナリズム」。
(15)「みんな泣いた『24のヒトミ』」、四頁。
(16)「みんな泣いた『24のヒトミ』」、四頁。
(17)岩崎、二〇九—二一〇頁。
(18)Kristeva, 1974. また映画音楽研究の立場からクリステヴァの母性と聴覚的要素をめぐる議論の問題点を指摘した論文としては、Silverman, 1988 および Flinn, 1992 が興味深い。
(19)木下作品に描かれる男性像のなかには、ある種欠損した男性性(社会的能力の欠如、あるいは盲目・足の不自由といった身体的欠損)によって徴づけられる人物が多く見られる。弱きもの、虐げられたものとしての彼らの周縁性は、ときに全体主義的なイデオロギーへの抵抗となって表れるが、興味深いことに、彼らの多くは音楽を愛し、その音楽によって強者に対抗しようとする。石原が指摘するように、これらの女性的な男性像には「ジェンダーの越境者」としての木下の可能性を見出すことができる。

（20）戦争責任の追及とナショナリズムの関係については、小熊、一〇六頁を参照。小熊はまた同書において、「非武装中立」の言説がナショナリズムの言説と通底していることを示唆している。

引用文献

「みんな泣いた『24のヒトミ』ある女教師の喜びと悲しみ」『週刊朝日』一九五四年一〇月三日号。

秋山邦晴「日本映画音楽を形作る人々25　木下忠司」『キネマ旬報』一九七四年三月下旬号。

石原郁子『異才の人　木下恵介──弱い男たちの美しさを中心に』芳賀書店、一九八四年。

岩崎昶『現代日本の映画──その思想と風俗』中央公論社、一九五八年。

上野一郎『二十四の瞳』評、『キネマ旬報』一九五四年秋の特別号。

内田隆三「『故郷』の記憶」『国土論』所収、筑摩書房、二〇〇二年。

江藤文夫「木下恵介の前進」『映画評論』一九五六年五月号。

上笙一郎「日本の童謡」、上笙一郎編『日本童謡のあゆみ』所収、大空社、一九九七年。

小熊英二『〈民主〉と〈愛国〉──戦後日本のナショナリズムと公共性』新曜社、二〇〇二年。

小林淳『日本映画音楽の巨星たち〈3〉木下忠司・団伊久磨・林光』ワイズ出版、二〇〇二年。

斉藤綾子「失われたファルスを求めて──木下恵介の『涙の三部作』再考」、長谷正人・中村秀之編著『映画の政治学』青弓社、二〇〇三年。

佐藤忠男『木下恵介の映画』芳賀書店、一九八四年。

──「戦意昂揚映画と戦後民主主義映画」『日本映画思想史』所収、三一書房、一九七〇年。

津村秀夫「木下恵介と風土感のリズム」、『映画美を求めて』所収、勁草書房、一九五九年。

ドナルド・リチイ「日本の映画音楽」『映画評論』一九五六年六月号。

成田龍一『「故郷」という物語──都市空間の歴史学』吉川弘文館、一九九八年。

西島央「学校音楽はいかにして〝国民〟を作ったか」、小森陽一／酒井直樹／千野香織／吉見俊哉ほか編『岩波講座 日本の近代史5 編成されるナショナリズム 一九二〇―一九三〇年代1』所収、岩波書店、二〇〇二年。

波多野哲朗「木下恵介の『家』――木下映画はなぜ忘れられたか」、『素晴らしき巨星 黒澤明と木下恵介』所収、キネマ旬報社、一九九八年。

堀内敬三・井上武士編『日本唱歌集』岩波文庫、一九五八年。

ミツヨ・ワダ・マルシアーノ「戦後日本の国民的メロドラマ」20世紀メディア研究所、『Intelligence』創刊号、紀伊國屋書店、二〇〇二年。

山住正己『唱歌教育成立過程の研究』東京大学出版会、一九六七年。

吉本隆明「日本のナショナリズム」、吉本編『現代日本思想大系第四巻 ナショナリズム』解説、筑摩書房、一九六四年。

Ray Chow, *Primitive Passion: Visuality, Sexuality, Ethnography, and Contemporary Chinese Cinema*, New York: Columbia University Press, 1995（本橋哲也ほか訳『プリミティヴへの情熱――中国・女性・映画』青土社、一九九九年）。

Caryl Flinn, *Strains of Utopia : Gender, Nostalgia, and Hollywood film music*, Princeton University Press, 1992（鈴木圭介訳『フェミニズムと映画音楽――ジェンダー・ノスタルジア・ユートピア』平凡社、一九九四年）。

Claudia Gorbman, *Unheard Melodies : Narrative Film Music*, Indiana University Press, 1987.

Julia Kristeva, *La révolution du langage poétique*. Seuil, 1974（原田邦夫訳『詩的言語の革命 第一部 理論的前提』勁草書房、一九九一年）。

Kaja Silverman, *The Acoustic Mirror : The Female Voice in Psychoanalysis and Cinema*, Indiana University Press, 1988.

# 従軍する女性たち
## 『ひめゆりの塔』にみる戦争とジェンダー／植民地表象の政治学

### 1　降りしきる砲弾のなかを――国民国家の境界

昼も夜もなく続く米軍の砲撃のなかを、まだ成人にも満たない少女たちが駆けていく。沖縄が米軍の手に落ちるのはもはや時間の問題であり、彼女たちに逃げる場所はない。次々と負傷し、命を落としてゆく生徒を目の前にして、彼女たちをここまで引率してきた教師にもなす術がない。「どこへ行くんですか」と生徒に問われても、彼らにもそれは分からないのだ。ある者は視力を失い、またある者は松葉杖をつき、学友に助けられながら、彼女たちは壕から壕へと逃げまどう［図1］。

しかし、傷ついたひめゆり学徒の最終的な運命を決めるのは、軍属としての彼女たちを統括する立場にある岡軍医の学徒兵解散を告げる次のような言葉であった。

「今や、敵の出血は夥しい数字にのぼって居る。日本軍は連日挺身斬込で、物量におごる米の心胆を

図 1

寒からしめている。だが敵も盛に移動しつつあり、この南沿岸からも上陸の気配がある。本隊は明日総攻撃を開始する状況に立ち至った。よって学校教職員生徒は本日限り解散を命ずる。各自は任意にここからひきとって貰いたい」。

壕を出て砲撃のやまない屋外へと放り出されることは、ひめゆり学徒にとって死を意味する。しかし、生と死を分ける境界線である壕の入口は——現実においては、安全であると思われたその壕こそが最大の惨劇の場所となるのだが——、物理的条件の差異だけではなく、戦場の人々を抽象的なレベルにおいて外部と内部とに分ける境界線となっている。女生徒たちが壕から出てゆかなければならないのは、「学徒兵」としての任務を解除されたから、すなわち国家によって召集された兵士の一員であるということを否認されたからにほかならない。戦時の最終局面においては、軍隊は国民としての義務を「参戦」という形で果たした男性兵士を第一に守る必要があるというわけだ。ここで、兵士であることは国家に属する一主体にとって義務であると同時に、権利でもある。その一方で、同じ通達の言葉において岡軍医は、従軍看護婦と、女生徒のうちでも採用試験に合格したものは、軍が責任をもつと確言する。戦場の生死を分ける判断におけるこの微細な差異、兵士=国家主体とその外部、軍属女性である看護婦とその他多くの非戦闘員である女性とを隔てる差異には、国民国家とジェンダー秩序をめぐる境界線と、その線上で争われる入り組んだ政治学の様相が表れている。そしてこの差異は、映画『ひめゆりの塔』の表象体系においてさらに複雑化し、問題をはらんだものとして立ち現れてくるだろう。それは、そこで描かれた戦争が「沖縄」という場所、すなわち国民国家としての日本の境界線上でつねにその帰属を問われ続けてきた場所で戦われたものであり、戦場に送り出された女生徒たちが「沖縄の女性」であったからにほかならない。ひめゆり学徒はこの作品において、二重に周縁化された存在として表されている。一方では女性として、もう一方では沖縄の人間として。そして彼女たちの周縁性がより際立たされ、また必要とされるのが、この「戦場」という場所なのである。

学徒出陣をめぐるもう一つの代表的な戦後反戦の語り、『きけわだつみのこえ』の女性版とも目される『ひめゆりの塔』の製作にあたって[1]、犠牲となって死んでゆく戦場の女性イメージとして「沖縄の女性」を選択することの政治性に、映画製作者側がどれだけ自覚的であったかは定かではない。アジア・太平洋戦争末期の日本において『わだつみ』に対応する女性イメージを求めようとすれば、女性をも含めた総力戦が行われた唯一の場所・沖縄が浮上するのは、ある意味で当然だったと言えるだろう。しかし、『ひめゆりの塔』の第一作目が公開された一九五三年当時のこの映画をめぐる言説からは、戦中および現在の沖縄に対する視点は奇妙なほどに抜け落ちている。そこには、「戦後」日本の転換期において再軍備へ向かおうとする時流に対する「政治的」＝反戦的なメッセージについての言及は見られても、映画のなかで描かれた沖縄が、米軍の対朝鮮基地として今まさに「戦中」にあるという事実が消去されているのだ[2]。戦後日本の反戦の語りにおける矛盾を浮かび上がらせる『ひめゆりの塔』の沖縄および女性のイメージは、国民国家の境界線上を揺れ動くそのアイデンティティの多義性によって、「戦争」と「女性」をめぐるイメージの権力関係を鮮やかに映し出している。あるときは「国家に奉仕する学徒部隊」の一員として、またあるときは共同体の外部に位置する「ネイティヴの女性」として位置づけられるひめゆり学徒は、国家の境界線をめぐる争いと、ジェンダー間の境界線をめぐる相克とが、つねに重なり合い、相関し合っていることをはっきりと示していると言えるだろう。しかし、『ひめゆりの塔』の映画テクスト内部におけるジェンダー表象と「戦争」、そして「沖縄」という問題提起的なファクターとのそれぞれの相関関係を検討するまえに、この作品の成立過程とその時代背景を簡単に見ておきたい。

## 2　二つの「内的な他者」――「女性」と「沖縄」

一九五三年一月九日、正月興行を少し外して封切られた今井正監督、水木洋子脚本『ひめゆりの塔』は、予想をはるかに上回る観客数を動員し、邦画・洋画の最高配収を塗り替える一億八千万円を記録する大ヒットとなった。この映画において「少女達を無邪気に、美しく、純真に描くことによって、戦争の悲惨さというものを強く観客に位置づけ得る」[(3)]と考えたという今井正の演出意図に応えるかのように、沖縄の少女たちの散華の物語は、占領期を抜け、冷戦構造への突入・再軍備の圧力に揺れつつあった一九五三年の観客たちのみならず、戦後を通じて「反戦」言説の古典的物語として大衆の想像力のなかで神話化され、繰り返し映画化されることによって、時代ごとの思潮および社会状況を反映させていった。[4] なかでも、第一作の脚本を担当した水木洋子の作り上げた物語は、大規模な爆撃シーンの合間に少女たちの悲劇を点描のように埋め込んでいった今井正の演出とともに、「ひめゆり学徒」のイメージを決定づけたと言ってよい。沖縄への米軍上陸に伴う女子学徒たちの召集から玉砕までを時系列に追ってゆくその物語構造は、「純真」「無垢」「可憐」といった形容詞で表現される少女たちのイメージを戦場の過酷な描写と対置することによって明確なコントラストを保ちつつ緊密に構成されており、ひめゆり学徒がそれぞれの形で最期を迎える終結部に向かってパセティックな効果を確実に高めてゆく。観客の情動に訴えかけるこの映画のセンチメンタルな側面が、その「反戦」のメッセージとは裏腹に、戦時中への郷愁をかき立てる役割を果たしていることへの懸念は、公開当時からすでに現れていた。[5] しかし、無垢な少女たちの受難という物語を根幹に据えた今井、水木による一九五三年版『ひめゆりの塔』は、戦争の記憶に揺れる戦後日本のナショナル・アイデンティティをすくい取る器として、その後も参照されてゆくこととなる。

「ひめゆり」を中心テーマとした劇映画作品は、一九五三年（今井監督、水木脚本）、一九六八年（舛田利雄監督、八木保太郎、岩井基成、石森史郎脚本）、一九八二年（今井監督、水木脚本）、一九九五年（神山征二郎監督、神山、加藤伸代共同脚本）と、これまで計四本作られている。[6] そのうち一九八二年版は第一作同様に今井演出、水木脚本によるものであり、カラーへの移行、現地ロケの有無など演出上の多少の変化は見られるものの、脚本にはほとんど手が加えられていない。最も新しい一九九五年版は、水木脚本および水木が原本とした仲宗根政善『沖縄の悲劇』（のちに『ひめゆりの塔をめぐる人々の手記』と改題）[7] を原作として新たに書きなおされた脚本に基づくものであり、同様のモチーフ・物語構造をなぞりつつ批評的な観点を加えているという点において、今井・水木版へのメタ・テクスト的な意味合いをもつ作品だと言える。また、四作品中最も異なる物語構造をもつ一九六八年版にも、他三作品と共通するモチーフがいくつか見られ、底本として水木脚本を参照していることがうかがわれる。今井、水木のコンビによる一九五三年版の『ひめゆり』は、戦後を通じた「ひめゆり学徒」をめぐるイメージ生成において原テクストとしての影響力を保ち続けたと言っていいだろう。

それでは、この沖縄の少女たちの物語の、一体何が戦後日本の大衆の想像力を刺激し続けたのだろうか。『ひめゆりの塔』の女子学徒が戦後反戦の語りを代表するイメージとなり、幾度も想起され、語り継がれてきた背後にはどのような政治学が働いていたのだろうか。過去の『ひめゆりの塔』四作品を比較・分析した論考において琉球大学教授・仲程昌徳は、『ひめゆり』が製作される時期が、つねに戦後日本・沖縄史において節目にあたる年であったことを指摘する。

『ひめゆり』の第一回作品が封切られたのは一九五三年。その話が出たのは五〇年。沖縄が日本から切り離されて米国の統治下に置かれることが公認されたのは五一年。『ひめゆり』の第二作が封切られたのは一九六八年。「祖国復帰」運動が燃え上がった時期で、翌六九年、沖縄の返還が日程に上った。第三作の封切られたのは一九八二年、復帰十周年を迎え、さまざまな行事が行われた年である。そして第四作が封切られたのが一九九五年。いうまでもなく戦後五十周年の祝われた年である。(8)

仲程のこの指摘を言い換えれば、『ひめゆりの塔』は、戦後日本の内部と外部とを分ける輪郭線が人々の意識のなかに浮上する節目ごとに招喚されてきたイメージであったと言うことができるだろう。それは、『ひめゆり』の物語が「女性」と「沖縄」という、日本国民国家における二つの「内的な他者」のイメージによって徴づけられていることとおそらく無関係ではない。

しかしここで興味深いのは、先にも述べたように、戦後の「ひめゆり学徒」の語りにおいて原型となった今井、水木のコンビによる一九五三年版とそれをめぐる反応からは、「沖縄」がたどった本土とは異なる戦中・戦後の歴史への視点が不思議なほど抜け落ちているという点である。実際、『ひめゆりの塔』に対する同時代の批評には、この作品が沖縄を舞台としていながら「風土的特色」を欠く一方、少女たちも「類型的な日本人」として描かれており、「沖縄の匂い」が感じられないことへの指摘が散見される。[9]また、公開当時『キネマ旬報』に掲載された『ひめゆりの塔』の特集記事には、映画館の観客の声として、「よく見ておきなさい、戦争中は皆ああいう風に一生けんめいだったんだよ」と娘に言って聞かせる母親や、「全たくあたし達、あの頃は無我夢中で働らいたわね」とささやきあう二〇代の女性の言葉が紹介されている。[10]ここで観客の共感の対象となっている無垢な少女たちの姿は、明らかに境界線の外側にいる「他者」ではなく、まぎれもない「私たち日本人」なのだ。『ひめゆりの塔』が戦後を通じて反戦の語りの特権的表象となったのはなぜなのか。もしこう問いかけるとするならば、その問いは「ひめゆり学徒」イメージをめぐる一見相反するイメージ生成プロセスの問い直しへとつながっていく。一方で、「ひめゆり学徒」のイメージは、戦後日本において国家の境界が問われるたびに繰り返し呼び出され、国民国家の「内的な他者」としてその姿をスクリーンに示し続けてきた。しかしまた一方で、女子学徒のイメージは、その表象過程において「沖縄の女性」としての他者性を消去され、戦後日本主体の自己同一化の対象となってきた。国民国家の「自己」と「他者」をめぐるこの矛盾に満ちたプロセスには、戦争表象における「女性」と「植民地」をめぐる錯綜した権力関係が垣間見えているのではないだろうか。

通例、フランス革命およびその後に採択された「人権宣言」にその原型モデルを遡って求められる近代国民国家は、身分秩序によって話す言語から各々の生活様式にいたるまでが分類されていた王制下の社会に代わって、均質で単一の「国民」という概念によって領土をくまなく均等に包み込んだ。小熊英二は、この新しい国民国家が「全国民に共有させる共通の言語、共通の歴史、共通の法、共通の議会、共通の権利などを生み出し、共通の価値観と生活様式を再生産する共通の国民教育をつくりあげた」一方で、「徴兵制による国民軍」の動員を基盤とする軍事システムとして成立したことに注意を促している。[11] すなわち、徴兵を通じて「国民」へと組み入れられることによって、人びとは旧来の身分制度から脱出して、平等な権利を獲得することができたのだ。国民国家の理念モデルの一つが「国民軍」にあることは、「徴兵や納税によって「国民」としての義務と貢献を果たした者」[12] から参政権を与えられたことからもうかがい知ることができるだろう。しかしこのとき、また一方で、共通の言語・文化をもつ「われわれ」国民によって構成された国民国家は、文化に同化できず、「国民」として望まれる戦闘力をもたない者を、排除してゆくシステムとしても機能していたことを見逃してはならない。たとえば、徴兵という義務を果たしえない「女性」という存在、[13] あるいは明治の「琉球処分」によって日本近代国家に包摂されながら、文化的・政治的に周縁的な位置に置かれ続けてきた

「沖縄」という場所は、国民国家の「内在的な他者」として、この排除の危機につねにさらされてきたのだ。

国民国家における包摂と排除のシステムをめぐる以上のような前提を考慮に入れたうえで、『ひめゆりの塔』の女子学徒イメージを眺めてみた場合、彼女たちに対する戦後日本主体の共感と同一化のプロセスは、いっそう問題をはらんだものとして立ち現れてくる。沖縄で、はかなく散っていったひめゆり学徒、国民国家の境界線において戦地に立たされた少女たちの姿は、はたして戦争で同様に苦しんだ「私たち」の姿なのか、それとも国境の向こう側で戦った「彼ら」のイメージなのか。日本国民国家の国境とジェンダー秩序をめぐるせめぎ合いを、否応なく浮かび上がらせるこの問いに答えるためには、まず戦争と女性をめぐるイメージが日本映画においてどのように表象されてきたのかを考える必要がある。

## 3　「銃後」と「従軍」——戦争における女性表象

まずはじめに確認しておきたいのは、戦場へと従軍した女性の集団的イメージを描いた映画として、『ひめゆりの塔』は日本映画史において例外的な位置を占めているという点である。第二次世界大戦中の戦意昂揚映画、および戦後に反戦映画という形をとって作り続けられた日本の戦争映画の系譜において、女性のイメージは、主に「銃後」のイメージを中心として形作られてきた。それは、戦地へと息子を送り出す「軍国の母」のイメージであり、また軍隊や戦場の厳しい現実に直面した男性主人公を励まし、ときにはやさしく労わる妻や恋人のイメージであったと言えるだろう。[14] 戦地は男性の赴く場所であり、少数の例外的存在を除いて――そして、実際には存在していたにもかかわらず、表象からは消去されてしまった従軍慰安婦たちの存在を除いて――、女性の介在する空間はそこにはなかった。ここには、国家の礎としての「家族制度」の維持を最優先したため、女性の兵力としての使用、および労働力としての徴用に一貫して消極的であった日本政府の方針が反映されている。

歴史学者の高橋三郎は、「戦争」と「女性」をめぐる問題系の複数の位相をまとめた論考のなかで、第二次世界大戦中、参戦国の多くが「不本意ながら」女性を軍の補助的任務に従事させ、少数ではあるが直接戦闘任務についた女性も存在したのに対し、日本では女性の従軍はまったく考えられなかった、と述べている。[15] 大東亜共栄圏の確立、および高度国防国家の維持のためには、「人的資源の確保と育成」は焦眉の問題であった。家族制度を基盤とした再生産プロセスの安定化は国家磐石の基礎として何よりもまず求められ、女性の徴用に政府が積極的ではなかった最も大きな理由もここにあると考えられる。しかし、女性の従軍が実現されなかったからといって、女性たちが戦争に駆り出されなかったということではない。形式上、女性の徴用は行われなかったが、労働力不足の深刻化とともに、「自発的」勤労奉仕の「強制」という形で女性の動員が行われるようになった。また、一九四三年九月の閣議決定により「女子勤労挺身隊」の結成が指導・奨励されることになり、女学校卒業者や女子青年団、職業集団などを母体とする数多くの女子挺身隊が結成され、軍需工場などに出勤することとなる。[16] 軍隊における男性表象の、「銃後」における対応物ともいえるこうした女子挺身隊の女性集団的イメージは、たとえば黒澤明の『一番美しく』(一九四四年)のなかに見ることができる。

また、「銃後」の女性の戦争協力が庶民レベルにおいて組織化された代表的な例としては、「国防婦人会」の存在が挙げられる。一九三二年、大阪の主婦たちによって結成された四〇人あまりの組織が、一〇〇〇万人近い組織に拡大し、一九四二年に大日本婦人会に統合されてゆくまでの経緯は、日本の女性たちが戦時の国家総動員体制のなかに組み込まれ、再組織化されてゆく過程を示すものである。また、かっぽう着にたすきがけという国防婦人会のユニフォームは、戦時中の女性イメージの代表的なものとして、日本映画においても繰り返し参照されてきた。基本的に「母—子」の一対一関係のなかで表象される「軍国の母」にイメージに対し、純白のかっぽう着に身を包んだ集団的イメージとして示される「国防婦人会」の女性表象は、戦時体制が求めた「母」イメージが、個の特性を剝奪された表層的な記号として流布していったことを示している。[17]

戦争におけるこれらの女性の典型的な表象パターンと、『ひめゆりの塔』に描かれた女子学徒のイメージとを比較してみた場合、いくつかの切断線がそこには浮かび上がってくる。まず、最も大きな相違点は、そこで描かれた女性の置かれている場所が、「銃後」の日本なのか、「戦場」なのかという違いだろう。戦争・反戦映画に表象される女性は、たとえ私的・公的空間において戦時体制に協力的であったとしても、実際に戦闘場面に立ち会う場面が描かれることは稀なケースだと言えるだろう。彼女たちは、基本的に日本国土から足を踏み出すことはなく、その境界線によって建前上は身の安全を守られているのだ。しかし、戦争末期になると国内主要都市への空襲が相次ぎ、日本政府は国民を総動員した「本土決戦」を現実的な計画として想定せざるをえなくなる。もし、本土での地上戦が現実のものとなっていれば、男性兵士の「銃後」にあって守られていた女性も、間違いなく武器をとって戦闘に参加することになっていただろう。しかし、最悪の事態を前にした日本政府が選択した戦略は、沖縄を一般人をも巻き込んだ総力戦の舞台にすることによって、「本土決戦」の期日を少しでも遅らせようとするものだった。いわば沖縄は「本土」の外部として、日本国土の境界線の外側へと括り出されたのである。

ここで注意したいのは、『ひめゆりの塔』に描かれた女子学徒隊のイメージが、この沖縄の国民国家日本からの「疎外」のプロセスを抜きにしては存在しえなかったという点である。つまり、第二次世界大戦時の日本における「従軍する女性」のイメージとは、国家の安定した秩序が崩れるとき、すなわち「本土決戦」=暴力的な他者が国家内部へと侵入してきた場合か、沖縄のように国家の外部へとはじき出された場所においてはじめて浮上してくるものだったのだ。ここでは「銃後」の女性イメージと「戦場」の女性イメージとを分かつ差異は、国家の境界線を境にした自己と他者との差異化を映す鏡となっている。しかし、『ひめゆりの塔』のイメージ形成プロセスをさらに複雑にしているのは、先にも述べたように、そこで描かれた総力戦や傷つき倒れてゆく少女の姿が、被害者としての自己像や、冷戦構造において戦後日本を支えるイメージとしても機能しているという点である。この点については、のちにあらためて触れたい。

## 4　越境するジェンダー――「ひめゆり学徒」の両義性

『ひめゆりの塔』における女子学徒イメージのもう一つの特徴は、前述の「銃後」と「戦場」の差異をめぐる問題とも重なるものだが、彼女たちが示しているジェンダー属性の両義性に求められる。すなわち、ひめゆり学徒は女性の身でありながら、本来は男性領域であると考えられている戦場へと足を踏み入れるのである。確かによく指摘されるように、『ひめゆりの塔』の成功は、その中心イメージとして描かれたのが、汚れを知らない「純真」かつ「無邪気な」少女たちであったことによる部分が大きい。それは、同時期に同じ沖縄戦を扱った映画でも、男子学徒兵である「鉄血勤皇隊」を取り上げた『沖縄健児隊』や『健児の塔』（ともに一九五三年製作）が、批評言説においてはひめゆりの「二番煎じ」であるとして高い評価を得ることなく終わったということからもうかがえる。さらに、「看護兵」としての彼女たちの位置づけが、傷ついたナショナル・アイデンティティを抱えた戦後日本主体の願望にぴったりと寄り添うものであったことも見逃せない。福間良明が、戦後の反戦ナラティヴを分析した論考において指摘しているように、「何の疑問も抱かず、「純真」で「健気」に日本兵の看護に勤しむひめゆり学徒」のイメージは、「純潔の少女」にただひたすら癒されたいと願う戦後日本の欲望を反映する一方で、「日本と沖縄の間に横たわる戦時および戦中のヒエラルヒー」を「兵士としての「男」と母性・聖性を帯びた「女」の関係性に転化」することによって見えにくくする。(18)つまり、ひめゆり学徒の「女性性」は、戦場の男性兵士に投影される戦後日本のナショナル・アイデンティティを治癒するだけではなく、現実には存在している日本国内の分断線を隠蔽するという働きをもつのである。

しかし、ひめゆり学徒のイメージは上記のような「女性性」だけに収斂するものだろうか。彼女たちの華奢な身体つきが少女のものであることは疑いようがないが、くすんだ色のモンペを身に着け、髪を固くひっつめて戦場を走るその姿は、男性兵士のイメージに次第に近づいてくる。ひめゆり学徒と男性軍隊イメージとの互換性は、その無名性・集団性によるところも大きい。戦争表象における主要な女性イメージは、戦場における兵士の集団イメージと対比されるかのように、ある特定の「個」のイメージとして示されることが多い。それは、国家の軍隊として働く男性兵士の公の世界に対置される私的・内面的世界に属するイメージであり、個々の兵士の「母」あるいは「妻」として登場する。しかし、『ひめゆりの塔』においては、女子学徒は主演級の数名を除いてほぼ無名の存在であり、つねに集団のイメージとして表象される。映画の冒頭、セーラー服を着て師範学校の校庭に整列し、校長の訓辞を聞く彼女たちの姿は、男性軍隊イメージの仮装的な表象であると言ってもよいだろう【図2】。このように男性表象へと接近するのみならず、女子学徒は傷ついた兵士に肩を貸し、立てない兵士は担架で運び、庇護することによって、「守る」／「守られる」という戦争における男女間のジェンダー秩序を反転させてもいるのだ。

ひめゆり学徒イメージに見られるジェンダーの越境性は、そもそも「従軍看護婦」という存在の軍隊における位置づけに内在するものだと考えられる。戦地における母親役割を期待される一方で、医療に携わり冷静さと勇気とを必要とする従軍看護婦は、女性領域と男性領域との間を行き来する越境的な存在だった。また、応召の義務を負い、叙勲と靖国合祀の資格をもった彼女らは、国民国家のジェンダー秩序においてもまた越境的な存在だったと言える。(19) 戦地において「女性」であることと「男性」であることの両方を求められ、その境界線を時によって行き来する「従軍看護婦」は、傷ついた兵士を癒し庇護する役割を果たしながらも、国家のジェンダー秩序を攪乱する可能性を秘めているのだ。

こうした「従軍看護婦」のもつトランスジェンダー性は、『ひめゆりの塔』の女子学徒のイメージ形成にも確実に受け継がれている。戦場において彼女たちに与えられた主な役割は傷病兵の看護と炊事であり、そこで求められるのは母親的な役割であった。過去の四作品において何度も繰り返されてきたひめゆり学徒の典型的なイメージ、壕のなかに作られた野戦病院に隙間なく寝かされ、自分で立つこともできない傷病兵に食事を与え、小水の世話までする少女の姿は、やさしく子どもを労わる母のイメージを踏襲するものだろう。その一方で、男性兵士がひめゆり学徒に自分の娘や妹の面影を見出すというエピソード（一九五三年・八五年版では岡軍医の娘の写真が少女の一人に似ているという挿話、一九九五年版では女子学徒の一人に妹の面影を見出す学徒兵の挿話）は、家族を単位とした国民国家のジェンダー秩序のなかに、彼女たちもまた組み入れられていることを示している。しかし、彼女たちが貧血を起こしながらも野戦病院の危険な手術に立ち会うとき、あるいは敵機に見つかる危険を冒して戦場へと駆け出して行くとき、そのイメージは「女性的なもの」の領域を踏み越えるものとなっているのではないだろうか。ひめゆり学徒のもつ「男性的」な機動力は、彼女たちとともにスクリーンに映し出される男性が、みな身体の不自由な傷病兵である

図2

ことによっていっそう際立たされている。戦場の表舞台である前線に対し、その裏の顔である野戦病院においては、男女のジェンダー役割は逆転する。『ひめゆりの塔』はこの逸脱的な戦争表象空間においてはじめて、戦場で働く女性のイメージをスクリーンに描き出すことができたのである。

## 5　戦後主体の自画像——『ひめゆり』をめぐる「同一化」と「否認」

上記に見たように、『ひめゆりの塔』における「従軍する女性」の集団的イメージは、①沖縄の「本土」からの疎外化とそれに続く総力戦、②「従軍看護婦」という存在のトランスジェンダー性という二つの条件をその成立条件としてもっている。国境からの疎外と、ジェンダー秩序の越境という二重の逸脱によって徴づけられたひめゆり学徒のイメージは、まさに国民国家の境界線上において生み出されたものだったと言えるだろう。日本近代国家において沖縄の女子学徒は、複数の相反するアイデンティティを背負わされている。彼女たちは、「女性」であると同時に「兵士」であり、本土から疎外された「ネイティヴ」であると同時に帝国日本の「国民」でもある。さらに付け加えるならば、女子師範学校・一高女の生徒として教育を受けたひめゆり学徒は、皇民化教育の先鋒であり、国民国家の一員であることへの動機づけは一般の沖縄住民に比べても格段に高かった[20]。しかし沖縄戦において、日本政府は彼女たちの両義性を積極的に利用する一方、戦争の最終局面になるとその軍属を解き、「植民地ネイティヴの女性」＝国民国家の他者として境界線の向こう側へと投げ出したのである。『ひめゆりの塔』の悲劇には、沖縄を、そして女性性を利用できる局面においては内部に包摂し、また別の局面においては外部へと排除するという日本国民国家の二重構造がはっきりと表れている。また、「疎外されたネイティヴの女性」としてのひめゆり学徒のイメージは、「土着性」と「女性性」とが戦争表象における権力関係のなかでともに「内在的な他者」としてパラレルに機能していることを示していると言えるだろう。『ひめゆりの塔』の女子学徒は、国家の境界線をめぐる攻防戦と、ジェンダー間の抗争とが切り離せない関係にあることを体現しているのだ。

しかし、ひめゆり学徒のイメージの複雑さは、彼女たちがもっている両義性・越境性が、戦争表象における「周縁性」の指標となるだけではなく、観客の同一化を誘い込む装置としても機能しているという点である。先に挙げた一九五三年時の映画館での観客の反応が示しているように、ひめゆり学徒の健気なイメージは戦時中に国家のために尽くした自分たちの姿と重ねられ、そのエモーショナルな受容のあり方には、戦争への郷愁を呼び起こす危険性も指摘されていた。[21] また、当然のように標準語を話す少女たちや、沖縄の「土着性」を欠いた舞台背景からは、ひめゆり学徒が本来備えているはずの「植民地ネイティヴの女性」としての「周縁性」が可能な限り消し去られている。監督の今井正を含め、公開当時の論者はこの「土着性」の欠如を、現地ロケーションが不可能であった時代状況に起因するものとしているが、[22]「本土」との同一性を受容側において強く喚起する『ひめゆりの塔』の沖縄表象は、単に情報の不足によってのみ形成されたものとは思えない。たとえば今井は、『ひめゆりの塔』の製作過程に関して忘れがたいエピソードを書き残している。

最初に撮った、『ひめゆりの塔』の時は、沖縄は米軍に占領されていたのでロケに沖縄には行けなかった。止むを得ず撮影所の野外セットと、ロケは千葉の銚子の海岸で全部撮った。沖縄の空を覆って来襲したアメリカの飛行機。海面が見えなくなるほど、並んで一斉に島を砲撃した軍艦も撮れなかった。その頃、東映にできたばかりのミニチュア撮影もできなかった。カメラを空に向けることも、海に向けることもできなかった。だからカメラはいつも、地上だけしか映せなかった。撮影に入る前、スタッフの一人がこれが沖縄の女学校の正門らしいですよ、と名刺の半分ほどの小さな、しかもしわくちゃになった写真を持って来た。

その一枚の写真をたよりに、後はすべて想像で映画を撮っていた。(23)


今井が語る通り、戦場を描きながらも壕のなかや、暗闇や雨のなかを少女たちが駆け回る画面が続く今井・水木版の『ひめゆりの塔』は、密室劇的な閉塞感に満ちている。そこで描かれた沖縄は、地理的な特性をほぼ消去され、「戦場」一般のイメージとして純化されてしまっている。そのスタイルに記録映画の影響が認められながらも、「セミ・ドキュメンタリイ・タッチがほとんど感じられない」「地理的な方向性が摑みづらい」という指摘が相次いだ一九五三年の『ひめゆり』(24)は、沖縄の史実を描いたというよりも、「本土」の人間の戦争の記憶をイメージ化したものだったと言えるだろう。そのとき、「名刺の半分ほどの小さな、しかもしわくちゃになった写真」として示された現実の沖縄は、「本土」の欲望を盛る器となる一方で、その存在を忘却されるのである。

だが、『ひめゆりの塔』の戦争表象において沖縄の戦中・戦後の記憶が忘却されるとしても、ひめゆり学徒が中心となるイメージとして描かれている以上、国境とジェンダー秩序とをめぐる権力関係がスクリーン上に表れることを止めることはできないだろう。「疎外されたネイティヴの女性」である彼女たちは、その二重の周縁性によって、国家の境界線をめぐる争いを鮮やかに浮かび上がらせる。戦後日本において、その「国土」の輪郭線が問い直されるたびに『ひめゆり』のイメージが招喚されてきたのは、まさにそのためだと思われる。しかし、ひめゆり学徒のイメージはまた、日本国民国家の主体にとってアイデンティティ・クライシスを引き起こすものともなりかねない。なぜなら、帝国主義モデルにおいて「植民地ネイティヴの女性」に自己同一化することは、かつての宗主国の主体にとって権力関係における強者から弱者への転落を意味するものだからだ。

戦後の言説空間において、ひめゆり学徒のイメージに自分たちの分身を見出そうとする日本「本土」の欲望は、自己と他者、強者と弱者のあいだの危うい線上で揺れ動いている。植民地主体に自己同一化しようとする、ある意味転倒したこの願望の背後には、もう一人の他者の存在――すなわち強い他者としての「アメリカ」を見出すことができるだろう。帝国日本の正しさを信じて疑わず、はかなく散っていった少女たちの姿は、戦争の「被害者」としての自己認識を肯定する。戦後主体にとってこのとき意識されているのは、強い他者＝アメリカとの対他関係である。実際、『ひめゆりの塔』の第一作が製作された一九五三年は、サンフランシスコ講和条約が発効した年であり、再軍備への危機感とともに反米感情が噴き出した年でもあった。『ひめゆりの塔』の映画評においても、その反戦メッセージのなかに反米・愛国感情が見出されるか否かという点が問題の一つの焦点となっている。(25)

しかしその一方で、アメリカという他者との二項対立図式のなかで語られる「反戦」の議論からは、いまだ米軍の占領下にある「弱い」他者＝沖縄の問題が抜け落ちている。スクリーン一面にその姿を映し出されているにもかかわらず、沖縄は「本土」の観客によっていわば存在を否認されたのだ。

この奇妙な「同一化」と「否認」のプロセスには、戦前から続く日本の対沖縄関係における二重構造の対応が受け継がれていると思われる。近代日本が沖縄をあるときは国家の一部として包摂し、またあるときはその外部へと排除したように、戦後日本の観客は、自らを肯定する「被害者」イメージを沖縄に見出し自己同一化する一方で、その存在を否認することによって戦中・戦後を通じた東アジアへの「加害者」としての自己を忘却するのである。この点において、「国家に奉仕する学徒部隊」であり、また「疎外されたネイティヴの女性」でもあるという二重性をもったひめゆり学徒のイメージは、戦後日本主体が自己同一化する対象として格好のものだったと言える。「男性」と「女性」、「国民」と「ネイティヴ」、「自己」と「他者」の間を時によって行き来するひめゆり学徒は、沖縄の少女の肖像であるというよりは、戦後日本の自己像そのものだったのではないだろうか。

## 6 供犠としての「他者」イメージ——「女性性」と「土着性」

それでは、トランスジェンダー的かつ国境横断的なひめゆり学徒のアイデンティティは、どのようなイメージ群によって形成されているのだろうか。『ひめゆりの塔』の原テクストと言える一九五三年の今井・水木版を中心に具体的な例をいくつか見てみたい。『ひめゆり』の「女性性」をめぐるモチーフとして重要なものの一つは、砲撃のショックと野戦病院での激務のために女子学徒の生理が止まってしまうというエピソードである。これは、実際のひめゆり学徒の体験談でも語られているエピソードであり、過去四作品中三作品において登場している。戦場が少女たちの「女性性」を否定してしまうという設定は、映画においては、一人の少女が砲撃のショックによって逆に初潮を迎えるというエピソードと対置されている。一見矛盾するこの二つのエピソードは、戦争表象とジェンダー表象との相関関係のあり方を表していると言えるだろう。戦争は、その公的空間である戦場においては「女性性」の介在を排除する方向へと向う。しかし、その否定は戦争表象の構造のなかに女性が含まれていないということを意味するものではない。むしろ、「女性性」は戦場の外側のもっぱら私的な空間において表象されることによって、戦争をめぐるイメージ形成の構造を支えている。戦争は、その意味において、「女性性」およびジェンダー秩序を排除するのではなく、強化するのだ。戦争の開始とともに生理が始まってしまう少女のイメージは、「戦争」と「性」の表象体系とが深く関わりあっていることを示している。また、映画の冒頭に登場する、出陣を前にして妻の出産のために一旦帰宅する教員の存在も、戦争の開始と女性原理の強調が同期していることを示すものだと言えるだろう。

一方、映画のほぼ全編を占めている女子学徒のイメージは、戦場でのたたみかけるような砲撃と、野戦病院の厳しい環境のなかで健気に働き続けるその姿を示すことによって、戦場の男性原理と対比される女性性・母性を際立たせている。しかし、ここでも彼女たちのジェンダー秩序における位置づけは両義的なものだ。ひめゆり学徒に襲いかかる戦場の試練は、彼女たちの弱さ、被害者としてのイメージを喚起するものだが、反対に、男性原理が支配する世界に足を踏み入れた少女たちは、「女性性」の臨界を指し示す存在でもある。また、先に述べたように、女子学徒が働く野戦病院は、通常の男性／女性役割が転倒するという意味で、逸脱的な場所でもある。戦場で働く少女のイメージは、ジエンダー秩序にとっては両刃の刃であると言えるだろう。

こうした男性原理と女性原理との拮抗のなかで表現されるひめゆり学徒のイメージが、一旦その緊張関係から解放されるのが、まだ戦火の及ばない糸洲部落への移動をめぐるエピソードである。戦場のシーンがひたすら続くこの作品中において一つの中間休止となるこの場面は、女子学徒がその「女性性」を回復させる場面としても位置づけられる。日の光を浴び、久し振りに笑顔を取り戻した少女たちは、新鮮なキャベツをボール代わりに、バレーボールを始める。ボールを弾く少女の顔と、キャベツとが交互に映し出されるこのシークエンスは、「生命力の回復」の明示的なメタファーとなっている。さらに象徴的なのは、少女たちが川で水浴びをするシークエンスだろう。ゆったりとした水に胸まで浸かり、髪をとかし、水しぶきをあげてはしゃぐ彼女たちの姿は、つかの間の「再生」のイメージであると言っていい【図3】。川の水はこのとき、生命を与える「母性」のイメージを湛えると同時に、少女たちの若々しい「女性性」をよみがえらせる泉ともなっている（舛田利雄監督による一九六八年版においては、この水浴の場面が一転して大量殺戮の現場となる演出がなされているが、これは今井・水木版への痛烈な批評だと言えるだろう）。「女性性」の再生が描かれるこの糸洲部落のエピソードはまた、沖縄の民間人が唯一クローズアップされる場面でもあることに注意したい。一九五三年版のこの場面における沖縄人表象は、「本土」における「辺境」の一般的なイメージを出るものではなく、沖縄に対する製作者の認識の不足が表れている。しかし、この映画の表象体系において「女性性」が浮上するとともに、「土着性」の表象が登場していることは特筆してよいだろう。この場面において見られる「女性性」「土着性」という二つのカテゴリーの親近性は、少女たちが歌う沖縄民謡、そして最後にその身にまとう「芭蕉布」の使われ方にさらに明確に表れている。

ひめゆり学徒が折にふれて歌い、踊る沖縄民謡「安里屋《あさどうや》ユンタ」は、今井・水木版の『ひめゆりの塔』において「沖縄らしさ」を指し示す数少ないモチーフの一つである。それは、女子師範学校のセーラー服に身を包み、軍歌「勝利の日まで」を歌う皇国少女・ひめゆり学徒に付された「植民地ネイティヴ」の徴であるとも言えるだろう。この作品の「土着性」の欠如を補うかのように所々に挿入されたユンタは、終末部において大きな意味をもつようになる。学徒動員令を解除され、死を覚悟した少女たちは、夜更けに泉の傍に集まり、水鏡で髪をとかし、女学校の制服へと着替える。これは、戦場の任務から除外された女子学徒が、「女性」の領域へと戻るための儀式なのだ。ここで彼女たちは「師範学校の生徒」であることを表わすセーラー服を身に着用することによって、いまだ日本国民国家の一員であることを示している（少女たちはこのとき、日本郷土の集合的イメージをうたった唱歌「ふるさと」を口ずさんでいる）。しかし、死出の旅を前にした彼女たちのところへ、それまで面倒を見てきた軍曹が、芭蕉布の女着物を羽織って現れる。笑いさざめく少女たちを前に軍曹は、明日はこの着物を着て米軍に斬り込みに行ってやる、避難民であるといえば、撃たれることもないだろう、と女形のようにシナを作って見せるのだ。

図3

ここで沖縄人の、しかも女性の扮装をして現れる軍曹のエピソードは、少女たちが悲劇の最期を遂げる直前の、ささやかなコミック・リリーフとして描かれている。しかし、「避難民であるといえば、撃ちやしないからね」と言う軍曹の仮装は、その喜劇的な効果を超えて、『ひめゆりの塔』のイメージ形成をめぐる戦後日本主体の欲望を代行していると言えるのではないだろうか。すなわち、「ネイティヴの女性」の扮装をすることによってアメリカ軍の追撃を免れようとする彼の行為は、ひめゆり学徒イメージに自己同一化することによって戦争の「被害者」として自らを措定し、太平洋戦争を通じて自分たちが行なってきた暴力の記憶を忘却しようとした戦後日本の観客の態度を端的に映し出すものだと考えられるだろう。このとき、ひめゆり学徒において見られたトランスジェンダー性は、反転して男性主体のトランスジェンダー的仮装として映し出されることになる。「帝国臣民―ネイティヴ」および「男性―女性」という二つの権力関係をめぐって行われるこの仮装のシークエンスは、ひめゆり学徒のイメージと男性兵士のイメージが、お互いを照らし合う鏡のような存在であることを示している。それはまた、「女性性」や「土着性」といった属性が、戦争表象において交換可能な記号であることを示しているとも言えるだろう。しかし、『ひめゆりの塔』においてこの「芭蕉布」という仮装を最後に身に着けることになるのは、やはりひめゆり学徒の一人なのだ。芭蕉布を羽織り、同級生の歌うユンタに合わせて踊る少女は、「女性」および「疎外されたネイティヴ」であることを一身に引き受け、いわば死へと向かう儀式における供犠となる。生贄としての彼女の姿はまた、玉砕を目前にしたひめゆり学徒すべての表象でもあり、この供犠の儀式は、「本土決戦」を遅らせるために沖縄を捨石とし、冷戦構造のなかで平和を維持するために沖縄を切り離した日本国民国家の欲望の表れだったと言えるだろう。

## 7　終わりに

以上、映画『ひめゆりの塔』における「女性」イメージの分析を手がかりとして、戦争表象におけるジェンダーおよび植民地のイメージが映し出す政治学の様相を検討してきた。第二次世界大戦後、四度にわたって映画化されてきた「ひめゆり学徒」のイメージは、反戦の語りにおいて神話化され、戦後日本の観客を惹きつけ続けた。純真かつ可憐な少女が戦争の犠牲となって消えてゆく姿に、人々はかつての自分の姿を重ね合わせたのだ。しかし、沖縄の少女に自己同一化するそのプロセスからは、戦中・戦後を通じて日本「本土」の犠牲となってきた「沖縄」そのものの姿がなぜか抜け落ちている。神話的イメージへの「同一化」と、その他者性の「否認」が同時に行われるこの奇妙な受容のあり方の背後には、冷戦構造を背景とした戦後日本主体の自己像の二重構造と、その反映としての「ひめゆり学徒」イメージの両義性が隠されている。沖縄において召集された学徒看護隊である彼女たちは、ジェンダーと国民国家の境界線を揺れ動く。「銃後」の女性領域から「戦場」の男性領域へと越境し、「沖縄」という場所にあって日本の「内部」と「外部」を行き来するそのイメージは、戦争表象における「自己」と「他者」の権力関係を浮かび上がらせつつ、国境をめぐる争いとジェンダー秩序をめぐる抗争が密接に関わりあっていることを鮮やかに示しているのだ。

戦後日本が節目を迎え、境界線が問われるたびに浮上してきた「ひめゆり学徒」のイメージ。国民

の特攻隊表象については福間『殉国と反逆――「特攻」の語りの戦後史』（青弓社、二〇〇七年）、中村秀之「特攻隊表象論」（倉沢愛子ほか編『岩波講座アジア・太平洋戦争5　戦場の諸相』所収、岩波書店、二〇〇六年）を参照した。

（2）屋嘉比収は、沖縄戦を「戦前期の帝国日本の十五年戦争／アジア・太平洋戦争末期の地上戦」としてだけではなく、「戦後東アジア冷戦体制下での分断と内戦を含む熱戦（戦争）の起点としてとらえる」ことの重要性を示唆している（「重層する戦場と占領と復興」、中野敏男ほか編著『沖縄の占領と日本の復興――植民地主義はいかに継続したか』所収、青弓社、二〇〇六年、引用は二三頁）。また、沖縄の近現代史をアイヌ・台湾・朝鮮半島に対する日本の植民地政策および国民国家形成史のなかに位置づける論点に関しては、小熊英二『〈日本人〉の境界――沖縄・アイヌ・台湾・朝鮮　植民地支配から復帰運動まで』（新曜社、一九九八年）を参照した。

（3）今井正「私の演出態度――白石氏に答えて」、『映画評論』一〇―五、一九五三年、四八頁。

（4）仲程昌徳は、映画が公開された一九五〇年代初期には「ひめゆり学徒」を題材とした演劇・舞踊・浪曲なども発表され、「一種の『ひめゆりの塔』ブームの感があった」と指摘している（仲程『沖縄の戦記』朝日選書、一九八二年、六〇―六一頁）。

（5）「ひめゆりの塔・メモ」、『キネマ旬報』五七号、一九五三年、七五頁。

（6）『ひめゆりの塔』はそもそも一九五〇年に大映で企画されたものであったが、クランクイン間際に占領軍からの圧力がかかり、長い間お蔵入りになっていたという経緯をもつ。二年後、東映のマキノ満雄によって再び企画された際、水木洋子は前回の脚本を全面的に改稿し、現在の形に書き直したという（水木「ノート《ひめゆりの塔》」、『水木洋子シナリオ集』シナリオ文庫、一九七八年、一二二―一二四頁）。

（7）仲宗根政善『ひめゆりの塔をめぐる人々の手記』角川文庫、一九八二年。一九五三年版『ひめゆり』は、「資料協力」として、ほかに石野径一郎の小説『ひめゆりの塔』、沖縄タイムス所載『沖縄戦記』に加えて「生存者の教官、女学生、軍人の談話」を挙げている。

（8）仲程昌徳「『ひめゆり』の読まれ方――映画『ひめゆりの塔』三本をめぐって」、『日本東洋文化論集』琉球大学法文学部紀要、九号、二〇〇三年、一一頁。

（9）北川冬彦「ひめゆりの塔」、『映画評論』一九五三年、六九―七〇頁。

(10) 前掲「ひめゆりの塔・メモ」七六頁。
(11) 小熊、前掲書、六三四頁。
(12) 小熊、前掲書、六三五頁。
(13) 竹村和子は、「「女としては客体」であり、「国民としては主体」であるというジレンマを抱えた国民国家のなかの女性」が、戦時において積極的に国家に協力することによって、自らの「国民」としての権利を主張した事例を紹介している。

ちなみに、「全米女性参政権協会」（NAWSA）は第一次大戦で戦争支持を表明し、また「全米女性機構」（NOW）も、湾岸戦争時に女の兵士の参加を求めた。このような女に対する「国民」としての責務の要請や、女の側からのその自己証明は、国内の女を、最終的には自己を抑圧しているはずのドメスティック・イデオロギーに自ら加担するという、皮肉な立場に置くものとなる。しかしとりあえずの現象として、戦時中の女の功績が、戦後の参政権獲得を間接的に容易にしたり、戦後の女の社会進出を用意するものになったことも事実である。

（竹村『フェミニズム』岩波書店、二〇〇〇年、九四頁）

(14) ピーター・B・ハーイ『帝国の銀幕――十五年戦争と日本映画』名古屋大学出版会、一九九五年。日本における戦争女性表象一般については、若桑みどり『戦争がつくる女性像――第二次大戦下の日本女性動員の視覚的プロパガンダ』ちくま学芸文庫、二〇〇〇年。
(15) 高橋三郎「戦争と女性」、戦時下社会研究会編『戦時下の日本――昭和前期の歴史社会学』所収、行路社、一九九二年、二五〇頁。
(16) 高橋、同前、二五七―二六三頁。
(17) 国防婦人会については、加納実紀代『女たちの〈銃後〉』筑摩書房、一九八七年。および藤井忠俊『国防婦人会』岩波新書、一九八五年。また、婦人運動家の戦争協力については鈴木裕子『フェミニズムと戦争』マルジュ社、一九八六年。
(18) 福間『「反戦」のメディア史』一七一頁。
(19) 若桑、前掲書、一〇四―一〇七頁。日本近代における看護婦の成立とその展開に関しては、亀山美知子『近代日本看護史II　戦争と看護』(ドメス出版、一九八五年)を参照。亀山はここで、ひめゆり学徒を従軍看護婦の歴史的文脈に位置づける分析を行っているほか、戦場への女性動員の例として従軍看護婦と従軍慰安婦の類縁性を指摘している。

(20) ひめゆり学徒たちの通った沖縄師範学校女子部・第一高女が、日本政府による同化政策の先鋒となった沖縄近代史をひも解きつつ、「ひめゆり神話」を批判的に検証した論考として、吉田司『ひめゆり忠臣蔵』(太田出版、一九九三年)を参照。

(21) 「戦争映画というものはいつでも両刃の剣である。(…)『ひめゆりの塔』の場合でも、この映画があれほど広い観客をとらえることができた原因はたしかに複雑であった。作者の立場はあきらかに反戦と平和にあったが、滅びゆく少女たちのあまりにも若くあまりにも純潔な姿から、それは感傷的な詠嘆の美にも近くなっていったし、この映画の異常なヒットの原因はその辺にもたしかにあった」(岩崎昶『現代日本の映画――その思想と風俗』中央公論社、一九五八年、一九八頁)。『ひめゆりの塔』における反戦の語りのもつ二律背反性については、ほかに佐藤忠男「戦意昂揚映画と戦後民主主義映画」(『日本映画思想史』所収、三一書房、一九七〇年)を参照。

(22) 北川「ひめゆりの塔」六九―七〇頁。

(23) 今井正「沖縄の思い出」、『今井正「全仕事」――スクリーンのある人生』映画の本工房ありす、一九九〇年、一二七頁。

(24) 北川「ひめゆりの塔」六八―六九頁。登川直樹「ひめゆりの塔」、『キネマ旬報』五六号、一九五三年、九五―九六頁。

(25) 「そして、更に見逃すことの出来ないことは、戦争の悲惨と、嫌悪とを示し乍ら、戦時を全的に生き抜き、闘い抜いてきた郷愁のようなものまで感じさせ、このことは、一歩をあやまれば、戦記物がベストセラーになっている今日の世相と、一脈通じる復古、反米思想にも直結しかねないものを持っている」、前掲「ひめゆりの塔・メモ」七七頁。

(26) 一九九五年版の製作にあたっての脚本の改稿については、加藤伸代(インタビュー)「いま、なぜ『ひめゆりの塔』か」(『シナリオ』五一―六、一九九五年)を参照。また前掲論文において仲程は、生き延びたひめゆり学徒の「戦後」への視線をはじめてもちえた作品として、一九九五年版を評価している。

(27) 福間良明は、一九八二年版、一九九五年版の公開に際して、第二次世界大戦中の日本の「加害責任」を問う議論が現れてくることに着目し、その背後にそれぞれ「教科書問題」「戦後五〇年決議」問題の影響があると指摘している。また一九九五年版の場合、「加害責任論」という輿論と、「健全なナショナリズム」によってバブル崩壊後に失われた自信を取り戻そうとする世論が拮抗するなか、ひめゆり学徒の「健気」で「純真」な少女イメージは、分裂したどちらの主張をも満たすものではなかったのではないか、と指摘する。なお福間は、前掲『「反戦」のメディア史』のなかで、「輿論」と「世論」の違いについて、「輿論」public opinion ＝「論理や事実に依拠した公的な意見・政治意識」、「世論」popular sentiment ＝「私的な感情にとどまる大衆的な叙情・情念」と定義したうえで、この両者の拮抗に戦後認識の葛藤が生まれると指摘している。

(28) ひめゆりの生存者たちが事件の現場に赴き、証言する映像によって構成されたドキュメンタリー『ひめゆり』(柴田昌平監督、二〇〇六年)は、ひめゆり学徒自身が語る声と身体を獲得した作品として重要である。また単線的な語りに回収されない記憶の「語ることの困難性」を表象しえたという点においても、評価されるべき試みだろう。

# コロニアル・メロドラマ試論

## 成瀬巳喜男『浮雲』にみる「植民地《コロニアル》主義メロドラマ」の可能性

男の脳裏に、かつての女の姿のイメージが浮かぶ。輝いた眼、なめらかな頬、そして清純さを表すかのような純白のワンピース。彼女は少しいたずらっぽく微笑みながら、いくつもの白い光が差し込む仏印の森のなかを、木の陰から見え隠れしながら、遠ざかってゆく。

ショットが切り替わり、場面は現在のしのつく雨が止まない屋久島のわびしい小屋へと戻る。

「ゆき子……！」

男は、初めて彼女の名前を口にする。慟哭して、彼女の遺体へと崩れ落ちる。成瀬巳喜男の代表作『浮雲』（一九五五）のあまりにも有名なラストシーンである。かつての仏印・ダラットで出会い、不義の恋に落ち、しかし敗戦とともに帰国した森雅之演じる富岡と高峰秀子演じるゆき子は、戦後の風景のなかを、もつれ合い、裏切り裏切られ、また結びつき合いながら、最果ての地・屋久島へと地獄の道行を続けてゆく。演出、撮影、美術、音楽、すべてが圧倒的な密度のこの名作については、すでに多くの議論がなされている。本論は、そのすべてを包括するほどの野心をもっているわけではない。また、この作品の映画史的な議論に立ち入る余裕もない。ここで取り上げたいのは、一つの小さな、しかし答えることの困難な問いである。それはすなわち、「『浮雲』はメロドラマ映画であるのか、そうではないのか?」という問いである。

成瀬はときに「メロドラマの巨匠」と呼ばれることがあるように、女性を中心とした愛憎の物語を多く世に送り出してきた。彼が創造したそれらの作品もまた、本当に「メロドラマ映画」と呼べるのか、というのは大きな問いだが、ここでは問題を『浮雲』一作に限っておきたい。そこから、成瀬のフィルモグラフィーに対しても、メロドラマというジャンル自体にも、開かれる問題があると思われるからだ。

まず、『浮雲』が「メロドラマ」であるかどうかを問うために、フィルム・スタディーズにおける「メロドラマ」の公式的な定義を見ておこう。リンダ・ウィリアムズは、ニック・ブラウンが編集した論文集に収録された"Melodrama Revised"(1)というメロドラマ論のなかで、(アメリカの)メロドラマ映画の条件を五つ挙げている。それは、以下のようなものである。

1 メロドラマは、無垢(innocence)の場所で始まり、そして終わろうとする。
2 メロドラマは犠牲者・ヒーローと、彼らの美徳に焦点を当てる。
3 メロドラマはリアリズムを借用することによって近代的な相貌を表し、リアリズムはメロドラマ的なパッションとアクションに奉仕する。

4　メロドラマはペーソスとアクションの弁証法を含んでいる。つまり、「遅すぎる」か「ぎりぎり間に合う」かの間の応酬である。

5　メロドラマは善と悪というマニ教的な相克によって形成される中心的な心理的役割を体現する登場人物たちを表現する。[2]

この五つの条件のうち、いくつが映画『浮雲』にあてはまるだろうか。まず第一番目の条件、「メロドラマは無垢の場所で始まり、そして終わろうとする」という命題だが、『浮雲』は敗戦後、仏印から引き揚げてきたゆき子の描写から始まっているため、正確にはあてはまっているとは言えない。しかし、すぐ回想シーンが始まり、物語の本当の始まりはインドシナ・ダラットであったことが示されると、事情が変わってくる。フランスの植民地・インドシナは遅れてやって来た侵略者である帝国・日本にとっては未知であり、また未開の処女地である。さらに農林省の役人である富岡たちが駐在しているダラットは密林の奥地であり、そこは（植民者の視点から、という条件付きで）汚れのない無垢な土地として表象される。そこで描かれるかつてのゆき子の姿も、無垢で清純な女性というイメージをなぞっている。小花柄の可憐なワンピースに華奢な体を包んだゆき子は、汚れを知らない少女の面影を残したままだ【図1】。この二つの情景のギャップ——戦後の日本の荒廃した風景と、原初の土地としてのダラット——は、『浮雲』という映画の核心をなすものだが、物語の始まりがカッコつきの「無垢な土地」であったこと、そしてまた、物語の終結が屋久島という「国境の果ての」未開の地であったことを考えれば、『浮雲』はウィリアムズが挙げるメロドラマの条件の第一点を満たしているだろうと言えるだろう。

では、二つ目の「メロドラマは犠牲者・ヒーローと、彼らの美徳に焦点を当てる」という条件はどうだろうか。ダラットでの不義の恋の道行の末、屋久島という最果ての地で命を落としてしまうゆき子は、「無垢を汚された犠牲者」というヒロイン像に当てはまると言えないことはない。彼女が富岡との恋に殉じて死を迎えるという展開は端的にいって「メロドラマ的」なものである。しかし、その死によって、彼女の「美徳」が明らかにされる、ということは必ずしもない。一つの恋に身をささげた、という点では彼女の死は「純粋な愛」という「美徳」を表してはいるのだが、富岡との恋が内地に移動したのち、彼女が繰り広げるいくつもの過誤を見せられてきた観客にとっては、ゆき子の死がその「美徳」を輝かせるものだとは受け止めにくいだろう。しかし、もし私たちが、内地に帰って来てからの富岡とゆき子のもつれた愛憎の顚末を付随的なものとして忘れることができれば――映画『浮雲』の大半が費やされているのはこの愛憎劇であり、それをカッコに入れることなどできるわけはないのだが――不義の、しかし「無垢」な心から生まれた恋の犠牲となって死んでゆくゆき子は、彼女なりの「美徳」を愛への殉死を通じて表していると言うことはできるだろう。

図1

ウィリアムズの挙げるメロドラマ映画の条件第三点、リアリズムとメロドラマとの関係だが、戦後の不遇な生活が中古智の美術とともにきめ細かく描かれ、二人の恋愛に暗い影を落とす展開、その過酷な運命のたたみかけるような描写は、リアリズムの流れを汲んだものだとして解釈可能である。「無垢」な土地で生まれた恋が、「現実」の壁に突き当たって崩れていく物語は、この映画のメロドラマ的な情動を加速させる。ことに、金策に困ってアメリカ兵の情婦となり、富岡との不義の子を堕胎し、かつて自らの貞操を奪った男の情婦となり、そしてさらにいくばくかの金を盗んで富岡の元へと帰ってゆくゆき子の半生は、戦後の混乱という背景に裏打ちされつつ、メロドラマ的なパッションとアクションの生起を描き出している。これはまさに、ウィリアムズが指摘するところの「リアリズムがメロドラマ的なパッションとアクションに奉仕する」という条件に当てはまるものだと言えるだろう。

では、メロドラマの第四の条件、「メロドラマはペーソスとアクションの弁証法を含んでいる。つまり、「遅すぎる」か「ぎりぎり間に合う」かの間の応酬である」という点についてはどうであろうか。ここで想起されるのは、映画『浮雲』で幾度も使用される「手紙」あるいは「電報」という通信手段である。富岡とゆき子は、ただ自然発露的な感情から幾度も逢引を重ねるわけではない。それはいつも――主にゆき子からの――「手紙」、あるいは「電報」という「先立っての」前触れがあり、その結果として「再会」が果たされるのだ。つまり、ふたりの「再会」はいつも遅れて行われる。富岡に会いたいというゆき子の感情の高まり、あるいは金策に困った富岡の焦燥が「すでに・かつて」あり、その想いが風化しはじめた頃、二人は再びめぐり合うのである。「遅すぎる」か、「ぎりぎり間に合うか」。ことに富岡の台詞によって、ゆき子が何通も「来なければ死ぬ」という電報を送り続けていたことがわかる最後となる二人の再会は、ウィリアムズの指摘する「ペーソスとアクションの弁証法」を体現していると言っていいだろう。この点においても、映画『浮雲』は「メロドラマ」としての条件を備えていると言える。

それでは、最後の条件、「メロドラマは善と悪というマニ教的な相克によって形成される中心的な心理的役割を体現する登場人物たちを表現する」という条件に関しては、どうだろうか。ここにいたって、事態はいささか紛糾する。映画『浮雲』には、二つの際立った極、すなわち「ゆき子」と「富岡」がおり、その二人の相関関係で物語が進んでいく。しかし、この二人の、どちらかが善で、どちらかが悪であると言うことはできるだろうか。確かに、内地に病弱な妻を残しながら、ゆき子を誘惑した富岡は「悪党 villain」である。しかし、彼は敗戦後、内地に戻ってからはむしろ、ゆき子との関係を清算したいという態度を示し続け、富岡の拒否にもかかわらず彼にすがり続けるのはゆき子のほうである。さらに言えば、いわゆる「腐れ縁」を続けてきた彼らは、ゆき子の言葉通り「肉親みたい」な関係にあり、どちらかがより正しく、どちらかがより悪の立場をとっているわけではない。二人は、善悪二元論のなかに収まることはなく、互いに偽悪的な態度を演じながら、もたれ合って堕ちてゆくのである。しかし、ウィリアムズの議論からさらに遡り、メロドラマ論の端緒となったピーター・ブルックスの『メロドラマ的想像力』(一九七六)、あるいはほぼ同時期に書かれたトマス・エルセサーの論文「響きと怒りの物語――ファミリー・メロドラマへの所見」(一九七二)を参照するならば、このマニ教的な善悪二元論、ブルジョワ的倫理イデオロギーこそがまさに、「メロドラマ」というジャンルを活性化させてきたのではなかっただろうか。一方、戦後の混乱期と相まって、渦を巻くように続いてゆく映画『浮雲』の二人の運命は、善悪二元論の枠のなかに収めることができないのである。では、ブルックス、エルセサーの指摘するメロドラマ的ナラティヴの根幹、「ブルジョワ的倫理イデオロギー」の発現を満たすことができなかった映画『浮雲』は、「メロドラマ」とは呼べないのだろうか。

ここで、立ち止まって「メロドラマ」の根幹をなす「ブルジョワ的倫理イデオロギー」について再考してみる必要がある。ブルックスにおいてより鮮明に、しかしエルセサーにおいても重要な要因として浮上してくるこの「ブルジョワ的倫理イデオロギー」は、普遍的なものではなく、歴史的にその系譜をたどることができるものだ、と両者は指摘する。彼らによれば、その絶対的な契機はフランス革命後の混乱期にある。王制、およびキリスト教会の築いてきたヒエラルキーが崩れ、主権が市民へと受け渡され、価値観の大きな転倒が起こったとき、デウス・エクス・マキナの降臨が不可能になり、制度としての「悲劇」の権威が失墜したとき、民衆が新たな秩序として何を求めたのか。それが、善悪二元論を根幹とする「ブルジョワ的倫理イデオロギー」であったのだ。

しかし、この「メロドラマ史観」において語られる「市民」とは一体どのような存在であったのだろうか。それを、もし本当に「フランス革命」という固有の歴史的事件へと帰着させるのであれば、「市民」あるいは「民衆」とは、フランス国籍をもった者、すなわちフランスという「国民国家」の内部に生息するものでなくてはならない。言うまでもなく、フランス革命によって担保された「市民」という概念は、非常に限定的なものだ。それは、フランス領土に生まれ、公式フランス語を話し、フランスが対戦国と戦闘する場合には、「主権」を与えられた代償の「義務」として従軍する、そういったカテゴリーに括られる人々を指すものである。ここには、明らかに非‐西洋社会、あるいはグローバルな視座においてはすでに始まっていた、植民地政治における被統治国の民衆の姿は入っていない。「ブルジョワ的倫理イデオロギー」において、基準とされる「市民」とは、「啓蒙」を経験したヨーロッパ世界に生息しつつ、被植民地からの収奪によって成立している「国民経済」によって懐を賄っている、非常に限られた人々のことでしかないのだ。そして、もしこれが真実であるとすれば、こうした「市民」、「ブルジョワ的倫理イデオロギー」、「善悪二元論」に守られた「メロドラマ」の条件の公式的見解は、それが「普遍的」であることとは、論理的にありえないのである。

公式的見解としての「メロドラマ」概念から距離を置くこと――あるいは公式的見解とは異なる「メロドラマ」を構想してみること――は、とりわけ映画『浮雲』のような作品を前にした場合に、必然的に必要になってくる。これは何しろ、「非‐西洋的」世界において「西洋国＝フランス」と、帝国主義的野心に燃えた「非‐西洋国＝日本」が統治するもう一つの「非‐西洋国」である「植民地＝インドシナ」において生起した恋愛に関する物語なのだから。こうした、「植民地」あるいは「植民地的地政学」における恋愛を題材としたメロドラマ的作品は、いくつも存在する。日本を舞台にしたものに限って言えば、古くはオペラ作品としては『マダム・バタフライ』、演劇作品としては『唐人お吉』。そして帝国日本が東アジアで植民地政治を行うことに邁進していた時期には、映画では上海を舞台にした李香蘭主演の『蘇州の夜』をはじめ、多くの植民地を舞台としたメロドラマが作られてきた。

これらの作品の分析に際し、有益な成果を生み出してきたのは、主にジェンダー研究、カルチュラル・スタディーズの分野である。これらの研究においては、男女のジェンダー差別、そして人種・民族の差別が、物語を駆動させる大きなダイナミクスとして論じられてきた。しかし、――それらの先行研究の明らかにしたものを引き継ぎつつも――「それだけではない」もの、ことに、メロドラマが動き始める要因としてジェンダー、民族的要因だけではない「何か」が、私たちの視線をとらえるルアー（誘いかけ）として存在しているのが認められるのではないか。植民地‐被植民地間に発生するメロドラマが、ジェンダー、民族の要因以外の「何か」で動かされるときがあるのではないか。あくまで仮説としてではあるが、私はそれを、「植民地主義《コロニアル》メロドラマ」と呼んでみたいと思う。ジェンダーや民族の階層によって決定されるのでは必ずしもない、「植民地」が媒介として介在することによって生まれるメロドラマ。「メロドラマの構造のなかに一つの要因として「植民地」が含まれている」のではない。「「植民地」という条件自体が、メロドラマ的想像力を誘い出す」、そうしたメロドラマ。映画『浮雲』とは、そのような意味で「植民地主義《コロニアル》メロドラマ」として生起しているのではないだろうか。

　ここで私が用いる「植民地主義《コロニアル》メロドラマ」という言葉は、東アジア史学者タニ・バーロウが「コロニアル・モダニティ」と名づけた近代の様態と接続している。[3] 東アジアの（これは非宗主国の、と言い換えられるべきかもしれないが）植民地的地政学は、従来のポスト・コロニアリズム思想において考えられてきた宗主国‐植民地という二極分化に基づく権力構造よりもはるかに錯綜かつ多重決定されており、権力の発現の仕方も多様化している。最も問題化されるべき点は、植民地における「近代化」のプロセスには、植民地主義的な権力構造が「つねに・すでに」含まれており、それらの土地における「近代」という概念は、「植民地化」あるいは「西洋化」のプロセスを抜きにしては考えられない、ということである。「近代」という概念が、「啓蒙」という概念と結びついているときは、その結びつきはとりわけ強固なものとなる。非宗主国の国々は、植民地化されることによってある種、女性化・弱者化されるが、その一方で、宗主国の文化・技術が運び込まれることによって、近代化されてゆく。そして、「蒙昧な現地人」を啓蒙しようとする「良心的」な宗主国の知識人あるいは宗教者たちによって、非宗主国の知識人たちもまた、その思考を西洋的な概念によって再構造化されてゆく（このプロセスには、西洋的思考構造を伝達されない下層階級の人々と、西洋化されてゆく上流階級に属する非西洋知識人との階層化という社会構造の変化も含まれている）。他方で、宗主国の生活様態もまた、植民地からもたらされた原料（タバコ、砂糖、コーヒー、茶葉など）によって変化していったことは言うまでもない。植民地主義とは、単なる搾取の形態ではない——それはもちろん、権力の構造ではあるのだが、それだけではなく、生活・思考様式の一形態でもあるのだ。ここに、「コロニアリズム幻想」といったものが生まれてくる。エドワード・サイードが『オリエンタリズム』において詳説したように、植民地とは「魅力的な他者」であり、また絶えざる幻想の源ともなるのだ。この「コロニアリズム幻想」の範疇のなかに、「植民地主義《コロニアル》メロドラマ」もまた、位置するのだと仮定してみたい。

　多くの西洋植民者たちは、植民地での自分たちの生活に、自分たちの故国での生活様式を持ち込んだ。それは「コロニアル様式」といった建築様式へと変化を遂げることもあれば、現地人との交流から、「クレオール」と呼ばれる言語や食文化を生み出していった。そこに生まれた西洋とも、非‐西洋ともつかない折衷的な文化はエキゾティックな魅力を放ち、多くの植民者たちを引きつけることとなる。また、植民地への移動によって、故国での階級社会や血縁関係から植民者たちを解き放ったことも「コロニアリズム幻想」が構成されるうえでの大きな条件の一つだろう。『浮雲』においては、富岡は内地に置いてきた妻や母の束縛から逃れ、ゆき子もまた、義兄から受けた性的暴力というトラウマから解き放たれ、「無垢な女性」として新しく生まれ変わることができたのだ。激化する戦地から遠く離れて、大きな洋館で現地の女性をメイドに雇い、西洋式のディナーをとる生活。遅れてやってきた東洋の帝国としてインドシナをフランスと合同統治し、宗主国の大半を占める西洋列強の裕福な生活様式を享受する富岡とゆき子は、条件づけられた範囲内でのみ可能なファンタジーを生きているのだ。それは帝国主義的地政学というスクリーンに映された「メロドラマ」であったと言ってもいい。二人のメロドラマ的な恋愛関係は、このスクリーンのフレーム内においてのみ生起することができるのだ。

　したがって、内地に帰って来てからの二人にとって、かつての「植民地主義《コロニアル》メロドラマ」は、追想という形で記憶のスクリーンに映されたファンタジーとして眺める対象でしかない。その意味で、帰国してからの富岡とゆき子は、「植民地主義《コロニアル》メロドラマ」のフレームからは疎外されている。彼らのもつれ合い引きずりあう戦後日本における愛憎の物語――それがこの作品のほぼ全編を占めているのだが――は、「植民地主義《コロニアル》メロドラマ」から始まった二人の関係を、公式的な「メロドラマ」として完遂させるまでの曲がりくねった道のりであり、その意味でメタ・メロドラマ的な物語であると言えるだろう。「最近はダラットの夢もあまり見なくなったわ」と、やつれた顔のゆき子は言う。という

図2

ことは、彼女、そしておそらく富岡も、「夢」のなかでは、かつて自分たちが生きた「植民地主義《コロニアル》メロドラマ」を対象化しつつ享受する、「観客」として位置づけられる。富岡とゆき子が、互いを傷つけあいながらも、向き合って愛を吐露したり、罵倒の言葉を浴びせかけるだけの関係ではないことに注意したい。二人の関係を映し出すカメラは、向き合う二人をカットバックで結びつけることも確かにあるが、それと同じくらい多く使われているのが、並んで歩く二人をサイド、および正面から映したショットである［図2］。落ち着いて二人で話し合う場所をもたないためでもあるが、戸外の道を並んで歩く二人の姿は、同じ結末に向って歩く同志のようでもあり、また、前方に置かれたスクリーンをともに眺める観客であるようにも見える。彼らは、スクリーンから疎外されながらも、かつて自分たちが生きたメロドラマを観ているのだろうか。メロドラマの古典『ステラ・ダラス』（一九三七）の主人公・ステラが、スクリーンに映った映画のなかの登場人物たちを観ながら、あんな風に生きてみたいわ、とつぶやいたあのシーンのように。

初めの問いに戻ろう。成瀬巳喜男の代表作『浮雲』は、はたして「メロドラマ」である、と言えるのだろうか。私の見解では、答えはイエス、である。それが、メタ・メロドラマ的な審級を含んでいることを条件に入れれば、ということではあるが。なぜなら、戦後の長く苦しい道のりを

「植民地主義メロドラマ《コロニアル》」の「剰余」として生きながらも、富岡とゆき子は、二人の物語にメロドラマ的な結末を与えることを一つの到達点としているのだから。官民に戻った富岡が屋久島へ旅立つこととなり、ゆき子もそれに同行することを主張する。富岡は言う。「国境の土地だ」。ここで、彼らは明らかに「植民地主義メロドラマ《コロニアル》」の磁力に率いられている。「植民地主義メロドラマ《コロニアル》」が故郷の土地から遠く離れた地で繰り広げられることを条件づけられているとすれば、「国民国家」の中心から離れれば離れるほど、その物語は完成へと近づくのだと言えるだろう。

屋久島への途上、ゆき子は病に倒れ、にわかにメロドラマの「犠牲者＝ヒロイン」に相応しい相貌を帯びてくる。富岡もまた、戦後の生活のなかで堕落し、損なわれたマスキュリニティを取り戻すかのように快活さを見せるようになり、ゆき子への愛情を徐々に取り戻してゆくかに見える。雨が降り続く閉ざされた国境の島で、二人はようやくダラットで始まった「植民地主義メロドラマ《コロニアル》」に決着をつけることが可能になる。それは、始まりのあの光に満ちた空間からは程遠い、わびしい結末であるかもしれない。しかし、ただ一人小屋に残されたゆき子は、どうにか「犠牲者＝ヒロイン」として孤独な死を迎えることに成功し、富岡もまた、その死を「到着が遅すぎた」ヒーローとして看取ることができる。彼はゆき子の冷たい唇に紅を塗る。まるで、彼女を「メロドラマ」のヒロインとして再生させるかのように。そして、初めて、彼女の名前を固有名として呼びかけるのだ。「ゆき子……！」

ここでようやく『浮雲』という映画は、そのメロドラマ的円環を閉じることができる。愛は死を通じて成就されたのであり、純真さは報われ、善‐悪、男性‐女性、生‐死という二元論が姿を現す。このときやはり象徴的に思われるのは、二人がいる部屋の壁に貼られた屋久島の地図である［図3］。

図3

それは、中村秀之が指摘するように、「中心の円形が歪んで毀れる旗」のようにも見える。[4] まさしく屋久島は、日章旗が掌握する土地の最端部であり、ネイションの権力は最小限に弱まっている。そしてそれはおそらく、帝国によって接収された島、本来異文化が根づいていたはずの土地であり、「植民地」の記号であるのだ。ラストシーンに現れるこの指標は、まさしく「植民地主義《コロニアル》メロドラマ」のエンド・マークに相応しいものだ。映倫のマークのようにスクリーンの片隅に現れるこの図形は、『浮雲』という映画を「メロドラマ」として認める承認印なのである。

（1）Nick Browne ed., *Refiguring American Film Genres: History and Theory*, University of California Press, 1998.
（2）Linda Williams, "Melodrama Revised" in *Refiguring American Film Genres: History and Theory*（1998）, pp. 65-80.
（3）Tani E. Barlow ed., *Formations of Colonial Modernity in East Asia*, Duke University Press, 1997.
（4）中村秀之『敗者の身ぶり――ポスト占領期の日本映画』岩波書店、二〇一四年、二三二頁。

# メロドラマ的回帰

## 『秋津温泉』にみるメロドラマ形式の可能性

### 1　回帰する男

トンネルこそ描かれないが、河本周作は列車に乗って別世界へと運ばれてゆく。目が覚めると、彼は山の懐にいだかれた秋津温泉にいた。大戦末期、旅の途上で病に倒れた周作は、汽車に乗り合わせた女性に介抱され、彼女が働く温泉宿・秋津荘へと運び込まれたのだ。彼はここで旅館の一人娘、新子と出会う。死を宣告されつつ、彼女の献身的な看病によって息を吹き返した周作は、その後も人生の折節ごとに秋津を訪れ、彼と新子の一七年にわたる関係が、戦後史と重ね合わされつつ語られてゆく。

あたたかな泉の湧く山の奥地に、何度も回帰してくる男。このドラマの構造に、母胎回帰幻想を読み込むことはたやすい。未亡人である新子の母親が取り仕切る温泉宿は、女中や芸者ばかりが行き交

図1

う女性原理の世界として描かれている。新子はこの女性原理を引き継ぐ娘として登場し、また一方で、無垢なるもの、あるいは周作の女性ファンタスムの象徴として表れる。周作がはじめて新子を口説くとき、それは彼女に心中をもちかける場面なのだが、新子は岩場の温泉に肩まで浸かり、周作は彼女を上方から眺めている［図1］。切り立った岩肌と夜の暗闇を背景にした二人のカットバックは、リアリズム的演出が基調をなすこの作品において、表現主義的な色合いを見せる。窪地に湧く泉に下りてくる男は、生活に倦み、母の胎内に戻りたいという退嬰的な願望に動かされているとも取れるし、新子を眺め下ろし、欲望の対象としての彼女と関係をもとうとしているとも取れる。いずれにせよ、湯から白い肩だけ出した新子はエロスというよりは無垢を連想させ、周作の誘いも笑い飛ばしてしまうが、一旦周作の視線を受け止めると、メロドラマの磁力に巻き込まれるかのように常套句を口にする。

「周作さん、ほんとにあたしが好き?」

「ああ、好きだよ」

「それじゃ死んであげる。周作さんと一緒に死んであげる」

それまでの描写の淡白さからみれば、唐突とも思える心中への経緯だが、メロドラマが一種の象徴劇であることを考えれば、この展開にも納得がいくだろう。ピーター・ブルックスは、メロドラマ論の古典的著作『メロドラマ的想像力』のなかで、メロドラマの構造を夢のテクストと比較しつつ以下のように述べている。

メロドラマの情動構造は、明らかに夢に近い体験をわれわれに与えてくれる。（…）内面的な葛藤、すなわち「メロドラマの心理学」を見出そうとするのは誤りである。なぜならばメロドラマは、葛藤や心理構造を外面化し、そのかわりに「心理学のメロドラマ」と呼ばれているものを生み出しているからである。そこで見出されるのは、純粋なる心理記号のドラマだ。その記号は、父親、娘、保護者、迫害者、裁判官、義務、服従、正義と呼ばれていて、われわれは記号同士の衝突に、それらの相互作用を通して生み出される劇的空間に、魅せられる。こうした記号が、解決の手段を与えてくれる。この空間は、フロイト的な意味で心の構造に似ているかもしれない。あるいは、夢のテクストに比較しうる媒体にも。なぜならその空間は、純粋に外面からなる記号による芝居を通して働くからである。(1)

濃密な恋愛映画の後味を残しつつ、『秋津温泉』は実は主人公二人の交情をくわしく描いているわけではない。時間のタイムラグを置きつつ、定点観測的に描かれる周作と新子の関係の描写は、むしろ非常に簡略化されている。しかしそれでも観客が周作と新子のあいだに抜き差しならない関係を読み込むことができるのは、そこにメロドラマ的磁場が生まれているからだろう。一九世紀演劇およびユゴー、バルザックらの作品を通して発展し、(2)のちに映画へと引き継がれたこのメロドラマという形式に則りつつ、吉田喜重はその可能性を余すことなく引き出してみせる。ここでは、映画の古典形式であるメロドラマのメカニズムを『秋津温泉』のなかに探りつつ、メロドラマ以後のメロドラマとして生み出されたこの作品の特異性を考えてみたい。

## 2　無垢の記号――渓流と窪地

メロドラマの大きな特徴の一つとして挙げられるのが、その善悪二元論的な構造である。ブルックスによれば、古典的メロドラマ劇の構造のなかにはひとつの「場《トポス》」が設けられ、それは多くの場合壁に囲まれた無垢の空間、閉ざされた庭というかたちをとっていた。そこからは、まわりを取り囲む田舎の風景が見え、町へと続く本道に面している。この道を通って、無垢なるものを危機に陥れる侵入者がやってくるのだ。(3)『秋津温泉』においても、岡山あるいは東京での世俗の生活と、人里離れた秋津での逗留とは明白な対照性をなしており、周作はこのふたつの極を揺れ動く。一方で、新子は秋津にとどまり続ける。トマス・エルセサーが指摘するように、ハリウッドの古典的メロドラマは相対的に閉じられた世界――ブルジョワ家庭や、舞台背景の小さな町など――のなかに抑圧を作り出し、その操作によって物語のダイナミクスを作り出してきたが、(4)『秋津温泉』はこの形式を継承していると言っていいだろう。周作は、閉じこめられた無垢なるもの＝新子の誘惑者として、秋津を訪れるのである。

エルセサーによれば、こうしたメロドラマの空間は、しばしば閉所恐怖症的雰囲気によってイコノグラフィ的に固定され、感情のパターンを表現する「意味」や解釈可能な記号によって満たされている。

というのも、そこでは主体が決定する外在的行動への捌け口が極度に制限され、ダグラス・サークが言ったように、すべてが「内面」でおこるためである。劇的対立が舞台装置、色彩、身ぶり、フレームの構図へと「昇華」されたことは、アクション映画やバズビー・バークレー振り付け／ロイド・ベーコン演出のミュージカルがファミリー・メロドラマへと昇華されたことを意味する。最良のメロドラマにおいては舞台装置、色彩、身ぶり、フレームの構図は、登場人物の感情的、心理的苦境を通して完璧に主題化されているのである。(5)

『秋津温泉』の舞台となる小さな温泉町もまた、意味の充満したテクストとしてメロドラマ的空間を観客に呈示している。曲がりくねった細道によってかろうじて外部の世界とつながっているこの土地は、その全景が明らかにされることはない。それぞれ切り離された空間は、登場人物たちの感情パターンのいわば徴候として埋め込まれ、メロドラマのダイナミクスに奉仕する。なかでもとりわけ重要な意味生成の記号となっているのが、町の中心を走っているとされる渓流と、新子が住む窪地の離れである。

清冽な水の流れは温泉地である秋津の存在証明であると同時に、秋津の女である新子の人物造型を象徴する記号となっている。この映画において彼女は、いつも走る女として登場する。あるときは全速力で、あるときは着物の裾を乱しながら小走りで、新子は渓流の脇を駆け抜け、川にかけられた橋を渡り、周作に会いに行く。彼女の息の性急さは、岩瀬を流れる急な水音と重ね合わされ、感情の起伏のはげしさは、豊かな水量に表される。「僕はあなたに、生きることを教わったようなものだ」。周作は新子に繰り返しこう語る。生命力にあふれた新子は、肺病やみの周作に「あなたは健康すぎて僕の病気は伝染らない」と言わせるほどだ。しかしそうして走り続けるにもかかわらず、彼女は母親が遺した旅館を守るという責務のため、秋津から出てゆくことができない。運命に対し受動的で、つねに死を口にしている周作が開かれた外の世界に位置し、活力に満ちた新子が閉じられた世界から逃れることができないという矛盾が、『秋津温泉』のダイナミクスにおける抑圧を強化し、観客の感情をあおり立てる。こうした「犠牲者」としての主人公の視点への集中と、彼らの美徳——それは多くの場合道徳的な「無垢」として表される——の認識とは、メロドラマに見られる第二の特徴である。ブルックスは、メロドラマの記号表現が「美徳と無垢の記号を必死で認識しようとすること」に向かっていることを指摘し、悲劇とも喜劇とも異なるメロドラマのドラマツルギーについて次のように定義する。

ここでメロドラマにおける問題をはっきりと指摘することができる。メ、ロ、ド、ラ、マという言葉から、虐げられた無垢や美徳の勝利を題材にした、活気に満ちたドラマが簡単に連想できる。こうした対立と構造は、ジャンルの「古典的な」例の場合には哀愁とスリルのためにのみ存在し、事態の激変やどんでん返しが、メロドラマの道徳上の問題と無関係ではないと心がけておくことが大切である。一方で「亡命者の娘」という芝居、典型的なメロドラマは、そのドラマツルギーの出所として虐げられた美徳を用いているばかりか、初めは軽視されるが最後には認められる美徳のドラマツルギーに向かうところがある。それは視覚化されて認められた美徳の認識のドラマに関するものである。(6)

主人公の無垢なる美徳をいかに認識させるか。『秋津温泉』においてこの努力は、一方では渓流という表徴を通じてなされている。そしてもう一方に、同じ美徳の記号でありながら、正反対の形でそれを示している場所がある。新子が住む、窪地に埋もれるように建っている離れである。つねに俯瞰でとらえられるこの住処は、玄関のすぐ際までせまった崖によって窮屈さが強調され、社会的な抑圧によって身動きができない新子の運命を視覚的に表している。典型的なメロドラマの構造は、無垢なる美徳を示すことから、美徳が威嚇や障害といった危険にさらされることへと移ってゆく。主人公に与えられる試練は、パセティックな効果を高め、逆説的に彼らの美徳を認識させるのだ。窪地に建つ離れは、山あいに位置する秋津という町の構造と同心円を描いていると言えるだろう。新子にとっての秋津は、彼女の無垢を守る場所であると同時に、彼女を一所に縛りつける足枷でもある。周作は、細い山道を通って秋津にやって来たように、新子の住む離れへ降りてゆくのである。

暗い奥まった場所へ降りてゆくというこの身ぶりは、先にふれた岩場の温泉の場面でも繰り返されることからもわかるように、セクシャルな含意を併せもっている。谷間の盆地、窪地の住居、岩壁に囲まれた温泉と、幾重にも重ねられたすり鉢状の空間は、斜め上方から下方へ向かう対角線の構図を作り出し、物語のダイナミクスを作動させる。母胎、無垢の空間、女性性の象徴と相矛盾する意味をはらむこの場所に降りてくる周作は、胎内への回帰願望、無垢を汚す侵入者、性的な誘惑者という複数の意味を担うこととなる。その中心に位置し、渓流と窪地という異なる二つの記号で表される新子もまた、両義的な人物と言えるだろう。彼女は流れる水が表す速さ・激しさによって映画にアクションを引き起こすが、その一方で窪地に滞留し、回帰する男を待ち続けるのである。一線状的なアクションと、回帰と反復という二つの異なる原理の競り合いは、メロドラマ構造に見られるもう一つの特徴であるが、その仕組みが最もよく表れた箇所として、最後の二人の別れから新子の自死にいたる場面を見てみよう。

### 3　最後の救出

「送らなくていいよ。あなたは人を見送るのが嫌いだっただろ」

秋津を最後に訪れた周作は、新子の離れを去る際にこう言って、彼女の見送りを止めようとする。だが新子は、周作の言葉が耳に入らないかのように彼の脇をすり抜け、前に立って歩き始める［図2］。前を歩く新子と後ろについてゆく周作という構図は、『秋津温泉』のなかで幾度か繰り返されるパターンである。しかし新子の後をついてゆくように見えて、突然秋津を去り、彼女を置き去りにするのは周作のほうである。新子はいつも周作の出発に間に合わず、彼を追いかけて前に立っても、また置いて行かれてしまう。こうした二人の追い抜き、追い抜かされる関係は、映画のラストシーンでまた反復されている。秋津を出てゆく道の途中で、新子は懐から剃刀を取り出し、一緒に死んでくれと迫る。興奮する新子を押しとどめ、また必ず来るから、と言って新子を置いて歩き出す周作。ときおり振り向きながら去ってゆく彼と、見送る新子の姿がカットバックされる。ふいに新子は背を向けると、思い詰めたように桜の幹に身を投げかけ、手首に剃刀をあてる。木にもたれかかる新子のフルショットと、周作の後ろ姿のロングショットが切り返される。周作はもう一度振り向き、異変に気づき、走って引き戻す。

図2

岩場から河原へと降り、渓流にそってよろめきながら下ってゆく新子と、追いかける周作とがカットバックで示されるこのシーンは、グリフィスから繰り返し使われてきた「最後の救出」の並行モンタージュを彷彿とさせる。「遅すぎる」のか、「ぎりぎり間に合う」のか。ここに生まれるペーソスとアクションの弁証法を、リンダ・ウィリアムズはメロドラマを特徴づける主要な効果の一つとして挙げている。[7] 彼女は、グリフィスの『東への道』の最後に見られる氷上の並行モンタージュを分析しつつ、そこに二つの異なった時間性が内在していることを指摘する。素早いショットの連なりが「速さ」の印象をもたらす一方で、並行モンタージュが生み出すリズム的な効果は時間を引き延ばす方向へと向かう。時の流れにさからって遅延へ向かおうとするこうした傾向を、ウィリアムズはメロドラマのより根本的な性質、すなわち時間を巻き戻そうとする欲望、始まりの無垢の場所へ戻ろうとする衝動と結びつけて考える。

メロドラマは次のような望みを与えてくれるのである。遅すぎることはないかもしれない、まだ昔ながらの美徳は残っているかもしれない、美徳と真実は、プライヴェートな個人や個々の英雄的な行為によって成し遂げられることができるかもしれない、それはエイゼンシュテインが望んだように、革命や変革を通じてではないかもしれないが。(…)時間を無視する、あるいはナラティヴに多くの時間を割かせる救出、追跡、乱闘は、「遅すぎる」というペーソスにみられる時間への敗北を鏡像的に反復しようとする欲望の表れなのである。(8)

過ぎ去った時間を取り戻したいという欲望、そしてそれがもう叶わないという認識はメロドラマのペーソスの源である。フランコ・モレッティはこれを「遅すぎたというレトリック」と呼び、次のように説明する。「認知は、それが行われるのが遅すぎたとき、「感動させる」装置となる。そして、「遅すぎた」という感じが最もたやすく表現される最良の方法は、登場人物が死ぬ瞬間に認知をもたらすことである」。(9)

『秋津温泉』において、「遅すぎた」のは誰なのだろうか。確かに、周作が秋津を旅立つときにいつも遅れてしまうのは新子である。しかし、周作が変わらぬ無垢の象徴である新子を求めて秋津へ戻ってくるのに対し、新子と彼女を取り巻く状況は変化し、取り返しのつかない時間の流れが彼女を追いつめてゆく。反復される周作の来訪と、直線的な物語時間との齟齬が破綻をむかえたとき、新子は過去の心中事件を反復することで時間を取り戻すことを迫るのだ。新子の変化に気づかず、遅れをとったのはむしろ周作のほうである。立場は逆転して死を口にするのは新子となり、周作が彼女を追いかけることになる。シンコペーションを刻むカットバックのリズムと追跡シーンの直線性は、したがって、『秋津温泉』のドラマ構造を縮約していると考えられる。『東への道』のデイヴィッドとは異なり、周作は新子を救うことができない。しかし、「感動させる」装置としてのメロドラマの機能は、新子の死を前にして最高潮に達するだろう。

## 4　メロドラマへの回帰

『秋津温泉』は、吉田喜重の早すぎるメロドラマへの回帰だったのだろうか？　これまで見てきたように、この映画が古典的形式に則って作られた完璧なメロドラマであることは間違いない。しかし時代はすでに動き始めていた。『秋津温泉』が製作された一九六二年の前年にはＡＴＧ（アート・シアター・ギルド）が発足し、彼と同じ松竹ヌーヴェルヴァーグの一員としてデビューした大島渚が、『日本の夜と霧』をめぐる騒動で松竹を離れ独立している。撮影所システムによって支えられていた戦後日本映画の黄金時代は、変化の波を目前にしていた。[10]そうした時代のなかで生み出された『秋津温泉』は、複数の線が交錯する場所に生まれた畸形児的メロドラマであったと言えるだろう。とは言っても、その畸形性は映画テクスト自身のなかに現われているのではない。むしろ、一九六二年という年に、吉田喜重という新人監督が完璧なメロドラマを撮り上げてしまったという事実から、その畸形性はあぶり出されてくる。その後の吉田喜重のスタイルとは似ても似つかない伝統的なメロドラマ、戦後意識という歴史観も物語のダイナミクスにおける伏線として消費されてしまう。自身もこの翌々年に松竹から独立し、次々と前衛的な作品を送り出す直前に作られたこの作品は、吉田喜重のフィルモグラフィーにおいて周囲から切り離されているかに見える。

『秋津温泉』は、メロドラマに代表される古典的映画形式に引導を渡した新世代の監督からの、最後の置き土産だったのだろうか。それとも、メロドラマの磁力が彼を回帰へと呼び寄せたのだろうか。どちらにしても、この回帰は前衛作家の改悛といったものとは無縁である。実際、彼がフリーになった後に発表した作品群は、スタイル・問題意識こそ先鋭化しているものの、物語形式としてはメロドラマの変奏と言えるだろう。そこにはまた、『秋津温泉』で扱われたモチーフが姿をかえて再び現れている。たとえば私たちは、新子の人物造型が、母を継ぐ娘であり、旧式な家制度に縛られつつそこからの脱出を試みる女性である『情炎』(一九六七年)のヒロイン・折子のなかに受け継がれているのを見ることができるだろう。だがここには、新子が秋津から逃れることができなかったのに対し、折子は夫の家から離れることに成功するという大きな変化が訪れている。吉田喜重はメロドラマ形式を反復しつつ、新たな実験を加えてゆくことによって、その可能性を試そうとしているかのようだ。一九六二年の『秋津温泉』から一九六九年の『エロス+虐殺』に至る道のりの間には、一見大きな断絶があるかのように思える。しかし後の大きな変革も、六〇年代におけるメロドラマ形式の反復を通じて準備されていったのではないだろうか。そして私たち観客もまた、回帰の波に誘われるように、幾度もこのメロドラマの風景へと立ち戻ってゆくだろう。

（1）ピーター・ブルックス『メロドラマ的想像力』四方田犬彦、木村慧子訳、産業図書、二〇〇二年、六二―六三頁。

（2）ブルックスはメロドラマの台頭を伝統的価値観が覆されたフランス革命以後に位置づける。宗教的ヴィジョンや悲劇の形式が意味を喪ったあと、新興ブルジョワたちに新たな価値基準を与えたのがメロドラマであり、そのドラマツルギーの中心となる「道徳的神秘」だった。ブルックス、同前、第一章、第四章参照。

（3）ブルックス、同前、五五―五六頁。

（4）トマス・エルセサー「響きと怒りの物語　ファミリー・メロドラマへの所見」石田美紀、加藤幹郎訳、三四―三六頁、岩本憲児、武田潔、斎藤綾子編『「新」映画理論集成　①歴史／人種／ジェンダー』フィルムアート社、一九九八年所収。

（5）エルセサー、同前、二四頁。

（6）ブルックス、前掲書、五二―五三頁。

（7）Linda Williams, “Melodrama Revised”, Nick Browne ed., *Refiguring American film genres: history and theory*, University of California Press, 1998, p. 69.

（8）*Ibid.*, p. 74.

（9）フランコ・モレッティ『ドラキュラ・ホームズ・ジョイス――文学と社会』植松、河内、北代、橋本、林、本橋訳、新評論、一九九二年、一三三―一三四頁。

（10）東宝専属の女優として出発し、のちに松竹へ移った撮影所はえぬきの女優、岡田茉莉子がこの映画に果たした役割を忘れてはならないだろう。『秋津温泉』は彼女自身の企画によるものであり、彼女の百本目の出演作にあたる。メロドラマの人物造型にハリウッド式のスター・システムが与えた影響は大きいが、この点については別稿を設ける必要がある。

# 第３部　ジャンル映画のディスクール

# 馬鹿は死ななきゃ治らない

## 『次郎長三国志』における富士山の表象とその遊戯性

旅行けば　駿河の路に　茶の香り　ここは名に負う　東海道　名所古跡の多い所　中に知られる
羽衣の　松と並んで　その名を残す　海道一の親分は　清水港の次郎長の義心伝
東海の　磯打つ波と松風と　三国一の富士の山　その頂の雪よりも　清き男の真心は　今も昔も
変わりなく　駿河の国に茶の香り　唄の文句をそのままに　清水港は懐かしや

清水の次郎長と東海道、そして駿河湾から望む富士山の風景は、明治以降の日本における視覚・聴覚をめぐるイメージの連鎖のなかでも、とりわけ人口に膾炙した特権的なイメージ群であると言ってよいだろう。先に挙げた二節は、『清水次郎長伝』で名をなした浪曲師・二代目広沢虎造の持ちネタ、「勝五郎の義侠心」「お蝶の焼香場」の歌い出しである。大正一四年から始まったラジオ放送の普及に乗って、国民的なスターとなった虎造は、独特の唸りと切れ味のいい啖呵によって、富士の松原と東海道、清水港と幕末に名を馳せた侠客・清水次郎長の物語を、日本国民の身体に刻みつけた。そのナショナルな集合的記憶は数々の派生的なイメージを生み出し、ラジオだけでなく映画にも精力的に出演した虎造の活躍もあって、近代日本メディア史を包み込む一つの想像の共同体を作り上げたのだ。(1)

しかし、浪花節の「メロディアスな声」(2)が、国家の設立した法制度のロジックよりも確実に広汎な大衆のメンタリティを絡め取り、擬制血縁的な「国民」というファンタジーを現前させていたのだとしても、ここにはいくらか不穏な要素がまぎれ込んでいることは否定できない。まず、『清水次郎長伝』で「国民の記憶」として想起されている過去の侠客たちの物語は、近代日本が超克したはずの江戸封建社会へのノスタルジーを多分に含んでいるということ。さらにそうした侠客たちは既存の権力に対するアウトローの集団であり、同質的な共同体を作り出すのではなく、むしろ突き崩す存在であったということ。そして、国家において周縁的かつ反体制的な存在である彼らの姿が、いつの時代においても胡乱な多義性を含みつつ、それでも「日本」という共同体の象徴であり続けた「富士の山」と重ねあわされて表象されていること、である。次郎長と富士、という取り合わせは、浪曲や講談といった声の文化においてだけでなく、図像学的なイメージとしてもまた繰り返し喚起されてきた。ことに二十世紀前半から大衆文化の主幹として日本でも台頭していった映画というメディアが、そのイメージ形成に大きく参与していったことは言うまでもない。

なぜ、天下の風紀を乱すアウトローたちの物語が、近代以降の国民的なナラティヴとして定着していったのか。そしてなぜ、共同体の周縁に位置するはずの彼らの姿が、「日本」の象徴である富士山のイメージと組み合わされることに、人々は疑念を感じなかったのだろうか。その問いに対する一つの手がかりとなるのが、一九五二年から五四年にかけて東宝で製作され、大ヒットを記録したマキノ雅弘監督『次郎長三国志』全九作品である。村上元三の同名小説の映画化として企画された『次郎長三国志』は、シリーズを通して「桶屋の鬼吉」を演じた田崎潤が、この役をぜひ演じたいと言ってマキノ監督のもとに話を持ち込んできたのが始まりだったという(3)。二作品で一本半分のギャラ、しかも最速の四〇日間で撮り上げなければならなかったという、映画が大衆娯楽の中心であった一九五〇年代を象徴するかのようなこのプログラム・ピクチャーは、しかし、それまでの「清水次郎長」イメージを塗り替えるような大胆な変革と挑戦をその作品のなかで行っている。最初の二作、『次郎長三国志　次郎長賣り出す』と『次郎長三国志　次郎長初旅』は同時に封切られたが、その製作にあたっての当時の想いをマキノは次のように語っている。

私は『次郎長三国志』シリーズで、従来の次郎長ものにとらわれず、思いきって客を笑わせたり泣かせたりすることにした。当時まだ新人で無名に近い人が多かったが、くせのある面白い役者が集ったので、久しぶりの楽しい仕事だった。最後に伊豆の長岡へロケしたのだが、夜、撮影後に皆がダンスに興じた時、森繁久弥のタンゴのうまさには皆、舌を巻いたものだ(4)。

「次郎長もの」のなかで、次郎長に次ぐ人気を誇る名わき役「遠州森の石松」を演じた森繁久弥までもが、まだその名を知られていなかったこの『次郎長三国志』シリーズの革新性は、第一作目の冒頭からさっそく発揮されている。スクリーンにタイトルが現われ、静岡県の新民謡「ちゃっきり節」（北原白秋作詞、町田嘉章作曲）の軽快なリズムとともにスタッフロールが流れると、舞台は清水港の細い路地から幕を開ける。カメラが清水の町並みへと移ると、お馴染みの広沢虎造の唸り節が聞こえてくる。

親からもらった五尺の身体　大事に使えば五十年　何の因果で刺青入れて　朝から晩までさいの目暮らし　馬鹿は死ななきゃ治らない

小料理屋の暖簾をくぐれば、唸っている虎造本人が映し出されるこの冒頭シーンは、従来の「次郎長もの」の語りのルールをいきなり裏切ってみせている。浪曲の『清水次郎長伝』であれば、その総体をなしている数々の挿話は、物語の舞台設定や登場人物の心情を語る「節」の部分と、登場人物の台詞を語る「啖呵」の部分によって構成されており、その多くが冒頭の歌い出しのように、「節」の部分で駿河湾、富士山、三保の松原、茶畑といった「清水次郎長」をめぐる地理的なイメージの連鎖をつなげた後に、物語へと入っていく。ところが、マキノの『次郎長三国志』では、そのような前置きもないままに虎造の語りが、やくざ渡世の核心である「儚さ」へと入り込んでゆく。そしてその隣で酔いつぶれている次郎長は、美辞麗句で飾られたヒーローとは程遠い姿で映しだされる。この次郎長には、何かが足りない。彼を生み育てた「清水港」の表看板であるあの景色、駿河湾をはさんだ富士の山の姿がそこには欠けているのだ。そしてこの「富士の不在」は、第一作を通して視覚イメージの面においても聴覚的イメージの面においても、貫かれているのである。

富士山を欠いた次郎長。その形象が異様に感じられるのは、ひとつには「次郎長」という名前がつねに「清水」という固有の地名と結びつけられて語られてきたことに起因している。日本社会のアウトローを主な対象としてルポルタージュを手がけてきた猪野健治は、天保以後のいわゆる「博徒」たちが、本来の姓を使わず、一様に自分の出身地を名乗る傾向があることを指摘している。国定忠治は上州国定村、大前田英五郎は同州大前田村、次郎長の宿敵であった黒駒勝蔵は甲州黒駒村、そして清水次郎長は清水港といった具合である。これは、自分の本拠地＝勢力範囲はここだ、という彼らの意思表示であり、縄張りの主張でもあったのだ。さらに猪野は、こうした「土地」との強い紐帯が、「博徒」という稼業が、正規の商売往来にない非合法行為であるということとも関連している、と指摘する。(5)

すなわち、彼らは、自己の築き上げた縄張りを失ったら、その日から生きていく地盤がなくなるのである。このことは、農民が土地を失うのとは意味が違う。博徒は、すでに土地を失い、戸籍さえ失った者の私党集団であり、無頼の徒である前に、それを生活のよりどころとしているわけだ。

言葉を換えれば、彼らは「公認された生活の場」を追われたが故に（合法的に生活するよりどころがなく）、生きるためのよりどころとして、士農工商の外に「博徒」という階級を創造し、「公認階級」が合法的には処理できない欲望を満足させること（賭博）を職業とせざるを得なか

ったのである。(6)

博徒が国家の階級制度に回収されない「追放されたdisplaced」人々である一方、そのことによって幕府主導の国民経済にとっては「剰余」の部分にあたる非合法的な貨幣の流通＝賭博という活動に従事することが可能になった、という構造は、人的資源と資本の流通の拠点となった宿場や港が、裏の金融機構であり博徒の溜まり場となった「賭場」が栄えた場所でもあったという事実と重ねて考えられるべきものだ。そして、こうした貨幣の流通と博徒の私的かつ非合法的な関係は、「清水」という大きな港町を拠点とした次郎長の場合、さらに際立ったものとして浮かび上がってくる。

まず、清水という土地の沿革を見てみよう。富士山を背後に臨む清水港は、そもそも徳川家康が隠居後、大御所となって君臨した駿府の外港として築かれたものであった。しかし家康が没し、泰平の世が訪れてからは軍事的要請が消滅し、駿府自体が一つの地域市場となったため、清水港も甲州・信州の年貢米を江戸へ輸送する廻米業と、「甲州行塩」を中心とした、幕府の財源となる「公的資本」（＝米）流通の中継港として発展することとなる。当時、清水の廻船問屋は商品の荷受となって手数料の口銭を取る幕府公認の特権的業者がほとんどで、自ら廻船を持って商品を運び運賃を稼ぐ運送業者は稀だった。そのなかでも、数艘の廻船を所有し、船頭となって海上に乗り出し塩や米、薪炭などの商品を買積して売り捌く独立した海運業者＝「商業資本家」として幕末期に活躍した人物が、高木三右衛門、次郎長の実父である。一方、母方の叔父であり養父となった山本次郎八は、米穀仲買の株を持ち、「公的資本」（＝米）と消費者経済とを結びつける商人であった。(7)折しも一八世紀後半から湧き起った資本主義経済システムの発展を受けて、日本列島は「包むようにはりめぐらされた」[8]流通の網の目に呑み込まれてゆく。天明四（一七八四）年、天明飢饉への対策を誤った幕府は、株仲間による流通の独占を緩和し、素人米穀勝手売買令を公布した。これを機に、民間から膨大な量の商品が市場に持ち込まれ、幕府が統制する「米本位経済」の公的市場とは異質な、「貨幣経済」を中心とした民間市場が産み出されてゆく。[9]こうした経済体制の転換期にあって、次郎長の実父・三右衛門と養父・次郎八は、時代の先頭を切って新たな流通経済の波に乗り出していった人物であったのだ。

江戸幕府直属の「天領」の御前港にあって、国民経済の論理とは異なる貨幣の動きを先導していった二人の父親をもった清水次郎長。彼が堅気の道から外れて、やくざ渡世に身を置くようになったとき、その場所が、公的な貨幣の流通とは異質な、私的かつ非合法的な交換経済のうごめく場所であったということは、必然的なことであったかもしれない。彼は博徒として一家をなすことによって、幕府の主要拠点であった駿府・清水港の名前を、アウトローの拠点の名前へと塗り替えた。そして、その港の背後に広がる富士の山の風景も、幕末の大博徒・次郎長の肩越しに望まれるイメージとなって明治・大正・昭和の大衆文化を通して、ポピュラーなものとなってゆく。次郎長と富士、反体制的かつ非合法的な貨幣流通＝賭博の大立者と、「ネイション」の多義的な象徴である富士山との、不思議な野合のイメージの誕生である。[10]

しかし、『次郎長富士』（森一生監督、大映、一九五九）、あるいは『次郎長背負い富士』（NHKテレビドラマ、山本一力原作、二〇〇六）などのように、タイトルに富士の名前を用いた次郎長ものが現れるほど、次郎長と富士は切っても切り離せない意匠であるにもかかわらず、また、次郎長と富士という組み合わせを決定的なものとした広沢虎造の有名な語りが随所に使われているにもかかわらず、マキノ雅弘監督『次郎長三国志』の第一作『次郎長賣り出す』には富士山の姿が出てこない。そして、こうした富士の不在に並行するように、この作品にはもう一つの不在が潜んでいる。「任俠映画」というジャンルの最大の売りの一つである、「チャンバラ」シーンの不在である。確かに、腕と腕とで勝負する喧嘩シーンや、多勢に無勢の他人の喧嘩に助太刀する場面は登場する。しかし、白刃を合わせて真剣勝負をする決闘シーンは存在せず、戦闘はいつも回避されていく（この作品の最大の山場は、富士川をはさんだ二つの博徒集団の対決の仲裁をする場面である）。命を賭けたアウトローの美学の代わりに描かれるのは、物語の進行とともに集まってくる子分たちの他愛のない戯れ合いと、「遊戯」としての賭博のシーンだ。冒頭の広沢虎造の語りが伝える通り、俠客とは所詮「朝から晩までさいの目暮らし」に明け暮れる博徒であり、「馬鹿は死ななきゃ治らない」のである。

次郎長をはじめとする博徒たちを、任俠の美学という観点からではなく、国民経済の網の目をすり抜ける「賭博」という裏社会の貨幣流通に従事する遊俠の徒として描くマキノ版『次郎長三国志』は、国家の構造における彼らの周縁性を際立たせながら、なおかつ国家の権力に回収されない「追放された displaced」存在＝無宿者（罪を犯し、人別帳から籍を外された者）である彼らの旅路を追いかけてゆく。その一方で、労働過程を介さず、貨幣がもつ純粋な交換価値に則って金銭が取り引きされる「賭博」という交換様式は、偶然性に左右される「投機」の可能性に各々が身を任せるという点において、限りなく「遊戯」に近づいていく。博徒社会を取り巻くこうした「遊戯性」は、既存の価値体系（「国民国家の象徴」としての富士山を頂点に置くような）の転倒を引き起こし、笑いと祝祭的な空気とともにマキノ版『次郎長三国志』シリーズの主調をなしていくこととなる。

たとえば、シリーズ第二作『次郎長初旅』冒頭部分における富士山の表象を見てみよう。後に次郎長の子分となる生臭坊主・大五郎の笛の調べから始まるこの作品は、笛の音と重なるように入る広沢虎造の語りによって幕を開ける。

清水港はよいところ　男伊達衆の勢揃い　まして親分次郎長は　いま売り出しのところだが　血もあり涙もある人よ　富士の高嶺に積む白雪の　清い心でその日を送る　浜の松風のちの世に伝えて残す義侠伝

ここに至って虎造の語りはようやく本領を取り戻し、売出し中の若き博徒・次郎長と富士山の関係を、「高嶺に積む白雪」の清新さと「清い心」とのアナロジーで結びつけてみせる。おそらく、第一作『次郎長賣り出す』の富士の不在に首を傾げた観客たちも、抱き合わせの二本立てとして同時公開されたこの作品を観て、ようやく溜飲を下げたことだろう。しかしここでの富士は、まだ音声として語られるのみである。清水の町では奉行所の「御用」の提灯が行きつ戻りつしながら暗闇のなかに光り、国家の「法」が取り仕切る表の世界と、渡世の「仁義」が重んじられる裏社会との対比を際立たせている。屋内にカメラが転じると、そこは馴染みの料理屋・寿々屋の二階で、今しも次郎長とかねての恋仲・お蝶との婚礼が執り行われようとしている。緊迫した空気のなか、産声を上げたばかりの次郎長一家は、婚礼に参列した年配の親分衆を裏口から逃がした後、店の正面玄関から追手のなかに飛び込んでゆき、大乱闘の末、「わっしょい」の掛け声と綱五郎の放つピストルの音とともに、いつ帰るとも知れぬ旅の途につく。

マキノ版『次郎長三国志』において「富士山」の視覚イメージがようやく姿を現すのは、こうして一行が清水を発ったその後のことである。前景に茶畑が広がり、娘衆が茶摘みをする光景が広がる後ろに、「定石通り」としか言いようのない凡庸な姿の富士の山が裾野を広げているのだ【図1】。「ちゃっきり節」の軽快なリズムに乗って、茶摘み娘たちが労働に従事する背後に、初めての旅に心が浮き立つ次郎長一家が列を組んで旅路をゆく。

図1

帯はお茶の葉　鶯染めよ　あかい襷の　そろた襷のほどのよさ　ちゃっきりちゃっきりちゃっきりな　ちりつるちりつるちりつんつん　きやァるが啼くから　雨ずらよ

娘たちの歌声に、次郎長一家も踊るようにくるりくるりと身を翻す。「ちゃっきり節」の歌に合わせて、富士山、茶摘み娘たち、次郎長一家のショットが、細かくカットバックされる一連のシークエンスは、ハリウッド映画のミュージカルにも劣らぬ軽快さで、観る者の心を弾ませる。しかし、ここで描かれる富士山は、誰が見ても書き割りだと分かる胡乱さで、通常の

「富士山」の表象に体現される「崇高さ」や「聖性」といったイメージが抜け落ちている。短いショットで細切れにされ、商業音楽のリズムに合わせて（「ちゃっきり節」は、昭和に入ってから静岡市近郊に開園された遊園地のコマーシャル・ソングである）茶摘み娘やおどけた次郎長一家の姿と等価交換される富士の姿は、国家の表象システムから引きはがされ、その「神聖さ」という意味づけを脱臼させられているのだ。価値の転倒が起こっているのは、富士山のイメージにおいてだけではない。浪曲や講談、映画といった大衆メディアによって語り継がれてきた、富士山を背景に旅路をゆく次郎長一家の勇壮さのイメージはこのシーンにはかけらもなく、互いに笑い合い、ふざけ合いながら道をゆく壮年男性たちの群れが映し出されるばかりだ。マキノ版『次郎長三国志』を特徴づける「遊戯性」が顕著に表れているこの場面において、次郎長一家も富士山も、リアリズムと対極にある「ミュージカル」というジャンル形式のなかで、自己言及的なフェティッシュとして世俗化されている。この富士山、茶畑と茶摘み娘、次郎長一家を取り結ぶリズミカルなカットバックは、この第二作のラストでも反復され、さらにその「遊戯性」を際立たせることとなる。

次郎長一家と賭博とを結ぶ「遊戯性」は、その後も聖なる富士の山の風景を体制転覆的なイメージへと転換させてゆく。沼津に立ち寄った次郎長一家は、次郎長の兄弟分で料理屋を開いているという佐太郎の家を訪ね歩くが、それらしい店は見当たらない。やっと探し当てた店は、すっかり屋台骨が傾き、廃業も同然のありさまだった。夫婦の窮状を察した一行は、少ない酒で酔ったふりをするが、佐太郎は次の日に餞別として渡す草鞋銭の工面の当てがなく弱り切る。そこへ、次郎長一家を追ってきた前髪の若者・仙右衛門が誘いをかける。「おじさん、草鞋銭の当てはついたかい」。首を振る佐太郎に、何なら俺がひねり出してやってもいいぜ、と胸を張る仙右衛門は、あろうことか恩のある次郎長一家の着物一式を勝手に持ち出し、それを軍資金に賭場へ連れ立つ。

翌朝、負けに負け、自分たちの着物まで賭けの方に取られてしまった佐太郎と仙右衛門が、裸一貫でしょんぼり店へ帰ってくる。仙右衛門を責め立てる子分たちに、次郎長は「仕方がねえ、勘弁してやってくれよ」とさすがの度量の大きさを見せるが、こちらもみんな裸同然の姿だ。ショットが切り替わると、晴れ晴れとした空の下、くっきりとした姿の富士が遠方に眺められる。前方の道を、下着をつけて笠を被っただけの次郎長一家が歩いてくる［図2］。男ばかりのむさ苦しい裸の一行と、絵に描いたような富士の対比が、可笑しくもあり風刺的でもあるイメージを作り出す。ここでの富士は「権威」の象徴でもなければ「美」の権化でもない。富士のもつ「神聖性」は、「賭博＝遊戯」に負けて裸にされた次郎長一家と同様に、その本来の意味を脱臼され、戯画化されて表象される。くしゃみをしながら、笑顔でわっしょい、わっしょい、と声を合わせて駆け足で旅路をゆく次郎長一家もまた、音に聞こえた強面の侠客集団としてではなく、「遊戯」としての博徒渡世に身を任せた弱い男たちとして描かれているのである。

図2

「仁義」の道としての侠客道を歩く義侠のアイコンとしての

「次郎長」と、「遊戯」としての貨幣の交換＝賭博に明け暮れる博徒としての「次郎長」。この二つの「次郎長」イメージは、いわば「清水次郎長＝山本長五郎」という実在の人物をめぐる想像的な表象体系の、表の顔と裏の顔をなしている。そして、この二つの相反するイメージの間隙に、同じように二面性をもった「富士山」のイメージが存在するのではないだろうか。すなわち、統一された「国民国家」として古代から続く日本を象徴する「富士山」のイメージと、国家の枠を突き崩してアナーキーな運動を始める貨幣という交換価値のゲーム＝「遊戯」に参画しようとする近代日本の象徴としての「富士山」のイメージである。貨幣の変遷の歴史から日本史を読み解いた東野治之によれば、鎖国という政策が国民経済を外界からシャットアウトしようとしたにもかかわらず、金銀貨の海外への流出は江戸初期から収まることはなく、増加の一途にあった。一方で、成長を続ける貨幣経済は都市から農村へと波及してゆき、幕府経済の根本である米本位経済を脅かしていた[11]。幕末期において貨幣経済の「剰余」の産物ともいうべき「博徒」や、経済システムから脱落した「無宿」の人数が急速に増えていったことは、幕府による国家統治が経済の側面からも突き崩されていったことを表しているだろう[12]。世界的に拡大する帝国主義経済の波に押されるように、一八五八年に幕府は日米修好通商条約を締結する。この条約を機に、日本は本格的に世界経済の一端に包含されることとなり、時代は幕府執政の終焉と近代化への道をひた走ることとなる。

天皇を頂点に戴いた新政府の成立と世界経済への参入は、近代日本が新たな自己イメージを構築する契機ともなったと思われる。愛国ナショナリズムの勃興は、精神主義化された内的自己の形成を意味するだけではなく、対他者的な自己イメージの成立をも導くものだったと言えるだろう。その象徴的なアイコンが、聖なる山＝「富士山」であったことは言を俟つまでもない。[13] 近代日本において新たに「発見」された富士の山とは、近代的な「国民国家」へと再編成されてゆく「神国日本」の象徴として描かれると同時に、グローバルな貨幣経済の拡大を続けるサーキットへと曝された近代日本を象徴するイメージであったのではないだろうか。近代日本の自己イメージの二面性を託された「富士山」表象の構築過程は、やはり幕末期の貨幣経済の軋みから生み出された次郎長をはじめとする博徒渡世の立役者たちが神話化されてゆく過程と重ねられる。「富士山」に付された神聖性が、流動性と不確定性に満ちた世界経済のゲームのなかに参入してゆく近代日本の姿を、愛国ナショナリズムによって正当化していったように、社会の周縁に生きる一介の博徒でしかなかった次郎長もまた、ノスタルジーに彩られた「仁義」という市民道徳を体現する人物として神話化され、近代以降の大衆メディアによって形成された「国民の物語」のなかに組み込まれていったのである。

浪曲や講談、あるいは映画や大衆演劇で語られる、いわゆる「正統な」次郎長の物語は、現実の次郎長本人から遊離した伝説の「清水次郎長」および「遠州森の石松」をはじめとする子分たちの物語を次々と派生させてゆく。こうした「正史」としての「次郎長もの」に対し、マキノ版『次郎長三国志』は、博徒渡世が本来的にもっている「遊戯性」を存分に解放し、偶像破壊的ともいえる次郎長一家の姿を描き出してゆく。次郎長が二年に渡る初旅から清水へと戻り、本格的に一家を構える賑々しい引越しのシーンから始まる第四作『勢揃い清水港』と第五作『殴込み甲州路』は、ほとんど物語と言ってよいほどの物語をもたず、次郎長一家の同性愛的と言ってもよいホモソーシャルな共同体が呼び込む祝祭的な「遊戯性」のみで映画が進行してゆく。『勢揃い清水港』はその題名通り、旅の途上で次々と集まってきた馴染みの子分衆、「森の石松」、「追分三五郎」、「投げ節お仲」、「三保の豚松」らが次郎長のもとに集結し、新たな門出を祝うとともに、因縁の仇である「甲州黒駒勝蔵」との敵対関係が決定的なものとなる節目の作品であると言える。しかし、そうした「正史」としての次郎長の物語は映画のナラティヴの後景に退き、むしろ突出してくるのは引越しという祝い事にまつわる数々のエピソードであり、後に侠客となって次郎長を裏切り仇敵となる「保下田久六」を救済するために開かれる相撲興行の祝祭性ばかりである。

映画的な感性が自動運動を始めてしまったかのようなこれ以降のマキノ版『次郎長三国志』には、もはや旅姿の次郎長の背後に裾野を広げる富士といった、定型的なイメージは出てこない。ただ、映画のナラティヴに回収されえない「遊戯性」が、「正史」の物語を蝕むように続々と増殖してゆくのである。その「遊戯性」が最も顕著に表れていると思われる第五作『殴込み甲州路』では、映画の前半が秋祭りに賑わう清水の町で踊り続ける群衆の描写と、祭りに因む次郎長とお蝶の馴れ初めのエピソードに費やされ、後半は「甲州猿屋の勘助」に捕われたお仲を救うために立ち上がった次郎長一家の繰り広げる長い長い乱闘シーンが、美しい光と影のなかで交錯するのみなのだ。

お仲を救うためとはいえ、勘助を斬った次郎長一家は、「兇状持ち＝犯罪者」として、さらに社会の周縁へと追いやられてゆくこととなる。第六作『旅がらす次郎長一家』において描かれる、病身のお蝶をも連れた兇状旅は、富士山を望む海浜や主街道から遠く離れて、山の奥深くへと分け入ってゆく。これ以上次郎長に迷惑をかけないために盃を返すと言い張る石松と三五郎の申し開きの件や、お蝶の死をめぐる悲劇的な行き立ては、ナラティヴの枠を食い破り、不条理と言えるまでに助長され、肥大化してゆくのだ。

貨幣の交換というゲームが止まることを知らない永久運動を続けてゆくように、純粋な交換価値＝フェティッシュとしての貨幣を取り扱う「賭博」に関わった博徒たちは、貨幣の流通に押し流されるように、旅から旅へと終着点のない路程を歩き続けることを余儀なくされる。終わりのない「遊戯」に絡め取られた次郎長たちにとって、真の意味での「帰郷」はありえないのだ。こうした博徒渡世の儚さをなぞるかのように、マキノ版『次郎長三国志』もまた、シリーズ最終作『荒神山』の結末を描くことなく、物語を中断させてしまう。ここには、もう次郎長一家の本拠地・清水港の象徴としての「富士山」のイメージは現れてこない。次郎長たちは清水という「故郷」へ帰ることはできないのである。

このように終わりのない円環の上を回り続ける次郎長一家の旅において、初めての旅からかりそめの「帰郷」を果たす第四作『勢揃い清水港』・第五作『殴込み甲州路』、そして旅の途中で息を引き取ったお蝶の弔いのために清水に陰鬱な空気のなかで滞留する第七作『初祝い清水港』は、例外的な作品だと言っていいだろう。前述のようにマキノ版『次郎長三国志』シリーズにおいて「遊戯性」に彩られて登場する富士の姿は、主に前半部に幾度か変奏されて現れるのだが、そのほとんどは博徒渡世の旅の途上において、遠方から望む山として表象されている。おそらく、故郷の清水港に留まっているのであれば、次郎長たちは富士を見上げる必要はない。富士は彼らの縄張りの象徴として、日常的な身体のなかに根を張ることはあっても、視線の対象として眺められることはないのである。富士が望郷の想いとともに仰ぎ見られるのは、次郎長一家が罪人として追われる身になったとき、あるいは仲間の仇を討つために旅に出るときだ。浪曲や講談に語られる博徒がいつも旅の途上にあるのは、彼らが賭博という非合法行為に手を染めたからなのか、それとも全国に拡がる博徒集団と賭場のネットワークが彼らを旅へと誘うのか、どちらが先とも言えないだろう。あるいは博奕で賭けられる貨幣が生み出す交換価値の幻想が、博徒たちを旅から旅へと渡り歩く賭博=「遊戯」のサーキットのなかに招き入れるのかもしれない。いずれにせよ、遊侠の途へと踏み出した次郎長一家にとって、富士は永遠に辿りつくことのない「故郷」のアイコンなのだ。シリーズ第三作目『次郎長と石松』の終結部において、初旅から清水への帰途についた次郎長一家が遠く眺める富士の山も、そうした理念としての「故郷」を体現するイメージとして現れてくる。

二年にあまる旅の空　心も急ぐ戻り道へ　渚に寄する波の音　磯辺の松の声さえも　我らを迎ゆる心地して　晴れ晴れ仰ぐ富士の山　富士ある処に次郎長あり　清水へわずか五里の道　清水へわずか五里の道

虎造の唸り節に寄り添うように、スクリーンには浜辺に打ち寄せる波しぶきが映し出され、ロング・ショットで引いたカメラは、松の枝の下を急ぐ旅姿の次郎長一家をとらえる。さらに次のショットへ移ると、フレームいっぱいに広がる大きな富士の姿が現れる。誰の視点から見られたのか判別できないこの非人称的なショットに映る富士の山は、旅路の始まりで見られた書き割りの凡庸な富士とは異なり、リアルかつ威風堂々とした風格を備えた姿で登場する。この富士のイメージこそ、理念的な「故郷」を表すと同時に、「富士ある処に次郎長あり」と語られるときに想起される「次郎長もの」をめぐる集団的記憶のなかの「富士山」＝次郎長のアルター・エゴとして特権化された富士のイメージであると言ってよいだろう。「清水へ五里」と書かれた道標の脇を笑顔で通り過ぎる次郎長一家のショットが続き、そしてスクリーン中央のやや上方に描かれた富士へと向かう真っ直ぐな道を行く一行の後ろ姿が映し出される。次郎長一家の「帰郷」を表すのに、これほど恰好のイメージはない。しかし、この理念としての「故郷」を象徴する「富士山」のイメージは、マキノ版『次郎長三国志』においては、幻影としての「故郷」でしかない。一旦終焉を迎えたかに思われた博徒渡世の「遊戯」の旅は、またその円環を解きほぐし、再び終わりのない旅へと向かうことを運命づけられているのである。

社会の周縁部に生きる博徒・次郎長の「故郷」としての「富士山」と、「国民国家」として歩み出した近代日本の象徴としての「富士山」。これら二つの相反するイメージが、幕末から明治へと向かう歴史の転換期にほぼ同時期に生み出されているということに、私たちは今一度目を留めねばならない。日本の「正史」としての歴史のナラティヴと、アウトローの大衆的ナラティヴは、ともに想像の共同体を構築する「国民の物語」の聖と俗の二面性を、「富士山」という多義性に富んだイメージのなかに求めてきたのだと言えるだろう。その両輪のイメージは、マキノ版『次郎長三国志』においては、貨幣というフェティッシュの作り出す幻想をめぐる「賭博」という「遊戯」の永遠のスパイラルの彼方に消えてゆく。シリーズのなかで幾度も繰り返された、虎造の唸り節がまた耳の奥に聞こえてくる。「馬鹿は、死ななきゃ治らない……」。

(1)広沢虎造と並んで浪花節ブームの立役者となった浪曲師・桃中軒雲右衛門と国民国家の形成については、兵頭裕巳『〈声〉の国民国家　浪花節が創る日本近代』（講談社学術文庫、二〇〇九年）を参照。
(2)兵頭、同前、一八頁。
(3)山田宏一『次郎長三国志――マキノ雅弘の世界』（ワイズ出版、二〇〇二年）、五七頁。
(4)マキノ雅弘『マキノ雅弘自伝　映画渡世・地の巻』（平凡社、一九七七年）、三三五頁。
(5)猪野健治『やくざと日本人』（ちくま文庫、一九九九年）、一一二頁。
(6)猪野、同前、一一二頁。
(7)高橋敏『清水次郎長――幕末維新と博徒の世界』（岩波新書、二〇一〇年）、一九―二一頁。
(8)高橋、同前、二〇頁。
(9)高橋、同前、二〇頁。江戸時代における米本位制経済から貨幣経済への転換については鈴木浩三『江戸の経済システム　米と貨幣の覇権争い』（日本経済新聞社、一九九五年）を参照。
(10)富士山と次郎長の直接的な連関としては、明治初期の富士山南麓開墾事業が挙げられる。高橋、同前、一九三―一九八頁。
(11)東野治之『貨幣の日本史』（朝日新聞出版、一九九七年）、一六八―一六九頁。
(12)猪野、前掲書、一〇七―一〇九頁。
(13)「富士山」イメージの変遷については上垣外憲一『富士山――聖と美の山』（中公新書、二〇〇九年）を参照。また、ナショナル・イメージに留まらない富士山をめぐる文化については竹谷靭負『富士山文化――その信仰遺跡を歩く』（祥伝社、二〇一三年）を参照。

# 〝ビヤッキー〟と呼ばれた男

## 内田吐夢『森と湖のまつり』における高倉健のイメージ

### 1　草原を駆けるヒーロー

画面いっぱいに広がる雄大な山々。その多くは茶色い地肌を見せて、木々の姿はない。見るものを威嚇するようなその厳かな景色をとらえたカメラがタイトル・ロールが流れるにつれてゆっくりと右へパンすると、やがて緑に包まれた山脈と、それに抱かれるように深緑色の水をたたえた湖沼地帯があらわれてくる。

場面が切り替わると、今度は萌えたつような美しい草原がスクリーンを染め上げ、その中央から、何者かがこちらへ向かって馬にまたがって走ってくるのがわかる。豆粒のようなその姿は、彼が次第に近づくにつれて馬を自在に操る勇壮なその輪郭を明らかにし、一人の精悍な若者のイメージとなって結実する。カメラは疾走する青年を追い続け、やがて藁葺きの家が点在する小さなアイヌの村へと入ってゆく。

「ビヤッキー！　ビヤッキー！」

彼と馬がやってくるのを待ちかねていたように、少年や少女たちが駆け寄ってくる。〝ビヤッキー〟、そう、それが彼の名前なのだ。青年は馬を止めると、われもわれもと手を差し伸べる子どもたちに教育絵本のようにみえる書物を手渡す。「ありがとう、ビヤッキー！」そういって子どもたちは、待ちかねていた本を胸に抱えると、腰を落ち着けてそれを読む場所を探して散らばってゆく。最後に青年は食糧か衣料か生活物資の入っているらしい包みを村の女たちに渡すと、子どもたちの歓声に見送られながら、また颯爽と草原へと馬を駆って走り去る。次に彼が訪れるのは、澄んだ湖の岸に建てられた小屋の一群で水とともに暮らし、おそらく漁を営む人々の集落だ。ここでも青年は〝ビヤッキー〟と呼ばれ、大人も子供も嬉しそうに彼を取り囲む。彼は前の村でと同じように絵本と物資を配り、そんな彼の姿にカメラは次第に近寄ってゆく。バスト・ショットでとらえられた青年は、まぎれもなく日本映画のアイコンとなった俳優・高倉健の若き日の姿だ［図1］。任俠映画のスターの型にも、『網走番外地』のアウトローの姿にもまだ色づけられていない、少し首筋の細い青年の横顔は、猛々しいというよりもむしろ若々しく美しい。そんな彼がとっておき、というように袋から取り出すのは、もちろん銃剣の類ではなく、かわいらしい一匹の子犬なのである。

ショットがまた切り替わり、今度は民族の儀式を執り行うアイヌの人々の姿が映し出される。民族衣装を身に着けた老人が祭事を牽引し、老女たちがアイヌの民族の歌を手拍子とともに口ずさむ。「アイヌ」という記号を直截的に見せるそれらの映像は、この映画の中心となるテーマ、「アイヌ民族の存亡と〝シャモ〟＝日本人との戦い」という主題へと、一気に観客たちを誘い込む。しめやかに、しかし細々と祭事を紡いでいるアイヌの人々の背後に、白いバスが走りこんでくる。「近代」の象徴ともいえるこのバスに乗ってやって来た男女ふたりの〝シャモ〟＝日本人。ここから物語は始まるのだ。

図1

武田泰淳原作、内田吐夢監督の作品『森と湖のまつり』（一九五八）の冒頭のシークエンスは、このようにして展開してゆく。雄大な大地、ヒーローの登場、「アイヌ」という民族の物語への布石と、映画は滑らかに、かつ観客の注意を逃さないように簡潔に、この映画の魅力を語りはじめる。第二次世界大戦後の混乱のなか、中国大陸に残り、流浪の果てに日本へと戻ってきた内田吐夢が、驚異的な速さで映画界に復帰し、精力的に作品を発表し始めた頃に作り出した、魅力あふれるイメージの連鎖。それにしても、片岡千恵蔵と組んで大ヒットとなった復帰第一作『血槍富士』（一九五五）からまだ三年しか経っていないのに、あるいはだからこそというべきなのか、映画的感性——もし、そんなものがあるとすればだが——がほとばしるようなこの冒頭のシークエンスは、しかし、武田泰淳の原作小説の冒頭からは大きな変更がほどこされている。泰淳の小説は、アイヌの広大な自然やそのなかを駆け抜けるヒーローの登場から始まってはいない。その始まりはむしろ、映画とは正反対ともいえる光景から始まっている。

阿寒の湖は、陸地からの眺めは平凡で、青い水面のひろがりにすぎない。バスの発着所のあたりに立ち並ぶ土産物の店、湖にのぞむ旅館のつくりも、いかにも遊覧地向きで、古く重々しい湖水の風情にはそぐわない。もう夏も終りだった。夏期二ヵ月ほどで稼ぎためて、山を下る人々は、客を迎える態度もいそがしげである。(1)

どことなく気だるい晩夏の阿寒湖の情景から始まる泰淳の『森と湖のまつり』は、この後の何ページかを費やして、「滅びゆく民族・アイヌ」の人々がいかに自分たちを「外国人」として内地からやってきた日本人観光客に向けて演技をし、「異族」として振る舞い、そしてそのことに倦み飽きているかをこまやかに描き出す。その水先案内人となるのは、アイヌ民族史に自分の研究人生をささげている札幌在住の池博士と、彼に連れられてアイヌを描くためにやってきた女流画家・佐伯雪子である。彼らは、アイヌではない。しかし、アイヌに強く惹かれ、アイヌを理解しようとし、アイヌの未来を憂えている。彼らは「観察者」であると同時に「理解者」であり、友愛をもってアイヌと日本人との溝を埋めようと務めている。語り手が一定位置を保たないこの小説のなかで、彼らはいわば「通訳」のような存在であり、さらに言えば、アイヌの魅力とその葛藤とに惹かれて小説を手に取った読者たち、また、ベストセラーとなったその小説の映画化を、スターが競演する大スクリーンで見物しようと映画館に足を運んだ観客たちの分身でもあると言える。つまり、彼らは「見る」ためにやってくる。

それがたとえ友愛の気持ちからくるものではあっても、彼らにできることはただ「観察する」——学者として、画家として——ことであり、アイヌの運命に同一化することはできないのだ。「異族」、「外国人」、「見ること」、「見られること」、そして「(不可能性としての) 交わり」。『森と湖のまつり』の冒頭シーンにおける小説と映画の差異は、この作品を貫くモチーフを、すでに先触れしている。(2) しかし、小説と映画との違いはこの冒頭シーンだけでは収まらない。異なる媒体の美学の違いをあらわしてゆくそのいくつにも及ぶ改変のなかでも、最も決定的なものがある。それは「名」をめぐる問題だ。映画でアイヌの大地を縦横に駆け巡る青年・〝ビヤッキー〟。アイヌ語で「敵を脅かす」という意味の言葉で呼ばれる彼は、アイヌの運命を変えようとするヒーローでもあり、若さと美しさの象徴でもある。その名は、まさにアイヌのものだ。しかし、原作小説において〝ビヤッキー〟という名前は登場しない。もちろん、高倉健が演じるアイヌの青年は登場する。しかし彼は終始「風森一太郎」という日本名で呼ばれ、彼のアイヌ名が言及されることはない。そこに、〝ビヤッキー〟はいないのだ。

## 2　〝ビヤッキー〟≠「一太郎」

アイヌ民族の美を体現する青年〝ビヤッキー〟と、日本名をもつアイヌ青年「風森一太郎」。同一人物でありながら、お互いの半身として切り裂かれてもいるこの不思議な人物は、『森と湖のまつり』という物語の核を担っている存在でもあるのだが、その人物造形をまずは確認しておこう。

アイヌ史を研究する池博士の愛弟子でもある彼は、博士と協力して「アイヌ統一委員会」という文化保護団体を発足させ、「アイヌ基金」という形でアイヌ民族の文化を絶やさないための寄付金を集める仕事を続けている。その一方で彼は、本来アイヌの人々の場所だった北海道の命の源ともいえる漁場を、シャモ＝日本人が独占しようとしていることに対する義憤を隠そうとせず、漁場にダイナマイトを仕掛けるといった暴力的な抗議活動に走る危うい人間でもある。民族再生への熱い心と青年特有の荒々しさを抱えたこの青年は、日本名の「一太郎」という名前で呼ばれることを拒みはしないが――彼が私淑する池博士までもが彼をアイヌ名ではなく「一太郎」という名前で呼ぶ――、アイヌの魂が込められた〝ビヤッキー〟という名前で同胞に名指されることに、誇りをもってもいるようだ。しかし、そこには大きな謎がかけられている。先述したように、武田泰淳の原作小説には〝ビヤッキー〟というアイヌ名は登場せず、日本名をもったアイヌ青年「風森一太郎」だけがアイヌを守る闘争を繰り広げているのである。映画ヴァージョンだけが作り上げた理想のアイヌ青年〝ビヤッキー〟は、存在と不在とのあいだで揺れ動いている。その不安定さゆえの美しさをもったイメージは、まだ成人の男性へとはなり切らず、少年期特有の女性的な、と言ってもいい揺籃期の魅力を湛えた高倉健という俳優のイメージとスクリーンの上で重ねあわされていると言えるだろう。正反対のファクターを同時に抱えた矛盾そのものとしての存在〝ビヤッキー〟＝「一太郎」。いや、むしろ正確には、〝ビヤッキー〟は「一太郎」であると同時に、「一太郎」ではないのだ。この壊れやすい詐術のような仕掛けは、私たちを物語の最奥部へと誘い込む。

アイヌ民族の誇りをめぐる物語『森と湖のまつり』の最大の秘密。それは、アイヌ民族の運命を背負って戦う青年〝ビヤッキー〟が実は純粋なアイヌではないということ、アイヌの敵であるシャモ＝日本人と過去にアイヌを裏切った酋長とのあいだに生れた混血児であるということなのだ。アイヌの美と誇りを結晶化させた青年〝ビヤッキー〟は、存在しない。それはまぼろしのようなイメージでしかないのだ。

## 3　境界を越える

アイヌを象徴するべき清純な青年〝ビヤッキー〟が実はシャモ＝日本人の血によって汚されていたこと、あるいは、彼が純粋なアイヌでもなくまた純粋な日本人でもないという秘密は、物語の中盤まで隠されている。その秘密が暴かれたとき、青年の存在意義は根底から揺らぎ、物語は大きくうねり始める。その一つの結節点となっているのが、自らのアイヌの血を隠して日本人として漁業を営み、アイヌを漁場から締め出そうとしている網元・大岩老人に向けて一太郎が談判書を差し出し、それが大岩老人の一人息子・猛との決闘へと展開してゆく、その談判書を誰が届けに行くかを決めるシーンだろう。運命が動く契機の場面にふさわしく、その決断はダイスによって決められる［図2］。ダイスを挟んで向かい合うのは、二人の女性――アイヌを描きに来た画家・雪子と、一太郎を愛し、かつて池博士の妻であったが、今は別れて釧路でカバフト軒というバーを営む美しいアイヌ女性・鶴子である。ダイスはカウンターの上でくるくると回った末に、雪子に運命を託す。書状を持った雪子は、日本人女性でありながらアイヌの戦いに巻き込まれ、ヤンベツ（オホーツク海沿岸）の敵陣のもとへと向

図2

からことになる。

ここで、アイヌと日本人（を装ったアイヌ）の境界線を越えてゆく雪子の「越境」という行為が、実はさまざまな形に変奏されてこのシークエンスに表れていることに注目したい。中心となるのは、言うまでもなく、青年〝ビヤッキー〟＝「一太郎」の存在自体の越境性、アイヌと日本人との混血性だが、男同士の闘いの書状を女性が運んでゆくこともまた、ジェンダー間の越境行為だと言えるだろう。そしてまた、書状を渡した雪子の後を追ってヤンベツへと向かった一太郎が、敵の漁場に攻撃を仕掛け、銃弾が飛ぶなかを、雪子を馬上に救い上げ、彼女と山小屋で一夜を過ごす場面にもまた、重層化された越境の契機が映し出されている。一太郎はここで雪子と契りを交わすが、彼女の服を無理矢理はだけ、「野蛮人、野蛮人！」と言われながら行われるセックスは、一見「弱い女性を犯す男性」という古いジェンダー・ロールに追従しているように見える。しかし、雪子が日本人であり、また何より画家という「見る」存在であったということ、一太郎はアイヌとして「見られる」存在であったことを考えると、男女間の権力関係は逆転する。ここでは、「見る」権力をもった主体＝雪子が、「見られる」客体＝一太郎によって境界線を踏み越えられると同時に、「正統性」という仮の権力をもった「純血」の人物は、血の純潔を失った「混血」の人物に自らの領域へと踏み込まれる。そしてさらに二人の性交によって、新たな「混血」という形の越境が執り行われるのだ。

一太郎が雪子のコートの服をはだけたとき、スクリーンいっぱいにコートの布地が広がり、二人の性交シーンを隠してしまうショットは、ことさらに暗示的だ。灰褐色のその布地は、まるで雪子が手にしていたキャンバスの表面のような平面性で、観客のポルノグラフィックな視線が「見たい」と欲するもの――二人のセックスの現場――を隠してしまう。一方で、そのコートの布地＝画家のキャンバスには、何も描かれていないのだ。禁忌と欲望の関係がからまり合うこのショットは、映画という視覚文化に対するもう一つの「越境行為」を行っていると言っていいだろう。

しかし、こうした道具立てがなくとも、カバフト軒のあのダイスのシーンの前に、もっと軽やかな越境を、〝ビヤッキー〟≠「一太郎」は行っていたのではなかっただろうか。彼と雪子がカバフト軒で再会したとき、二人はお互いの隔たった立場を強調するかのように、カウンター越しに会話を始める。カウンターの内側にいる一太郎と、外側にいる雪子は、まだ互いに心を許してはいない。一太郎と雪子、そして戸外から戻ってきた鶴子の三者の関係の確執を、スクリーン上に彼らを等間隔の三角形として配置して示すカメラ。すると、その場に満ちた緊張感を破るかのように、雪子の言葉にふと反応した一太郎は、くるりと身を翻してカウンター＝境界を飛び越えて雪子にこう尋ねるのだ。「あんた、アイヌが好きか？」

出し抜けに、そしてしなやかに境界を越えてみせる一太郎。しかし彼はここで、何の境界を越えたのだろう。民族の？　ジェンダーの？　それとも何かもっとほかのものだろうか。軽々とカウンターを飛び越え、雪子（日本人）と鶴子（アイヌ）のいるフロア――それは女性の領域であるとも言える

――へ越境する〝ビヤッキー〟≠「一太郎」。彼は確かに真正のアイヌではなく、その血は民族の敵であるシャモ＝日本人の血によって汚されている。しかしその「汚れ」、あるいは「混血」であることによって、彼は他の者にはできない離れわざ、すなわち境界を越える力を与えられているとも言えるのではないだろうか。彼自身が好むと好まざるとにかかわらず、痛みを伴いつつも異なるもの同士が「交じり合う」結節点に立つことが、彼には運命づけられているのだ。しかしその痛みの一方で、彼の「汚れた血」は、ある特別の力をもって青年をかがやかせている。当時まだ新進俳優であった高倉健の若く、頼りないとも見える細い身体のなかに結晶化されたそのかがやきは、その数年後から今日に至るまで、「高倉健」という名前がもつこととなった不思議な魅力を、予告しているかのようだ。互いに対立するもの同士の間にある境界を越え、異なるものと交じり合うものだけがもつ、矛盾を体現しつつ魔術的に昇華させてしまう両性具有性にも似た、そのかがやき。それこそが、俳優・高倉健のもつ魅力、「俠気《おとこぎ》」――「男《おとこ》らしさ」と似通いつつ、絶対的にそれとは違う何か――と呼ばれた吸引力のなかに隠された秘密だったのではないだろうか。

## 4　失われた右眼

〝ビヤッキー〟≠「一太郎」を苦しめるとともにかがやかせている「汚れた血」と、「越境」と「交わり」の身振り。しかしその二つのファクターは、ただ、『森と湖のまつり』という物語の因果性のなかに閉じ込められているわけではないことを、ここで確認しておく必要があるだろう。彼がカバフト軒のカウンターを越えてみせたときの軽やかな身のこなし、女性的ともいえるしなやかで繊細な体のうねりを、私たちはその後、繰り返しスクリーンの上に見出すこととなる。それは、俳優・高倉健のスターとしての魅力を存分に花開かせた数々のシリーズ作品、『網走番外地』から『昭和残俠伝』、『緋牡丹博徒』にいたるまで、日本映画史にその名を刻みつけた各作品の随所に表れてくるものだ。俳優・高倉健にもともと備わった何かの性質、彼が出演する映画作品に繰り返し表れ続ける魔力のようなもの。「健さん」という愛称のもとに想起され、広まっていったこの不思議なイメージの力の萌芽が、まだ彼がその名で呼ばれるにいたる以前に製作されたこの『森と湖のまつり』という作品にも、曙光のように焼きつけられている。そこでは、俳優・高倉健の魅力の核となる「何か」と、存在と不在、相異なるもの同士のあいだで揺れ続ける混血の〝ビヤッキー〟≠「一太郎」という青年のイメージとが、偶然、あるいは必然によってなのか、重なり合っている。

　高倉健のもつ「俠気《おとこぎ》」、男性観客を熱狂させたエロティックともいえる魅力の秘密は、もう一人の男、三國連太郎が演じる大岩老人の長男・猛との対決によってさらに明確な形で示されてくる（内田吐夢、高倉健、三國連太郎というこの三者が、日本映画史における金字塔となった『飢餓海峡』でもまたタッグを組んでいることは言うまでもないだろう）。原作小説においては「網元の長男」としか名指されないこの人物は、「猛」という男性性を強く意識させる名前と、三國連太郎の逞しい肉体によって、高倉健の「俠気《おとこぎ》」とは異なる「男《おとこ》」のイメージへと具現化されている[図3]。自らの男らしさを見せつけるかのように筋骨隆々とした上半身をむき出しにしてスクリーンに現れる猛に比べ、黒いタートルネックのセーターで細い体を包み込んだ一太郎は、ジェンダー化されたイメージの政治学

図３

において、明らかにその男らしさにおいては「劣っている」。言い方を換えれば、男性・女性という二項対立のジェンダー・モデルにおいては、彼の「俠気《おとこぎ》」という魔力は居場所をもっていないのだ。しかし、硬直した二項対立のジェンダー・モデルにおいて居場所をもたない、あるいは価値を認められない、ということは、一太郎＝高倉健のセクシュアルな魅力を減ずることには必ずしもつながらない。むしろ、その異端性こそが、彼の魔術的なかがやきの根源にある、と言えはしないだろうか。男性の極にも、女性の極にも属さない、その二律背反的なかがやきは、『森と湖のまつり』という映画においては、アイヌと日本人の「混血」であるという設定と結びつき合っている。「純血」を守ることではなく、むしろ「交じり合うこと」から生まれる美を描き出したこの映画において、俳優・高倉健は、彼が終生保ち続ける「俠気《おとこぎ》」のイメージを獲得することによって、むしろ女性の反対項であることをつねに求められるジェンダー・ロールからは逃れてゆく力の原点を、確かに探り当てている。

アイヌを漁場で雇い入れてほしい、という一太郎の請願書は自分が実はアイヌであることを頑なに否定し続ける大岩老人によって焼き捨てられる。しかし、漁場を荒らされたことに激昂する息子・猛に向って彼は次のように真実を明かすのだ。「俺もお前もアイヌだ。山城屋も川口館もそうだ」。日本人であるというアイデンティティを打ち砕かれる一方、アイヌの純血を守ろうとする一太郎がアイヌと日本人の混血であることを知った猛は、自らの存在意義を賭けて、一太郎に決闘を申し込む。場所は、ノタップ岬の上にあるチャランケの丘。猟銃を手にした二人は、オホーツクの海を見下ろす丘の茂みにそれぞれの身を潜め、決闘の開始の合図を待つのである。一太郎が「混血」であり、猛がアイヌの「純血」であるという秘密を知らされない者にとっては、アイヌと日本人の民族の闘いであると見えるこの決闘は、その虚と実の二重構造において、一つの仮説を私たちの前に差し出している。この映画のダイナミズムを生み出している対立項は、実はアイヌという血＝民族と日本人という血＝民族のあいだにあるのではない。真の対立はそのもっと奥にある二つの項、すなわち「純血であること」と「混血であること」のあいだにあるのではないか、という仮説である。

一太郎の身を案ずる雪子に向って、一太郎は言う。「真の猟師ってやつは、獲物を殺しはしない。生け捕りにするんだ」。勝負の決着を生死によってではなく、生かして留めること、共生することに求める一太郎の態度は、不可能に思われる「交わり」から生まれた彼自身の出生の秘密から生まれ出てくるものであるかのようだ。猛との緊張のみなぎる闘いの末、自らの言葉通り、相手を殺さず、敵の脚を狙いその動きを奪うことによって、一太郎は勝利を収める。しかし、彼自身も傷を負わなかったわけではない。彼が勝利と引き換えに失ったもの、それは彼の右眼――他者を管理しコントロールするという男性的な能力の象徴である「視線」の源である眼球――である。視力を、しかも両眼ではなく右眼だけを失った一太郎の欠損した身体は、奇しくも「純血」を守ることにこだわる立場からは「不具者」であるとみなされる「混血児」である彼自身の存在を体現しているかのようだ。右眼を失った弱きものとしての男性、それこそが、「純血」と「混血」、「見ること」と「見られること」をめ

ぐる物語である『森と湖のまつり』の、最終的に行き着くイメージなのである。(3)

## 5　交わり、広がってゆく種

映画の公開に先立って行われた原作者・武田泰淳との対談において、内田吐夢は、長い間アイヌの人たちの身近にいて、「アイヌ民族」というものをどう感じたか、という問いを投げかけられる。アイヌを〝滅びゆく民族〟と捉えることは好きではない、と前置きしたうえで、彼はこのように語っている。

内田　アイヌ民族の日本民族への混血を、埋没という文字で表現する人もありますが、日本人の中に埋没する、というのも余り好きじゃないですね。だから混じって広がってゆく、というのが正しいと思いますし、日本民族だって、だいたい……

武田　純粋なものじゃないんですからね。

内田　アイヌが日本民族のエネルギーになってゆくという考え方——それが私の中に成立しているのですが、そのためにはアイヌ自身、非常に近代的に生きなくてはならないし、そこに当然大きな問題も生まれてくるわけです。が、まあ、私の解釈は、こういうところです。(4)

異なるもの同士が相交じりあい、共生してゆきつつも、その一方で、そこに伴う痛みを引き受けること。こうした内田吐夢のヴィジョンは、第二次世界大戦最末期に満州へ渡り、終戦を迎えた後もなお大陸に留まって中国の人々とともに映画を作り、また流浪して辛酸を舐めた末に、日本へと帰還した彼でなければ持ちえないものであっただろう。(5)「異族」を見つめる視線と、他者と交じり合うことの困難さ、という『森と湖のまつり』のテーマは、映画化において、「混血児」というイメージへと昇華される。そして、そのイメージを具現化する俳優・高倉健の身体のもつ特異性も、またここでその進む道を決定づけられたのだと言える。

高倉健という俳優のもつカリスマ的な魅力、そして彼が出演した作品群が提示し、圧倒的な支持を受けたメッセージは、「正義は必ず悪を討つ」ことにあると、公式には考えられてきたかもしれない。しかし、彼が演じたヒーローたちが、みな「世間」から外されたアウトロー＝「異族」であったこと、そして彼の身体の放つ魅力の核に、どこかしなやかな、両性具有的なエロティシズムがあったことを考えあわせたとき、「正義」と「悪」という物語上のマニ教的二元論は、矛盾を抱えながら、切り崩されざるをえない。「任俠映画」というジャンル性のもつ非嫡子的な性格、「正統な」、あるいは「真面目な」映画作品ではなく、大衆のために大量生産される娯楽映画であったという要因も、そこには絡まりあってくるだろう。高倉健が演じるヒーローたちが耐えに耐え、ついに刀を抜いて敵陣の敷居をまたぐとき、彼らはもちろん敵を討つためにその境界を越えるのだが、華麗な立ち回りが繰り広げられ、斬る、撃つ、殴るといった暴力が美しさへと変貌すること、それ自体が禁忌を破り、生と死の境界をまたぐ越境行為だと言える。自ら「異族」となることを恐れず、他者の領域へと足を踏み入れ、凝り固まった二項対立を越えて交じり合うこと――それこそが、アイヌの混血青年〝ビヤッキー〟サ

「一太郎」が映画のなかで演じてみせたことである。若き日の高倉健の身体に、内田吐夢が胚胎させた種は、『森と湖のまつり』という映画において、いつか花開く運命を与えられたのだ。映画の最末尾において、一太郎との一夜の交わりが、彼女のなかに一太郎との子供を宿したことを、雪子のナレーションが告げているように。

（1）武田泰淳『森と湖のまつり』講談社文芸文庫、一九九五年、七頁。
（2）「見世物」として振る舞うアイヌの人々とその「観察者」である日本人との関係は、映画においては、雪子がアイヌの娘を描いた肖像画を〝ビヤッキー〟≠「一太郎」が切り裂くエピソード、あるいはベカンベ祭で民族衣装を身に付けて踊るアイヌの人々を、遠巻きに眺める和服姿の日本人を映したシークエンスにおいても表されている。
（3）「眼」というモチーフがもつ男性性、「見る」主体としての優越性については、一太郎がアイヌ民族のために闘う契機となった姉・ミツとその婚約者であった「先生」との悲恋のエピソードにおいて反復されている。アイヌと交わることを引き受けることができずミツを捨てた「先生」は、最後には全盲の浮浪者となって息を引き取り、その湖の中に沈んでいた遺体は、一太郎によって引き上げられ、倭人の墓という形で埋葬される。
（4）内田有作監修・藤井秀男編集『「命一コマ」映画監督　内田吐夢の全貌』エコール・セザム、二〇一〇年、一七四頁。
（5）内田吐夢が辿った日本列島と大陸を結ぶ波乱万丈な半生については、内田吐夢『人間の記録１０５　内田吐夢「映画監督五十年」』（日本図書センター、一九九九年）、鈴木尚之『私説　内田吐夢伝』（岩波現代文庫、二〇〇〇年）に詳しい。

# 召喚される暴力／記憶

## 『仁義なき戦い』における菅原文太と分有されるイメージ

### 1

「山守さん、弾はまだ残ってるがよう……」

喪服姿のやくざたちが居並ぶなか、一人茶色のスーツに身を固めた菅原文太演じる広能昌三は、かつての兄弟分・坂井の遺影を取り囲む花々に立てられた各組員らの名前の書かれた立て札を拳銃でことごとく撃ちぬいてゆく。そして、うろたえる金子信雄演じる山守組長を目を細めるようにして見据え、日本映画史に残る先の名セリフを低い声でつぶやき、後を振り向かずに葬儀場を去ってゆく。菅原文太の肩越しに浮かび上がる「終」の文字。

ふうっ、と教室内にため息のようなものがこぼれる。あたり一面に張りつめていた緊張がほぐれる。電気をつけると、みな顔が少し紅潮している。すごかったねえ……、うん……、と言葉は少なめだが、何か強烈なものをみんなで共有した、という空気が満ちている。映画館でスクリーンの幕が閉じ、客電のついたあのときの空気感。それが確かに感じられた。昨年、大学の講義で『仁義なき戦い』第一作のスクリーニングをしたときのことだ。

傑作と言われているだけあって、でも、ぼく初めて観ました！　すごいですね！　と興奮しながら話しかけてくる学生もいれば、シリーズのタイトルも知らなかったかもしれない学生までいて、基礎知識はバラバラのクラスだったたと思う。映画製作の背後にあった一九七〇年代日本のことも、ほとんど知らなかっただろう。そもそも、このシリーズの時代設定が、「敗戦直後の広島・呉」という戦後の重い記憶と強く結びついたものである、ということさえ、意識に上っていなかったかもしれない。刃物と銃弾と血が飛び散るその「暴力」のイメージの氾濫に圧倒されて。授業では、映画製作における脚本という仕事がどのようなものであるかについて『仁義なき戦い』を代表作とする脚本家・笠原和夫の『昭和の劇』をテキストに据えて学ばせる心積りだった。(1) しかし、笠原和夫の、敗戦の記憶、戦後の記憶、戦後映画史の盛衰をつぶさに見つめた怨念にも近い記憶がぎゅっと詰め込まれたあの本は、一般の脚本作りの過程を学ばせるには、少々あくが強すぎたかもしれない。プロデューサーや監督、役者、実在のモデルや資金のやり繰りとの切った張ったを繰り返しながら脚本を作り上げてゆくさまを細部に渡って語る笠原和夫は、間違いなく一流のプロフェッショナルな脚本家ではあるが、その仕事の裏側には、彼の戦中・戦後史への個人的な記憶ががっちりと張りついている。そして、その想いを受け止め、七〇年代初頭という時代のうねりのなかで、自分たちの身体を危険に曝すことをいとわず、「暴力」というイメージのなかに封じ込めることに成功した若い俳優たちの集団と、そのアイコンとなった「菅原文太」という俳優のもちえた意味。学生たちに、そこまでの時代の想いと経緯が伝わったかどうか。まあ、仕方ない、初学者なんだし、一生映画にかかわる子たちじゃないわけだし。作品の強さが伝われば、それで良しとしよう。そう考えて、そのときの熱気はいつものように段々と記憶から遠ざかっていった。

何ヶ月か経って、春が訪れ、卒業式の日がやってきた。袴姿の晴れやかな女の子たち（女子の多い学科なのだ）、慣れないスーツ姿の男の子たち。夕方からは学内のレストランで謝恩会が開かれた。女の子たちは、いつの間にかパステル・カラーのカクテル・ドレス姿に変身している。着任一年目だった私は、偉い先生と並ぶのも気が引けて、何となく入口付近に立っていた。宴もたけなわで、そろそろ私はおさらば、と思い、幹事の学生たちにそう告げると、先生、待ってください、とかわいいチューリップの花束を渡してくれた。そして、満面の笑みでこう言ってくれたのだ。「先生、先生のおかげで、私たち「やくざ映画」の面白さを知りました！」そういえば、映画ゼミに来てくれていた学生たちだった。キラキラ、ふわふわしたカクテル・ドレスと、チューリップの花束と、笠原和夫と、『仁義なき戦い』。そして、何よりも角張ったいかつい顔立ちで眉をひそめる菅原文太の面影。何とも言えない組み合わせではあったが、このときはじめて、教師として他人に何か伝えることができた、という実感を知った。それ以降は、そんな思いを感じることもほとんどなかったのだが……。

この不思議な記憶のイメージの連環とは対照的に、『仁義なき戦い』五部作は、私のなかではニューヨークの真冬の景色と結びついている。ブロードウェイとグリニッジ・ヴィレッジを結ぶ通りに面したスターバックスでコーヒーをすすりながら、窓の外の凍てつく空気を感じながら、いかにも場違いな一つの本と格闘していたのだ。それは、『「仁義なき戦い」をつくった男たち——深作欣二と笠原和夫』というタイトルで、NHK教育テレビで作られた『仁義なき戦い』についてのドキュメンタリーの内容を元に、映画で取り上げられた広島やくざ闘争の背景や資料、そしてそのテーマに取り組んだ二人の映画人、深作欣二と笠原和夫への考察が収められた本だった。(2) なぜニューヨークくんだりまで来て、日本語の、しかもやくざ映画についての本を読まなければならないのか。それには一応、明確な理由があった。その年の四月に、日本の「実録やくざ映画」について、発表をしなければならなかったのだ。慣れない題材と、慣れない土地、心細さと切羽詰った想い。さまざまな記憶がめぐるなかで、一つの中心となる、いつもそこへ帰ってゆくイメージがある。それは、菅原文太が短刀をちょうど眼の位置に構え、刀の反射光で鋭い視線が浮かび上がる、あの『仁義なき戦い』のポスターの有名な写真【図1】。あるいは、腿まで水に浸かり、長ドスを片手にした菅原文太の斜に構えた姿勢が——それは、かつての「任俠映画」のイメージ体系からすれば「討ち入り」を示す姿である——、背中の文様を鮮やかに映し出す第三作『代理戦争』のポスターの写真。暴力と、狂気と、ぎらつく艶めかしさが混然一体となったイメージ群。実際、多くの人々のなかで、『仁義なき戦い』のイメージは、これら鮮烈なポスター写真のイメージとともにあると言っていいだろう。

だが、しかし——こうした「暴力」のイメージの強度にもかかわらず——『仁義なき戦い』の本編には、これらのイメージに相当するシーンは存在しないのだ。のみならず、静止したポスター写真の記憶が作り出す屹立した「暴力」のアイコンとしての「菅原文太」は、必ずしも劇中で彼が演じる主人公・広能昌三とは一致しないのである。写真と映画、イメージと記憶。これらの連環に生じるずれと「不在」のヒーロー。なぜこのような「ヒーロー」像が生まれたのか。それを理解するには、一九五〇年代の日本映画第二の最盛期から一九七〇年代の商業映画へと至る道のり——戦前から続く「時代劇」というメイン・ストリームの映画ジャンルから、日本映画が斜陽になり始めたとき、揺れる社会のなかで怒れる若者たちを中心に大きな人気を博した「任侠映画」というジャンル、そして日本のスタジオ・システムが解体へと向かい、日本社会が六〇年代の騒乱から八〇年代のバブル経済の始まりへとゆっくりと動き始めていた一九七〇年代に生み出された「実録やくざ映画」というジャンルへと続く一連の歴史[3]——について触れておく必要がある。

図１

## 2

まず、「時代劇」という伝統的な、のちに数々の支流——菅原文太が体現した「実録やくざ映画」ジャンルを正統な嫡子とする——を作り出すジャンルの源流をさかのぼってみよう。初期日本映画史におけるジャンル区分は、現代劇と時代劇に大別され、一方は「新派劇」、もう一方は「旧劇」と呼び習わされていた。「旧劇」が「時代劇」という名を与えられるのは、歌舞伎や芝居などの型に沿った「旧劇」の古い演出に対抗して「新時代劇」という呼称のもと、映画製作に乗り出したばかりの松竹が製作した『女と海賊』（野村芳亭監督、一九二三）からである。つまり、「時代劇」というジャンルは、映画が演劇の模倣から独り立ちをしようとしたときに生まれた「新しい」ジャンルだったのだ。その後、新時代劇風の映画が増えるにつれて、「時代劇」という呼称が確立していった。(4)

日本映画史において、「時代劇」ジャンルのブームは二度訪れている。一度目は一九二〇年代から一九三〇年代、二度目は一九五〇年代から一九六〇年代前半、どちらも日本映画が黄金期を迎えたときに相当する。この二度目の「時代劇」ブームが、のちの「任侠映画」から「実録やくざ映画」にいたる一連の流れの直接の源流となる。そして、一九五〇年代の「時代劇」ブームの中心となったのが、東映時代劇であり、東映というスタジオのカラーが、「時代劇」というジャンルの色をも作り上げていった。「時代劇は東映」というキャッチ・フレーズのもと、いわゆるスター中心のプログラム・ピクチャーが一時代を画するのである。片岡千恵蔵、市川右太衛門、月形龍之介といった戦前からのスターに加え、東千代之介、中村錦之助、大川橋蔵といった戦後の若手スターを擁した東映は、娯楽に徹した時代劇シリーズを連発していったのだ。(5)

しかし、その黄金期は永遠には続かない。歌舞伎出身のスターの様式美を重んじる立ち回りや、量産体制による物語のマンネリ化は、やがて客足を遠ざけ、他の撮影所では黒澤明のリアリズムを重視した時代劇や、六〇年代という政治の季節を反映させた主題が現れていた。また、日活のアクション活劇の人気が「時代劇」の衰退に拍車をかけた。そうした重苦しい空気のなか、東映は新たな活路を見出し、起死回生を遂げる。それが『人生劇場・飛車角』（一九六三）のヒットによって皮切られた「任俠映画」の一大ブームであったことは、言を俟つまでもないだろう。主に明治から昭和初期に時代を設定し、「任俠」という男の（ときには女俠の）美学を貫くやくざや鳶職といった社会の周辺に生きる者たちを描いた作品群は、社会が大きくうねり、政治的色合いが濃くなっていった六〇年代後半から七〇年代前半までの世相に強く訴えかけた。虐げられ、耐え忍んだ主人公が最後には刀を抜き、敵のところへ飛び込んでゆく姿は、社会的権力の矛盾と抑圧に異議を申し立てる大衆、そして若者からも大きな支持を受け、新たなスターが次々と誕生した。鶴田浩二、高倉健、若山富三郎、池辺良、女優では藤純子といった新たな東映の顔が生まれ、観客たちは彼らの勇姿を観に劇場へ馳せ参じた。

とりわけ、鶴田浩二、高倉健の二人は「男のなかの男」として、時代のアイコンとなってゆく。彼らに共通するのは世俗に対するストイックな態度、そして「仁義」＝渡世の義理を何よりも重んじるその姿勢である。スクリーンにその姿が現れるだけで、彼らがヒーローであることが分かる。社会の片隅に生きていても、正統派のヒーローであるという彼らの「型」は、その後十年近く生き延び続けることとなる。そして、その「型」を打ち破ったのが、ほかでもない「菅原文太」という身体の内に結晶化された新しいヒーロー像だったのだ。

『日本俠客伝』、『網走番外地』、『昭和残俠伝』、『緋牡丹博徒』といった錚々たるシリーズによって頂点を極めた「俠客映画」は、一九七〇年代初頭には斜陽になってゆく。その頃から、古びてゆく任俠の「型」を打破しようと、東映のなかでもいくつかの試みがなされ始めていたが、何といっても「任俠映画」にとどめを刺し、日本映画史に新たなページを開いたのは、一九七三年から一九七四年に渡って公開された『仁義なき戦い』五部作であることは間違いない。『仁義なき戦い』のプロデューサー、日下部五朗は、その歴史的な物語の始まりをこう回想している。

ちょうど『関東緋桜一家』公開の頃だったと思う。作家の飯干晃一さんに『オトリ捜査』というやくざ組織に潜入する麻薬Gメンのノンフィクションがある。わたしはこの題材を渡哲也主演で映画化しようかと、笠原和夫さんを同道して大阪千里の飯干さんの家へ出かけた。

あれこれ話を聞かせて貰って、引き上げようとした時、飯干さんが、

「こんなものがあるんだけどね」

手書き原稿のぶ厚い束を見せてくれた。七百枚あるという。

「広島抗争に関係して、ずっと刑務所に入ってたやくざが書いた手記なんだけどね。なかなか迫力があって面白いから、今度これを基にして『週刊サンケイ』に連載しようと思ってるんだ」(6)

この「ぶ厚い七百枚の手書き原稿の束」こそが、のちに七〇年代東映の「実録やくざ路線」を決定づけ、日本映画史のメルクマールとなった『仁義なき戦い』五部作の原型であったことは言うまでもない。この回想録の章のタイトルは、「一九七三年一月十三日」となっている。この日付は、『仁義なき戦い』第一作が公開された日であり、プロデューサーとしての日下部の、また、監督・深作欣二の、脚本家・笠原和夫の、そして俳優・菅原文太の人生をも変えた日であったのだ。

このように、日本映画の二大ジャンルの一つ「時代劇」の歴史を概観してみると、「実録やくざ映画」が確実にその流れを汲んでいること、そして多くの場合「ヒーロー」を中心として物語が展開するこのジャンルにおいて、俳優・菅原文太もまた、片岡千恵蔵から中村錦之助、鶴田浩二から高倉健へと続いてきた「東映時代劇」における「ヒーロー」像の正統な後継者であることがわかるだろう。もちろん、時代とともに「ヒーロー」のイメージは移り変わってゆく。片岡千恵蔵が体現したような「型」が、刷新されることによって新たな段階へと移行していったのが、「時代劇」、ことに戦後の「東映時代劇」の歴史であったと言ってもいい。では、「任俠映画」から「実録やくざ映画」へ、鶴田浩二・高倉健のヒーロー像から、菅原文太を筆頭とする「実録路線」のヒーロー像へ移り変わってゆく際に、いったい何があったのか。その二つの時代の接面を差異化するものは何なのか。そこに、俳優・菅原文太のどのような姿が現れてくるのだろうか。

## 3

一つの大きな出来事によって、時代がばっさりと切り裂かれてしまったかのように見えるときがある。しかし、当然ながら、歴史はそのようには変化してはいかない。底流のように流れる人やものや情念、偶然の積み重ね、そうした事柄が次第に積み重なり、前の時代と重なり合い、押し戻し合って、次第に新たな流れが表面化してくる。東映時代劇が「任俠映画」から「実録やくざ映画」へと移行してゆく過程も、また例外ではない。やくざ映画のルールを一気にひっくり返してしまった屹立した作品として語られる『仁義なき戦い』五部作の登場も、それを準備する土壌があってこそ現れた事件だった。その前哨戦のなかでも重要なのは、『仁義なき戦い』に先立って、菅原文太と深作欣二が出会った『現代やくざ　人斬り与太』という作品である。菅原文太が初主演を果たした『現代やくざ』シリーズの第六作目として作られたこの映画は、暴力に次ぐ暴力、「人でなし」としか言いようのない荒くれ者の主人公を描くことによって、斜陽になりかけていた「東映任俠映画」に新たな側面を切り拓いた（深作欣二はこの作品について、「いちばん悪いやつが主人公で何で悪いんですか」、と俊藤プロデューサーに切り出したと回想している）(7)。松竹から移籍してきた菅原文太は、すでに「任俠映画」にも脇役で出演し、人気も上昇中ではあったが、ブレイクまであと一歩のところで燻っていた。そこに、従来の「任俠映画」に乗り切れないものを抱えていた若き日の深作欣二の想いがクロスし、触媒作用を起こしたのだ。『人斬り与太』は物語だけでなく、その撮影スタイルも斬新だった。当時の宣伝用プレスには、「手持ちカメラと望遠レンズ一〇〇ミリを主体に」「全篇四倍増感現像」などの文字が並んでいる(8)。手持ちカメラなら激しい動きが可能になり、望遠レンズを使うことによって遠くの被写体も狙うことができる。さらにフィルムを増感現像させ、粒子の荒い質感を出すことにより、画面は否応なくスピード感に溢れ、ドキュメンタリー・タッチを帯びたものとなる。言うまでもなく、これは『仁義なき戦い』を決定づける撮影スタイルだ。坪内祐三が正しく指摘しているように、多くのコメンテイターが「菅原文太はそれまでのヤクザ映画とは違う現代ヤクザすなわちとても暴力的な人物像を演じた。それがとても新しかった」と口にするが、その菅原文太像は『仁義なき戦い』の菅原文太が演じた広能昌三とは明らかに異なっている。仁義などお構いなしに親兄弟までをも殺傷する純粋な「暴力」のイメージ、それはむしろ『人斬り与太』とそれに続く『人斬り与太　狂犬三兄弟』によって菅原文太に与えられたのだ。(9)

さらに言うならば、この『現代やくざ』というシリーズのタイトル、このなかにも矛盾と新しさが含まれている。「現代」という時間性とジャンルとしての「やくざ映画」は、本来水が合わない。「時代劇」ジャンルをその源流にもっていることからも分かるように、「任俠映画」は「過去」に物語の時制をおくジャンルであり（その多くは早くとも明治維新前後から、昭和初期に時代設定されている）、基本的に「記憶」と「回想」の形式なのだ。それは、「暴力」のイメージを「過去」に包み込んで距離を置くことで、発信してきたジャンルであると言えるかもしれない。それを、「現代」へと時制を変え、ドキュメンタリー・タッチのスタイルと菅原文太の一人称のナレーションでスクリーン上の出来事を「いま・ここ」へと急接近させたこと、肌身に突き刺さる体験として「暴力」を現出させたことは、まさに掟破りの行為だったのだ。そこには、明らかに七〇年代初頭という時代と通底した感覚がある。象徴的な逸話としては、深作欣二が『人斬り与太』の脚本を書いていたときに、連合赤軍事件のテレビ中継が始まったというエピソードがある。(10) 刻々と迫ってくる締切と、テレビから次々と報道されてくる理解を越えた「暴力」の存在。「現在」が「暴力」として生々しく迫ってくる感触。これこそが、「実録やくざ映画」の核心ではないだろうか。「暴力」はすでに「回想」形式に守られてはいない。それは「いま・ここ」にあるものなのだ。

# 4

「現在」と「過去」、「暴力」と「記憶」。「実録やくざ映画」という新しいジャンルが伝統的な「時代劇」の流れのなかに切り拓いた新たな問題系、あるいは可能性。[11] その行き着く先を一気に描き切って見せたのが、「実録路線」の火ぶたを切った『仁義なき戦い』五部作であったのは、ある種皮肉なことであったかもしれない。ここには、「実録やくざ映画」がその後表現していったものが、ほとんどすでに網羅されている。それらをまとめ、いくつもの水脈の結節点となるのが、菅原文太演じる広能昌三の身体イメージなのだが、まずはひとつずつ要素をひも解いていこう。

まず指摘されるべきことは、『仁義なき戦い』五部作は、どの作品の冒頭にも映画とは異なるメディアが使われていることだろう。第一作は敗戦後の市井の風景（焼け跡の風景、壁の落書き、復興してゆく街頭、生の裸体が並ぶ銭湯の様子など）がモノクロの写真で点描的に示されてゆき、最後に闇市の俯瞰の映像が映し出されると、停止していた画像が動き出し、映像がカラーへと変化する。「過去」のなかに凍結されていた「現在」が息を吹き返すのだ。写真が「かつて・そこに・あった」ものを提示する「過去」へ遡行するメディアだとすれば、映画は「過去」を「現在」へと引き戻そうとするメディアであると言える。また一方、写真が「過去」を指し示す反面で、「過去」における物体の「現前性」を強く主張するメディアであることを考えれば、これらの冒頭の写真は、「実録やくざ映画」の疑似ドキュメンタリー的性格を強調する映像であると言える。実際、シリーズの第二作以降の冒頭のタイトル・ロールには新聞の切り抜きが使われるようになり、物語のリアリティを増す方向へと向かっていく。

このように、「過去」と「現在」の時間性が駆け引きをするなかで、否応もなく「現在」あるいは「現実」を剝き出しにする要素が入り込んでくる。それが、スクリーン上に溢れかえる「暴力」のイメージである。闇市の雑踏をぬって、一人の女が逃げてくる。それを追いかける米軍兵たち。彼らは女を押し倒し、暴行しようとするが、その場に居合わせた復員兵姿の若者・広能と、彼ののちの兄弟分・山方がそれを止めようと、米軍兵に殴りかかる。乱闘に発展しかけたそのとき、警官隊が到着して割って入るが、彼らは広能たちを押しとどめるばかりだ。「バカたれ、女を早よ逃がしたれ！」怒号がひしめくなかに、ヘルメットを被った米軍警備隊たちが流れ込んでくる。「おい！　ＭＰじゃ！逃げい！」ＭＰが放つピストルの音とともに、広能、山方を含めた群衆が命からがら四散してゆく。

この冒頭のシーンは、手持ちカメラの目まぐるしい動きと密接感、素早いカッティングと闇市の騒音とで一気に観客を戦後直後の闇市へと引きつける。そこで何よりも効果を発揮するのは、四方八方から振ってかかる「暴力」が視覚・聴覚に与える衝撃である。実際、画面上はイメージと音が入り乱れ、人物の位置関係もよく分からない。増幅した「暴力」の衝撃は、説話的効果を脱臼され、むしろ観客の眼と耳に直接訴えかけるアトラクションとして機能している。『仁義なき戦い』において、リアリズムとは物語や舞台が迫真に満ちていることだけを指すのではない。観客が「実際に」自分自身の身体にショックを受ける経験、それ自体が「暴力」のイメージのもつリアリティなのである。冒頭のシーンに引き続き、映画はたたみかけるように、のちに広能と血で血を洗う抗争を繰り広げることとなる人物たちを登場させてゆくが、そこにはいつも「暴力」のイメージ（両腕を日本刀で斬り落とす、血だらけの傷あと、喧嘩の果てにドブ川へ落とされた仲間など）が付きまとう。そして、その連鎖するイメージを一旦抱き取るのが、仲間の報復を買って出る菅原文太の奇妙にのんびりと、落ち着いた言葉なのだ。

新開「なんぼ金筋じゃ云うて、仰山げな」
坂井「じゃったらお前一人でやってみイ！」
川西「闇市の連中も呼んで手伝って貰おうた方がえかろうか」
広能「なんよう、わしが行こうか、のう。斬られたんはわしの友達じゃし、やってもみんで人頼んだらあんた等恥かこうが」
坂井「こんな、道具持っとるんか？」
広能「持っとらんよ。なんか探してくるよ。相手は今何処におるんの？」

この会話が交わされた後、拳銃を坂井から借りた広能は、仲間の仇を探しに中心街へ戻る。また来やがったか！　と日本刀で殴りかかる相手から飛び退いた広能は、拳銃の引き金を引くが、カチッと空撃の音がするだけで弾が出ない。また刀を振りかざして迫ってきた相手に向って、足も動かず夢中で二発目の引き金を引く広能［図2］。弾は相手の眉間に命中し、即死する。「おい、やったぞ！」ここから、広能の極道への道が始まるのである。しかし、冒頭から続いてきた連打するような「暴力」のイメージに対し、広能自身が放った「暴力」のイメージは、何とも弱々しいものだ。この時点でまだ堅気の広能は、「暴力」を体現する存在ではない。彼は「暴力」の世界に引き込まれてゆく観客の道案内人であり、『人斬り与太』シリーズで菅原文太がそうであったように、彼自身が「暴力」そのものというわけではないのだ。『仁義なき戦い』五部作を通じて、菅原文太＝広能は「仁義のない」暴力はほとんど振わない。「暴力」のイメージは各作品に充満しているにもかかわらず、それらは菅原文太＝広能の周囲を取り囲み、回り続けるだけで、彼自身は「暴力」のイメージとしては中身を欠いた空虚な中心としてしか存在していないのだ。『仁義なき戦い』における、「暴力」を振わない「暴力」イメージのアイコンとしての菅原文太。この二律背反的な役回りの効果は、シリーズ随所に表れてくるが、一番顕著なのは第二作目『広島死闘篇』だろう。ここでの主役は、建前上は広能とされているが、実際に物語の中心となるのは、予科練の唄を口笛で吹きながら、親分衆に弄ばれ、殺人を積み重ねた末に凄惨な自死を遂げる山中正治（北大路欣也）という青年なのである。戦争で英霊として散ることを夢見ていた青年の後悔の影を引きずった青春は、暴力も死も何とも思わず、自らの欲望にしたがって破天荒な生き方を選ぶもう一人の青年、大友勝利（千葉真一）の姿と対置され、両者の差異は物語が進むごとに際立ってくる。その合わせ鏡のような青年たちの生きざまに対し、菅原文太演じる広能は、一世代上の、彼らを見守り、観客とともに最期を見届ける媒介として現れる。実際、広能が登場するのは、刑務所の

図2

なかで山中と知り合う冒頭、山中が属する村岡組との抗争に巻き込まれた広島の時森親分をかくまう中盤、そして自死した山中の葬儀で、事情を知らぬ者たちが彼を「男のなかの男」と誉めそやすなか、彼を死へ追いやった張本人でありながら、何食わぬ顔で女と戯れる村岡の姿を、斜からじっと見つめる場面だけなのである。主人公の登場回数のあまりの少なさに、菅原文太は出演を断ろうとしたという。しかし、激しい「暴力」のすさまじい牽引力に対して、ヒーローを中心とした従来の「任侠映画」の枠組みはなす術もなく崩れ去ってゆく。

続く第三作目『代理戦争』において、広能は主人公としての地位を復活させるが、関西やくざの大組織の対立が広島やくざの抗争として収斂していく過程を描くこの作品は、親分同士の腹の探り合い、歪外交が中心として描かれるため、広能たち広島やくざの戦後第一世代は、彼ら自身が「暴力」を行使することはほとんどない。「暴力」を引き受けるのは彼らの下についた若者たちであり、幹部となった広能たちの姿は、互いの情勢を見計らいながら状況を探り合う、台詞を中心とした群像劇として描かれる。広能、武田、江田、槙原、松永といった幹部衆が山守組の方針について議論する場面が何度も描かれるが、彼らのなかで、広能は群像劇の一端を担う者として登場するものの、主人公として特別前面に押し出されることはほとんどない。奔放な演出と手持ちカメラの機敏さが特徴とされる『仁義なき戦い』だが、この第三作は例外的にエスタブリッシング・ショットから画角が変化することが少なく、人物たちの姿がフレーム内にすべて収まるように精密に計算されて配置されている。また、細部に映る大部屋役者まで丹念に演出を行ったこともこのシリーズの逸話として語られるが、この第三作については「すべての役者にピントを合わせる」という深作演出が、互いに拮抗し合う緊張した人物相関図を表現するのに功を奏している。フレーム内に映りこんだ人物は、すべてくっきりとした輪郭をもってスクリーン上に映る。主人公である広能もその例外ではない。彼は、複数の思惑が交差する群像劇の重要な一端を担っているが、それ以上でも、それ以下でもない。特権的な人物は、ここには存在しないのだ。

第四作目『頂上作戦』において広島やくざ抗争はついに激烈さを爆発させ、警察やジャーナリズムとの争いも巻き込みつつ、「暴力」と「死」のイメージの頂点に達するが、ここでも広能は主人公にあるまじき行動をとる。激しい抗争のさなか、広能組組長として、逮捕・収監されてしまうのだ。彼は映画の後半では刑務所での面会という状況においてのみ登場し、争いの表舞台からは姿を消してしまう。しかし、それは彼が主人公として不適格であるということを必ずしも意味してはいない。『仁義なき戦い』五部作において、ただ一つの中心というものはない。いくつもの群像劇が重なり合い、すれ違うこの物語においては、プロットの核は複数であり、多形倒錯的な形をとる。そして、菅原文太演じる広能は、その「暴力」の媒介者という形でのみ、主人公のポジションを与えられているのである。

## 5

実質的な物語が終わる第四作のラスト、七年半の実刑が決まった広能に、武田が面会に来る場面は、広能が中心を外れた外郭から物語を通観する人物であることをことさらよく表している。寒々とした裁判所の廊下のベンチに、広能が座っている。彼の背後の窓ガラスが欠けた隙間から、粉雪が舞い込み続けている。手錠をかけられた手や、草履の素足が小刻みに震えている。

武田「昌三……」

声に振り返ると、同じ手錠姿の武田が後ろに立っている。

一瞬、無言で見つめ合う。

武田も小刻みに体を震わせている。

（…）

広能「山守は……？」

武田「ありゃア一年半じゃ」

広能「（自嘲して）一年半と七年か……間尺に合わん仕事したのう……」

武田「わしも全財産はたいて一文無しじゃけん……ほいで新聞にア叩かれるし……これからはのう、政治結社にでも変えていかにゃアやっていけん……」

広能「そりアそれでええかも知れんが……もう、わしらの時代は終いで……十八年も経って、口が肥えて、こう寒さがこたえるようになってはのう……」

ここで、観客は、長い時間が過ぎ去ってしまったこと、復員兵姿の若者だった菅原文太＝広能昌三が、もはや映画の「現在」を象徴する人物ではなくなってしまっていたことに気づく。記憶と回想を軸とした「過去」の物語形式である「任俠映画」を、否応ない「暴力」の現前性によって「現代」へと塗り替えた「実録やくざ映画」の突端である『仁義なき戦い』が、「現在」であることを止めようとしているのだ。「時代劇」というジャンルの流れにおいて「現代」という時代を象徴したかに思える『仁義なき戦い』もまた、「敗戦直後」という「近過去」――とりわけ監督・深作欣二と脚本家・笠原和夫にとっては少年・青年時代の深く重い記憶が込められた「過去」――から始まる物語だったのだ。「暴力」イメージの否応のない現前性は、過ぎ去った過去を呼び戻す。かつて命を散らしていった若者たちが、「いま・ここ」によみがえって観客と同じ時を過ごす。その繰り返し遡行する運動が、『仁義なき戦い』を「現代」の映画たらしめていると言えるだろう。

繰り返される若者の死、「いま・ここ」を生きる青春の散りゆくさま。このシリーズの底流に流れる「若者の死」というモチーフ。これに対し、諦観を湛えた、人より早く物事を多く見てしまったような菅原文太の骨ばった顔、細く筋肉質だが、少し傾いだ佇まいは、彼ら若者たちを一歩引いた距離から見届ける証人として、より相応しい存在であったと言える。それを証拠立てるかのように、第五作目にあたる『完結篇』の冒頭では、刑務所のなかで「現代やくざ」であった自分とその時代の記憶を原稿用紙に刻みつけてゆく広能の姿が俯瞰ショットで示される。そう、すべてはやはり「過去」だったのだ。『仁義なき戦い』が切り拓いた「実録やくざ映画」というジャンルが、「時代劇」という日本映画の伝統的なジャンルを後継する流れであることが、ここではっきりと示されると言えるだろう。ただ一つ、違うことがあるとすれば、直系ジャンルの「任俠映画」における鶴田浩二や高倉健といったヒーローとは異なり、『仁義なき戦い』における広能が、物語を外側から眺めるメタ・レベルの視点をもった主人公であるという点だ。「記憶」を呼び戻しつつ、自分が「かつて・そこに・いた」こと、回想される物語は真実であり、その「現前性」こそが作品の中心的な主題であること。「証言」という行為の核心は、語られる言葉が「記憶」のなかの出来事の「現前性」を裏切り続けることにあるが、「実録やくざ映画」というジャンルを成立させているのも、やはりこの「過ぎ去ってしまった現在」という矛盾した時間性にあるだろう。「過去」を描きつつ、同時に「現在」でもあること――これが「実録」路線につねに課せられる課題だと言えるが、その危うい時間の交差点を、どのように突破するかということこそが、作品の生死――迫真性、真正性、現前性――を分かつ結節点となるのではないだろうか。『仁義なき戦い』において、その突破口となっている特権的なイメージこそ、「若者の死」というモチーフなのである。

相争い、死を遂げてゆく幾人もの若者のなかでも、第二作目の山中正治のようにヒーローにもなり切れず、無残に散ってゆく者たち。そのなかの一人に、第三作目で渡瀬恒彦が演じる青年・猛がいる。彼は先輩格の組員にけしかけられ、敵方の重要人物を二度にわたって殺害しようとするが、いずれも未遂に終わり、彼自身の若い命を落としてゆく。彼の死がある意味『仁義なき戦い』において象徴的なのは、彼自身が、あるいは彼の死が意味があるからではない。反対に、彼の死には何の意味もなく、彼自身もまた、死んでいった大勢の名のない若者の一人でしかないことが、彼を象徴的な存在にさせているのだ。作品の冒頭、小学校時代の先生と母親とに連れられて広能組にやってきた彼は、まだ少年の面影を残した堅気の青年でしかない。こいつを男にしてやってくれ、と広能に預けられた猛は、次第に仁義なき争いと暴力のなかに巻き込まれ、青春を蕩尽させてゆく。映画のラスト、火葬場で焼かれた骨となった彼の身体は、警察によって死体解剖され、内臓を抜き取られた空っぽの器でしかなくなっている。「ズダ袋のように縫い合わせされて、この子の中身はどこに行ったんでしょうか」と泣き崩れる母親が言い当てているように、彼の死も、身体も、中身のないものとして葬り去られるのだ。骨箱を抱えた広能たちが火葬場を出てゆくと、そこには彼を狙う敵の組員たちが待ち構えており、幾つもの銃弾が飛び交うなか、その内の一弾が猛の骨箱に命中し、骨箱は道路に落ち、敵の車によって轢きつぶされてしまう。文字通り粉々になった彼の骨を拾おうと、組員の一人が一片をつまみ上げるが、熱っ、といって取り落としてしまう。取り返しのつかない、空虚なこの死は、『仁義なき戦い』五部作の真の中心である多くの名前のない若者たちの死の一つの典型である。自らも骨片を拾い上げ、拳のなかに握りしめる菅原文太＝広能の顔のアップ・ショットと、原爆ドームを下から上へ上昇してなめてゆくショットとが、カットバックされる［図3］。ナレーションが被さる。

「たたかいが始まるとき、まず失われるものは若者の命である。そしてその死は、ついに報われた試しがない。こうした死を積み重ねつつ、広島やくざの抗争は、さらに激しく拡大の一途を辿っていったのである」

『仁義なき戦い』を貫いている一つの力のようなものが、ここには凝縮されている。「暴力」の現前性を「いま・ここ」へと引きつけようとする作品の吸引力は、まさにこの無数の「若者の死」の瞬間の閃きに込められていると言えるのではないだろうか。その事実を告げる言葉が語られるとき、主人公とカットバックされるのが原爆ドームであるということは、このシリーズが、単に「広島やくざ抗争」のドキュメントを目指したものではないということを明確に表している。「広島やくざ抗争」と

図3

いう固有の事件が普遍的な「暴力」の表象となりうるのは、それが「戦中派」と呼ばれた深作欣二と笠原和夫によって、「戦争」という巨大な「暴力」の記憶と結びつけられたときなのだ。思い出してみよう、『仁義なき戦い』の最初に現れるイメージを。あの衝撃的なタイトルの文字の背景に映っていたのは、原爆のあのキノコ雲のイメージではなかっただろうか。そして、この作品群の「暴力」のイメージの原点が、この歴史上最も力をもった原爆という「暴力」にあるのだとすれば、無残に散ってゆく無数の若者の命は、戦争で落とされた数多くの若者の命と重ねられるだろう。こうして、戦後史における固有の出来事である「広島やくざ抗争」という記憶は、「暴力」の普遍的なイメージとなって、観客の「いま・ここ」へと結びつけられる。そして、そのとき、原爆ドームという「集合的記憶」のイメージとカットバックされる菅原文太＝広能の眼は、「暴力」の歴史の証人の眼となるのである。

## 6

ここで、奇妙な矛盾が生じてくる。『仁義なき戦い』で描かれた「広島やくざ抗争」が、「暴力」イメージの「集合的記憶」を担うものであり、またそれをメタ・レベルから見つめる菅原文太＝広能の眼が、それを「証言」する眼であったとするならば、観客にとって『仁義なき戦い』から想起されるイメージ、短刀のぎらついた光に照らされた菅原文太の顔のイメージ、日本刀を持って海に向って歩く後姿に刻みつけられた刺青、あれらポスターのイメージが、映画においては「存在しない」イメージ、「不在」の痕跡なのはなぜなのか。写真が、映画と同様、「かつて・そこに・あった」ことを示す痕跡なのだとしたら、あれらのイメージは「非＝存在」のイメージとして、写真というメディアの原則に逆らうものではないだろうか。そうかもしれない。映画のなかで命を散らしていった幾人もの若者たちを、観客の「いま・ここ」へと呼び戻すこれらのイメージ＝記号は、写真のもつインデックス性を強く帯びているはずだ。それなのに、その原点には、「不在」が横たわっているのである。だが、ここにこそ、この「不在」の空間においてこそ、菅原文太という一人の俳優の身体が強く浮き上がってくる。彼は、ポスターのイメージのなかで、確かになにかを「演じている」。しかし、それは『仁義なき戦い』における広能昌三というキャラクターに閉じてしまっているのではない。言ってみれば、菅原文太の写真は、『仁義なき戦い』という映画作品から「逸脱している」。彼が写真のなかで生きているのは、物語のなかの「いま・ここ」ではない。むしろそれは、戦後史の「暴力」を生き抜いた数々の若者の死の、高度に純化されたイメージであると言える。しかし、それはまた、俳優・菅原文太の生々しい身体の痕跡でもあるのだ。その二つのイメージを抱きかかえること。自らの身体を、多くの若者の死に分け与えること。そうすることで、俳優・菅原文太の身体イメージは、戦後史の「集合的記憶」、あるいは召喚された「いま・ここ」を象徴するイメージとなりえたのである。

（1）笠原和夫、荒井晴彦、絓秀実『昭和の劇　映画脚本家　笠原和夫』太田出版、二〇〇二年。
（2）山根貞男、米原尚志『「仁義なき戦い」をつくった男たち　深作欣二と笠原和夫』日本放送出版協会、二〇〇五年。
（3）六〇年代―七〇年代の日本映画史の趨勢については田中純一郎『日本映画発達史Ⅴ　映像時代の到来』（中公文庫、一九七六年）を参照。
（4）岩本憲児「時代劇伝説」、岩本憲児編『時代劇伝説　チャンバラ映画の輝き』（森話社、二〇〇五年）、九―十一頁。
（5）田島良一「東映時代劇論」、岩本編、同前、一四四―一六六頁。
（6）日下部五朗『シネマの極道　映画プロデューサー一代記』新潮社、二〇一二年。
（7）深作欣二、山根貞男『映画監督　深作欣二』ワイズ出版、二〇〇三年、二四三頁。
（8）深作、山根、同前、二四五頁。
（9）坪内祐三「菅原文太の新しさは「仁義なき戦い」シリーズではなく「人斬り与太」シリーズにあったのだ」、『キネマ旬報』二〇一五年二月上旬号、三八―三九頁。
（10）深作、山根、前掲書、二四一頁。
（11）「実録やくざ映画」の歴史と各作品の詳細については高田宏治＋編集部『東映実録路線　最後の真実』（メディアックス、二〇一四年）に詳しい。

## 参考文献

杉作Ｊ太郎、植地毅編著『仁義なき戦い　浪漫アルバム』徳間書店、一九九八年。

『別冊　宝島８３３号　仁義なき戦い PERFECT BOOK』二〇〇三年。

鈴木義昭編著『仁義なき戦い　公開40周年　そのすべて』メディアックス、二〇一三年。

『洋泉社 MOOK　別冊映画秘宝　実録やくざ映画大全』洋泉社、二〇一三年。

『TOWNMOOK　追悼！　菅原文太　仁義なき戦い　COMPLETE』徳間書店、二〇一五年。

『キネマ旬報　菅原文太　一番星になった男』二〇一五年二月上旬号。

# 少女・謎・マシンガン
## 〈角川映画〉の再評価

### 1　少女の原光景

一つの象徴的なシーンから始めよう。一人の少女が、無理やり車に乗せられて、ある古びたアパートの一室へと連れて行かれる。簾越しに部屋のなかを見た彼女は、ある決定的な場面を目撃してしまう。それは、父の死によって思いがけずやくざの組長になった彼女を守ってきた若頭が、一人の女性と情交している場面だ［図1］。さらに、その相手が、自分の死んだ父親の愛人だった女性であることを見て取った彼女は、怯えたように顔を背けてしまう。父を亡くした少女のイニシエーションの物語である映画、『セーラー服と機関銃』（一九八一）において、このシークエンスは格別際立ったものとは言えない。父の死後、公的な場での後見役をつとめてきた男性と、実の父の愛人との性交場面は、擬似的な原光景として少女の通過儀礼を契機づけ、物語構造のなかに居心地よく組み込まれている。

しかし、ここで若頭を演じている渡瀬恒彦が、一九七〇年代を通じて東映の実録やくざ映画を代表する俳優の一人であったこと、また女性を演じている風祭ゆきが、日活ロマンポルノを主な活躍の場とする女優であったことを考えてみたとき、このシークエンスのもつ意味は二重化されてくるのではないだろうか。

まず指摘されるべきなのは、この二人の俳優が属しているB級映画ジャンル、東映実録やくざ映画と日活ロマンポルノは、ともに崩壊していくスタジオ・システムを最後に支えたプログラム・ピクチャーだったということである。どちらも低予算・限られた撮影日数によって量産体制を維持しつつ、斜陽になった映画産業のなかで、制限を逆手にとった若手監督たちにアナーキーな表現の場を提供していた。しかし、七〇年代も半ばになると、こうしたB級ジャンル映画の製作体制そのものが次第に機能しなくなってゆく。その崩壊の一つの要因となったのが、薬師丸ひろ子を育てた「角川映画」に代表される、巨大資本をもった他業種の映画製作への参入と、複数のメディアを連動させたイヴェント性の強い興行形態の始まりだった。大手映画会社が弱体

図1

化し、自ら作品を製作する力を失ってゆく一方で、新たな独立プロダクションが台頭してくる。ここで注意しておきたいのは、独立プロダクションという存在のもつ意味が、七〇年代半ばに入ると完全に変化してしまっているという点である。一九六〇年代までの独立プロダクションは、ATGであれ、映画作家の個人プロダクションであれ、前衛作家の牙城としての意味が与えられていたと言えるだろう。しかし、七〇年代に現れた新たな独立プロダクションは、これから私たちが見ていこうとする角川春樹事務所やフジテレビなどメディア戦略に長けた他業種による商業映画の製作を意味するようになる。旧来のスタジオ・システムと、アヴァンギャルドな映画作家の両者ともが失速し、膨張してゆく文化産業のなかに呑み込まれていったのが、日本映画の一九七〇―八〇年代だったと言えるだろう。

振り返って『セーラー服と機関銃』の製作体制を見てみると、製作を角川書店とキティ・フィルム（音楽制作会社キティ・レコードを母体としたプロダクション）が担当し、大手映画会社の一つである東映が配給するという一九八〇年代の典型的な形をとっていることが分かる。さらに、テレビ・コマーシャルを大量に流し、薬師丸ひろ子の歌う主題歌や別キャストによって作られたドラマと連動させた複合的なメディア戦略によって、この作品はその年の興行収入第一位を獲得するのである。こうした時代背景を念頭に置いたとき、冒頭に挙げた少女の通過儀礼を象徴するシークエンスは、別の意味を帯びてくる。すなわち、ここで訣別を告げられているのは、無垢な少女時代であると同時に、スタジオ・システムの最後の光芒であった七〇年代プログラム・ピクチャーであり、薬師丸の大人への成長は、やがて彼女がアイドルとして代表することになる八〇年代商業資本映画への移行を象徴してもいるのだ。

しかし、一九七〇―八〇年代の映画界を席巻した「角川映画」という商標は、本当にいわゆる文化産業の一名称でしかなかったのだろうか。確かに「角川映画」という現象が登場した直後から、その商業主義を揶揄する声は大きかった。だが、行き詰まりを見せ始めて久しかった日本映画界において、従来の製作・配給体制から大きくかけ離れたその活動に、一種の期待感が寄せられていたのもまた事実である。七〇年代半ばの日本映画において、「角川映画」とはまさに革命を意味する言葉だったのだ。まず、その歴史をひも解いてみよう。一九七五年十一月、角川書店を創始した父・源義を継いで角川書店社長に就任した角川春樹は、その翌年に映画製作を目的にした角川春樹事務所（資本金六〇〇〇万円）を設立した。その映画製作への取り組みの原点となったのは、彼が角川の一社員時代に映画『ある愛の詩』をノベライズし（『ラブ・ストーリィ――ある愛の詩』）、映画の主題歌とともに大ヒットさせたことにあるとされている。[1] このときの経験から映画には本の販売を拡大させる大きな力があると判断した角川は、自らプロデューサーとして映画製作を始めることとなる。その第一作となった『犬神家の一族』（市川崑監督、配給東宝、一九七六）は、原作者・横溝正史のブック・フェアと映画興行とを連動させて大成功を収め、[2] 後に連作される横溝原作映画の先鞭をつけるとともに、横溝映画のなかでも最高となる配収十五億円を弾き出した。

『犬神家の一族』の革新性は、本の販売と映画とのコラボレーションだけに留まるものではなかった。たとえば、その後も「角川映画」を特徴づけることとなる大規模な宣伝体制が挙げられる。「従来の大作の宣伝費一億に対して、三億かけたこと、すなわち映画界では、製作費以上の宣伝費は伝統的に考えられなかったのに対し、三倍以上のものをかけたこと」[3] は、旧態依然とした日本映画界を揺るががす事件だった。また、この巨大な宣伝費の多くが多量のテレビ・コマーシャルに使われたこと（「金田一さん、事件ですよ」というキャッチ・コピーはその年の流行語となった）は、他のメディアとの連携が映画製作にとって不可欠となってくる一九八〇年代を予感させるものであった。角川はこの作品の監督にすでに名匠の域に入っていた市川崑を起用する一方で、音楽にはテレビ業界で活躍する作曲家でジャズ・ピアニストの大野雄二を配し、従来の日本映画には見られなかった斬新な音づくりを取り入れるとともに、そのサウンド・トラックを発売することによって音楽業界にも進出したのである。[4] 当時、市川崑、大野雄二との鼎談において角川春樹は『ある愛の詩』での成功を回想して次のように語っている。

それから、音だった。フランシス・レイの音楽。アカデミー賞を取りましたね。私がプロモートして、音のほうはビクターで、出した。そして映画配給会社を入れて、本・映画・音を、ジョイントさせたんです。本も売れました。単行本で五十万、ペーパー・バックで六十万です。レコードのサントラも売れ、映画も記録だった「風と共に去りぬ」を上回る配収を、あげたわけです。そのときにつくづく、音楽と映画と本、この三つをジョイントしなければいけない、と思った。[5]

音楽、映像、文学、この三つを領域横断する形で産声を上げた「角川映画」の製作形態は、角川本人も揶揄して「素人商法」[6] と呼ぶものだったが、この体制が一九七〇年代後半からの日本映画を決定してゆくこととなる。同鼎談上で白井佳夫が語るように、「角川映画」の始まりは映画製作者にとっても観客にとっても、「角川さんという外部の世界の血が、映画界に輸血されたことが巧くいっていることの証明」[7]として受け止められたのだ。

この後も、「角川映画」の快進撃は収まらなかった。『犬神家の一族』の翌年には早くもミステリー作家・森村誠一原作の『人間の証明』(佐藤純弥監督、配給東映・ヘラルド、一九七七)を製作、大ヒットさせ「大作映画の角川」を印象づけた。脚本を一般に公募し(最終的には松山善三の脚本が選ばれた)[8]、まだ珍しかった海外ロケをニューヨークで敢行[9]、人気上昇中の松田優作を主演に、岡田茉莉子、三船敏郎、ハナ肇、鶴田浩二(特別出演)とオールスター・キャストをそろえたこの作品は話題性に事欠かず、また「母さん、僕のあの帽子、どうしたんでしょうね?」のテレビCMコピーと主題歌の相乗効果も相まって[10]、複数メディアを横断する「角川商法」を確立した作品となった。原作者・森村誠一も、この映画を契機に一躍ベストセラー作家になることになる。

しかし忘れてはならないのは、「角川映画」の新しさは、そのメディア・ミックス戦略のみにあるのではなかったという点だ。その「素人」ならではの新しさは、映画自体の製作・配給体制に大きな影響力をもつものだった。従来の日本映画の枠は、二本立ての番組を固定された期間を決めて上映していく、いわゆるブロック・ブッキングの体制を取っていた。この体制が崩れ始め、日本映画の大作を一本立てで洋画系劇場で公開する、フリー・ブッキングの体制への転換が始まったのが、『砂の器』『八甲田山』『宇宙戦艦ヤマト』などが公開された一九七三―七五年のことである。映画批評家のおかじょうじは、これを「プログラム・ピクチャーが力を失い、大量動員の出来る大作路線へと各映画会社が移ってきたことの結果であろう」[11]と分析している。そしてこのフリー・ブロッキング体制の定着に大きく貢献したのが、「角川映画」の大作群だったのだ。こうして作られた大作群の成功により、一九七八年、日本映画の配収は三一〇億円と史上初めて三〇〇億円台に乗り、三年ぶりに洋画を上回って「邦高洋低」という結果を生み出した[12]。しかし、華やかな大作映画の影で、このフリー・ブロッキング体制は、結果的に映画会社各社のプログラム・ピクチャーおよびその系列によってブロック・ブロッキングされてきた各地の映画館の衰退を招く原因となってゆく[13]。さらに、このフリー・ブロッキング体制をフジテレビ、TBSなど、後続して映画製作に乗り出してきたテレビ企業が踏襲することによって、日本映画界は映画と他メディアの大資本とが結びついた、新しい時代へと大きく舵を切ることになったのである[14]。

では、果たして「角川映画」は日本映画史に新しい一断面を切り拓いたのか、それとも映画を単なる文化産業の商品形態へとおとしめてしまったのか？　この問いに答えることは難しい。なぜなら、そもそも「角川映画」がそのメディア・ミックス戦略において交錯させた映画、文学、音楽という芸術ジャンルは、そのどれもが文化産業の領域と純粋芸術の領域とのあいだで揺れ動いてきた歴史をもつものだからだ。日本映画の歴史をさかのぼってみても、映画と文学がタッグを組んで商品価値を高めるという戦略はけっして目新しいものではない。商品形態としての文学という点では、一九二〇年代には新聞・雑誌小説の映画化はすでに恒常化されていた。各映画会社は、菊池寛や久米正雄といった人気作家の映画化権の獲得をめぐって競い合い、主題歌のレコードを吹き込み、企業とのタイアップ戦略に腐心していた[15]。たとえば横光利一原作の『家族会議』の場合、新聞での連載が終了した直後に松竹がその映画化権を取得し、製作の開始がメディアを通じて公表されているのみならず、映画広告の筆頭には監督の名前ではなく「横光利一原作」の文字を見ることができる。このように、文学の商品化がますます進む一方で、映画やレコードといった複数のメディアが親密な網の目を形作り、メディアの受け手＝読者あるいは観客にそれを読み解くリテラシーを作り出していたことが、映画の成功を促す要因となっていったのである。

こうした映画史を鑑みれば、けっして異常なものではないと思える「角川映画」の戦略が、それほどまでに観客や製作者側にとってショッキングな出来事として受け取られたのはなぜなのか（「昨年十一月の角川映画『犬神家の一族』の登場は、日本映画の性格を一変させた。配収十八億、このとき以来、従来の日本映画は映画ではなくなった。或は従来の日本映画が映画であるとすれば、角川映画は映画ではなく、超映画というべきものとなった」[16]）。この問いに対する答えは、おそらく「角川映画」の大作商業主義、つねに話題を引き起こすメディア戦略という観点のみからでは答えられない。そこには「角川映画」を貫くある種のイデオロギー――言ってみれば退行的ユートピア主義のようなもの――があり、またそれが「角川映画」が最も生彩を放っていた一九八〇年代の時代精神と合致したこと、そしてそうした映画作りの土台を支えていた人材――一九七〇年代以前のスタジオ・システムで鍛えられたスタッフたち――と新しい世代の監督たちとの出会いがあったことが、大きな要因として認められる。「文化現象としての角川映画」とは、これら複数の要因が絡まりあって生れ出てきたものだったのではないだろうか。個々の作品ではなく、現象としての「角川映画」を分析する手がかりとして、ここで三つのキーワードを挙げてみたいと思う。それは、「少女」、「謎」、「マシンガン（＝暴力）」である。これらのどの要素も、「角川映画」が作品として、また映画という商品として市場で流通していく際に、大きな役割を果たしている。一つの作品に必ずしもすべての要素が組み込まれているわけではないが、映画を展開させる根底にあるダイナミズムとして、これらの要素を見出してゆくことを次節以降の課題にしたいと思う。

## 2 「少女」、「謎」、「マシンガン」――三つの文化表象

「少女」、「謎」、「マシンガン」――これらの一見とりとめのない単語群は、しかし、市場としての文学界において考えてみた場合、以下のような言葉でパッケージングすることが可能である。すなわち、「少女」はいわゆる「少女小説」あるいは「ジュヴナイル小説」、「謎」は「ミステリー小説」、「マシンガン」は「アクション小説・ハードボイルド小説」という形をとって、商品価値を付与されている。メジャーな大衆娯楽小説として位置づけられたこれらのジャンルは、商品形態として安定していると言えるだろう。「角川映画」がその原作として選ぶのは、多くの場合これらの大衆娯楽小説からである。こうした題材の選択は、一見したところ明白な商業主義に基づいていると思われる。しかし、そのパッケージ化された商品の滑らかな表面のすき間から、「角川映画」を徴づけることになるいくつかのイメージが浮き上がってくるのだ。

まず、「少女」という「角川映画」そのもののダブル・イメージとも言える形象について見ていこう。この「少女」というイメージが初めて「角川映画」の作品中に登場するのは、角川春樹事務所がまだ大作路線を進めていた一九七〇年代後半、大作第三弾となる『野性の証明』（配給東映・ヘラルド、

一九七七）においてである。前作『人間の証明』同様に森村誠一原作、佐藤純弥監督という製作体制のもと、主演の高倉健が引退した自衛隊特殊工作隊員を演じるこのアクション・ミステリー作品は、屈強な隊員たちが過酷な訓練を繰り広げるシーンから幕を開ける。一九七〇年代末の日本という、対外的にも国内的にもなかば弛緩した時代には不釣り合いに見えるこの訓練風景は、人々の抑圧された冷戦への恐怖を暗示的に示しているとも解釈できるが、焦点となるのはこの自衛隊という存在が、映画の核となる地方都市の利権争いをめぐる一連の事件を、背後から影のように覆っているという点である。地元暴力団の悪事が丹念に描かれるのとは対照的に、組織全体としては姿を見せず、物語の黒幕として観客の恐怖心を煽る自衛隊のイメージは、現実の組織に対応するものというよりはむしろ、大衆の心の奥底に潜んでいる国家組織の「陰謀」[17]への恐怖と猜疑心をイメージ化したもののように思える。それを証明するかのように、映画のラスト・シーンで高倉健と対峙するのは、一連の事件の犯人ではなく、個々の貌を欠いた物言わぬ自衛隊の戦車の隊列なのだ。

ここで重要となってくるのが、薬師丸ひろ子が演じる少女・頼子の存在である。高倉健演じる主人公・味沢がやむをえず自分の父親を殺した現場を目撃した彼女は、その瞬間の記憶をなくし、罪の意識に苛まれる味沢の養女となっている。やがて、地方都市の利権と国家権力との癒着を知ったため、追われる身となった味沢との逃走中、彼女は記憶を取り戻し、味沢のことを避けるようになる。しかし逃走劇が最後の局面になったとき、彼女は味沢を「お父さーん！」と呼んで彼の後を追い、撃たれて息を引き取るのである（二時間一五分三九秒）［図2］。「暴力＝マシンガン」が満ち溢れるこの映画のなかで、人間兵器として使命づけられた主人公を救済する天使のように現れる「少女」のイメージ

図2

——身一つとなった味沢は、ラスト・シーンにおいて、頼子を背負い戦車の隊列に立ち向かう——この未来へと開かれた、純真無垢な「少女」と、それに対置される——しかし、時に通底しあう——イメージ群が、「角川映画」を代表するシンボルとなってゆくのである。

一九六〇—七〇年代の東映任侠映画において象徴な役割を引き受けた俳優・高倉健が、年端もいかない少女を背負って戦うというイメージ。このイメージこそ、従来の日本映画のスタジオ・システムと、その眼前に打って出た若き角川春樹率いる「角川映画」の戯画化されたイメージだったかもしれない。なぜなら、一九七〇年代をわたって東映実録やくざ映画や日活ロマンポルノで生き延びていた日本映画黄金期の基層——巨匠たちのもとで訓練を積んだスタッフたち——なくしては、「角川映画」の技術的・感性的な質の高さは保てなかったと思われるからだ。たとえば『野生の証明』と前作『人間の証明』は、両作品とも撮影・姫田眞佐久、録音・紅谷愃一、照明・熊谷秀夫という布陣でスタッフが組まれているが、その誰もが戦後日本映画史を背負ってきた人物である。撮影の姫田は今村昌平のキャメラマンとして知られ、ロマンポルノを含めた日活の映画を作り続けていた。[18] 一方録音を担当した紅谷は、大映京都撮影所に入所したのち日活に転職、その後も今村プロの作品および日活ロマンポルノを支え続けた人物である。照明の熊谷秀夫もまた、大映京都撮影所に入所したのち照明助手として溝口健二の作品にも参加し、日活に転職してのちは鈴木清順作品などに参加、七〇年代は日活ロマンポルノを支えたベテランだった。スタッフワークの豪華さは、角川第一作の『犬神家の一族』においても言えることである。監督の市川はもちろんのこと、照明にはキャメラマン・宮川一夫とともに溝口の作品を支えた岡本健一がクレジットされている。日本映画に突如彗星のように現れた角川春樹と「角川映画」であったが、その成功の基盤には旧来のスタジオ・システムの遺産が脈を打っていた。「角川映画」は従来の映画史観では、スタジオ・システムの伝統を切り崩した文化産業であるとの見方が強いが、むしろ閉塞感で喘いでいたスタジオ・システムの遺産を、未知の世界へと誘う無垢な子どものように現れたのが、作家中心でもイデオロギー先行でもない、新たな形の独立プロ・角川春樹事務所だったとも言えるのではないだろうか。

こうした何も知らない無垢な子ども＝「少女」をデビュー作において演じた薬師丸ひろ子は、その後も「角川映画」を代表するアイドルとして、幾人もの監督のもと、さまざまな表情を見せてゆくこととなる。とりわけ一九八〇年代に入ると、「角川映画」は気鋭の作家の原作による青春映画路線を志向していくが、その中核には観客を引きつける「スター」の存在が不可欠だった。「角川映画」は独自のオーディションを行い、俗に「角川三人娘」と呼ばれる少女スター——薬師丸ひろ子、原田知世、渡辺典子——を中心としたスター・サイクルを形成、主にこれに則った形式で作品を製作してゆく。独立プロでありながら、スタジオ・システムにおいて形成されてきた「スター・システム」をその主軸として導入したことも画期的であるが、この少女スターたちがさらに「アイドル」として、一九八〇年代のアイドル全盛期のポピュラー文化の寵児となったことが「角川映画」のイメージを決定づけたと言えるだろう。テレビがポピュラー文化の中心となった一九八〇年代、多くの映画会社が苦戦を強いられるなか、「角川映画」は「スター・システム」を有効に使うことによってアイドル産業に参入し、少女スターたちを「文化商品」としてパッケージ化することに成功した。彼女たちは、少女特有の細く甘い声で映画の主題歌を歌い、「角川映画」とポピュラー音楽産業との紐帯をさらに強いものとする。(19) その一方で、角川アイドルたちのテレビへの露出は抑えられたため、彼女たちはかつて映画黄金期のスターたちがもっていた秘密めいた魅力を保つことができたのである。

また、少女スターを中心としたことにより、「角川映画」の製作方針は大きな路線変更を行うこととなった。それまではエンターテインメントに徹した超大作映画が「角川映画」のトレードマークだったが、少女スターたちを中心に据えた一九八〇年代以降の青春映画は、むしろ子どもと大人のあいだを揺れ動く彼女たちのはかない魅力をその最大の魅力として押し出すようになる。そのため、「角川映画」の物語形式は多くの場合、少女が大人へと変貌してゆく成長物語の形をとることになった。そこで重要となってくるのが、彼女たちが大人へなるための一種の「通過儀礼」としての事件――「謎」の存在である。ある「謎」に出会い、それを追いかけ解決してゆく物語は、少女がその「謎」との出会いによって成長してゆく物語と重ねられ、大きな劇的効果を生み出すこととなる。また、こうした「謎」の物語は角川書店の主力商品である「ミステリー小説」という文学ジャンルと合致し、「角川映画」のメディア・ミックス路線をさらに推し進めることとなった。「謎」を媒介としたアイドル映画、という一九八〇年代「角川映画」の主力商品の誕生である。

## 3　女優・薬師丸ひろ子――シャーマンとしての少女

「少女」と「謎」をめぐる映画の系譜において、やはり一番重要なのは、女優・薬師丸ひろ子の存在だろう。『野性の証明』のオーディションに合格し、デビューを飾った彼女は、そのあと彼女自身の成長に合わせるようにして、「少女」と「謎」のモチーフを変奏してゆく。ここで重要なのは、彼女の「角川映画」作品は一つとして同じ監督によるものがないこと、のみならず、彼女を中心に据えた「アイドル映画」という枠組みを通して、数多くの若手監督がメジャー・デビューを果たしているという点である。さらに興味深いのは、超大作一本立ての製作体制で映画界に新しい風を吹き込んだ「角川映画」が、一九七九年を境に一本立て大作と二本立て興行の両輪による製作体制へと方針を切り替えていることである。一見すると、従来のプログラム・ピクチャーへと逆行するような「角川映画」の選択は、旧弊な映画製作・興行システムに戻ることを意味するのではなかったと思われる。そこには、「大作の連続ヒットで作り出した実績と財力とで、プログラム・ピクチャーを再生し、かつての日本映画が持っていたパワーと娯楽性を再生し、観客を映画館へと呼び戻そうとする」[20]意思が働いていたのではないだろうか。

それを証明するかのように、薬師丸ひろ子という稀有なスターを得た「角川映画」は、前述のように若手の気鋭の監督たち――従来のスタジオ・システムに組み込まれていないいわば「外部」の作家をも含む――を次々と彼女の作品に登用している。薬師丸の「角川映画」第二作目となる『ねらわれた学園』（配給東宝、一九八一）は、一九六〇―七〇年代にはテレビ・コマーシャル界の寵児であり、(21)自主映画作家としても活躍していた大林宣彦を起用（大林の「角川映画」作品は二作目）、眉村卓の学園ミステリー小説をアイドル映画へと転換させた。さらに同年末には日活ロマンポルノで助監督の経験を積み、薬師丸主演で前年に公開された『跳んだカップル』（キティ・フィルム製作・配給東宝、一九八〇）で長回しを主体とした大胆な演出で注目を集めていた相米慎二を抜擢。赤川次郎の原作を映画化した『セーラー服と機関銃』（キティ・フィルムと共同製作・配給東映、一九八一）を製作して大ヒット（配収二三億円）させる。(22)この『セーラー服と機関銃』は「少女」と「謎」、そして「角川映画」のもう一つの重要なモチーフである「マシンガン＝暴力」を全面に押し出したという点で、一九八〇年代から始まる「角川アイドル映画」という一つの潮流のプロトタイプとも言える作品となる。さらに、そのメディア・ミックス的商業戦略も大成功を収め、大量に流れるテレビ・コマーシャルと「カ・イ・カ・ン」という薬師丸の台詞をフィーチャーした宣伝コピーはその年の話題をさらい、薬師丸自身が歌う映画と同タイトルの主題歌も大ヒットすることとなる［図3］。

この成功のあと、薬師丸ひろ子は「角川映画」を象徴するスターとして着実に歩を進め、『探偵物語』『里見八犬伝』（ともに配給東映、一九八三）『メイン・テーマ』（配給東映、一九八四）『Wの悲劇』（配給東映、一九八四）と、ヒット作を立て続けに発表する。そしてこれらの作品の監督に選ばれたのは、いずれもまだ年若い長篇を発表し始めたばかりの作家（『里見八犬伝』の監督・深作欣二を除く）であった。たとえば『探偵物語』の監督はやはり日活出身の根岸吉太郎、前々年にATG製作で撮った『遠雷』が高く評価されたばかりの頃だった（原作は『セーラー服』に続き赤川次郎が選ばれ、すでにあった短篇を赤川

図3

自身が映画のために書き直したオリジナルである）。続く『メイン・テーマ』には自主映画出身の森田芳光が選ばれたが、彼も前年にATG製作で撮り上げた『家族ゲーム』が話題を集めた直後だった（原作は片岡義男のオリジナル）。そして『Wの悲劇』の監督を務めたのは東映で長く助監督のキャリアを積んだ澤井信一郎であり、彼もまた松田聖子主演の『野菊の墓』（製作東映・サン・ミュージック、配給東映、一九八一）で監督としてのデビューを果たしたばかりだった。

薬師丸を軸に集められたこの三人の映画作家は、その作品および原作に対するアプローチも三者三様であった。根岸吉太郎が赤川次郎の原作に寄り添いつつも、「少女」から大人へ脱皮するという「角川映画」の定式に日活ロマンポルノで培った陰影の深い人物描写を加えていったのに対し、[23]森田芳光は「角川映画」および片岡義男のもつ商業性に徹底して批評的なスタンスを取り続け、物語をほとんど崩壊寸前にまで至らせる。[24]一方、澤井信一郎は共同脚本の荒井晴彦とともに、与えられた夏樹静子の原作を脱構築し、映画のなかで主人公たちによって演じられる「劇中劇」として翻案するという意表を突いた戦略をとることによって、映画を原作から独立した「少女」と「謎」と「暴力」の物語へと生まれ変わらせている。[25]この三作品において、薬師丸はいずれにおいても「少女」から「大人」への移行期に訪れる「通過儀礼」を演じているが、実際に育てられていったのはむしろ映画作家たちのほうであり、薬師丸はその成長を媒介するシャーマン的な役割を演じていたのだと言ってよいだろう。

こうした「スター」を利用した「プログラム・ピクチャー」の再生という方針が、二本立て興行においても併映された作品においても貫かれていることを付け加えておかねばならない。「角川映画」の生み出したもう一人の「スター」、原田知世は、もともと渡辺典子を選出したオーディションで特別賞を受賞した少女だった。しかし彼女は、テレビ・ドラマ版の『セーラー服と機関銃』の主演としてデビューし、人気は急上昇する。そして満を持して主演した『時をかける少女』（一九八三）においてその人気が爆発するが、このときの併映作品は、薬師丸主演の『探偵物語』であった。いわばどちらもがメイン作品といえるこの二本立て興行は相乗効果をもたらして大ヒットし、二八億円の配収をあげるに至る。[26]

薬師丸と原田の黄金コンビは、このあとも二度、『メイン・テーマ』と『愛情物語』、『Wの悲劇』と『天国にいちばん近い島』で繰り返され、それぞれ十八億五千万円、十五億五千万円という記録を残している。[27]「角川映画」による新たな「プログラム・ピクチャー」の生成という野心は、一九八〇年代においてひとまずの成果を得たと言えよう。

## 4 暴力表象としての「マシンガン」

ここで「少女」と「謎」という一九八〇年代を席巻した「角川映画」の物語の系譜に、一見対照的であるが、これらと必然的に結びついたモチーフである「マシンガン＝暴力」の物語の系譜を見てみよう。そもそも「角川映画」は、「少女」と「謎」ではなく、「暴力」と「謎」の映画として始まったと言っていい。その第一作である『犬神家の一族』は、一人の男をめぐる「謎」が、殺人という「暴力」の異常なまでの増殖によってさらに混迷を深めてゆく物語だった。こうしたある種、男根主義的な「暴力」の物語は、一九七〇年代の大作路線を通じて連作されてゆく。時代が現代へと移り、「暴力」は「銃器」、とりわけ機械的な「マシンガン」の登場によって象徴的に描かれるようになる。それは非＝人間的な文明世界という暗黒の未来ヴィジョンを伴いながら、「少女」の示す一種退行的なユートピア観と対応するように「角川映画」の一つの源流をなすイメージだった。その象徴となったのが、大藪春彦や北方謙三といった作家の描く「アクション小説」、「ハードボイルド小説」の世界であり、(28)そのなかで主人公を演じた松田優作や草刈正雄といった俳優たちである。

なかでも大藪春彦原作、村川透監督、松田優作主演で撮られた『蘇る金狼』（配給東映、一九七九）『野獣死すべし』（配給東映、一九八〇）は七〇年代から八〇年代への移行期を徴候的に示す作品としても興味深い。おそらく村川・松田のコンビによる『最も危険な遊戯』（製作配給東映、一九七八）に続く「遊戯」シリーズの成功を受けて企画されたと思われる「角川映画」の大藪春彦原作シリーズは、どちらも『野性の証明』における高倉健のように、「人間兵器」と呼べるまでに自らの肉体と精神を研ぎ澄ました男性主人公を中心に展開する。たとえば『蘇る金狼』の主人公は、昼は凡庸なサラリーマンだが、夜には愛用のリボルバーを始めとする武器を使いこなし、鋭い頭脳と緻密な策略を駆使して組織に反逆するアンチ・ヒーローである【図4】。彼は次々と政界・財界の大物を仕留めてゆくが、あ

図4

と一歩ですべての欲望が満たされると思われたそのときに、恋人によって刺殺されてしまう。一方、『野獣死すべし』の主人公は、戦地をめぐる通信社のキャメラマンという前歴をもち、表の顔は『金狼』の主人公同様に穏やかだが、裏に「暴力」に対する狂気を隠しもち、次々と犯罪と殺人を重ねてゆく。彼らに共通して言えるのは、どちらもその「暴力」の対象に対して個人的なあるいは感情的なわだかまりがあるのではなく、ただ「暴力」への衝動が彼らを突き動かし、また得体の知れぬ巨大な「組織」に立ち向かわせるという点である。こうした個の名をもたない敵への恐怖、あるいは「暴力」そのものに対する畏怖が、「少女」と「謎」だけに留まらない、「角川映画」のもう一つの顔を作っているように思われる。

一九七〇年代、折しも時代は転換のときにあった。一九六〇年代の政治の季節は幕を閉じ、目に見える「敵」の存在が見失われてゆくなかで、一九八〇年代にピークを迎えることとなる消費資本主義が人々の生活を次第に浸食していった。そうした手探りの季節のなか、目に見えない、しかしわれわれの世界を影で操っている「敵」に対する誇大妄想的な想像力が、一九七〇年代の大作映画を媒介として、徐々に育まれていったのではないだろうか。『犬神家の一族』や二つの「証明」シリーズ、『戦国自衛隊』(一九七九)、『復活の日』(一九八〇)といった「角川映画」の初期を彩った大作映画の数々は、こうした「陰謀論」的な想像力、背後に存在する「絶対知」が不意に無差別的に振るう「暴力」に対する恐怖に貫かれているように思われる。そうした圧倒的な「暴力」に対して、ときにあらがい、またときには「暴力」そのものに憑依されてしまった形象として（彼らは自分の手足のようにリボルバーやマシンガンを扱う）、松田演じる大藪シリーズの主人公は観客に支持され、またその「恐怖」への裏返しの渇望を刺激していたのである。

## 5　ユートピアの終焉

一九七〇年代末と一九八〇年代初頭をブリッジする形で表れてきたこうした「マシンガン＝暴力」の形象は、すぐに「少女」が体現する一九八〇年代の多幸的かつある種退行的なユートピア観に吸収されてしまう。それはたとえば、「少女」が機関銃を手に暴力の巣のなかへ飛び込んでゆく『セーラー服と機関銃』や、「暴力」の形象そのものだった松田優作演じる探偵が女子大生の力を借りて事件を解決してゆく『探偵物語』といった作品が表している事態だろう。しかし「角川映画」を、また角川春樹を時代の象徴へと押し上げた時代状況そのものが、やがて「角川映画」を喰い尽くしてゆく。一九八三年、日本映画界に早くも転機は訪れた。この年、フジテレビが本格的に映画製作に乗り出した『南極物語』（佐藤純弥監督、配給東宝）、前年空前の大ヒットとなった『E．T．』（UIP配給）、カンヌ映画祭グランプリを受賞した今村昌平監督『楢山節考』（東映・今村プロダクション製作）などが公開された。とりわけ『南極物語』は、フジサンケイグループがテレビ媒体を中心にメディア・ミックス戦略を駆使した「角川商法」を上回る大量宣伝を展開し、日本映画最高の配収五六億円を稼ぎ出した。「角川映画」が利用してきたテレビや広告といったメディアが、「角川映画」の方法を踏襲しつつ、追い越してしまったのである。[29] その年の「角川映画」の主力商品は『探偵物語』と『時をかける少女』の二本立てと、薬師丸と真田広之主演、深作欣二監督の『里見八犬伝』であり、これもある意味「角川映画」の頂点を極めるラインナップだった。薬師丸と原田の二本立て製作体制が続いた一九八三年—八四年は「少女」と「謎」をめぐる一九八〇年代「角川映画」の黄金期であったと言えるだろう。しかし、アニメ作品の『幻魔大戦』に続く『少年ケニヤ』（大林宣彦監督、今沢哲男共同監督、配給東映、一九八四）、渡辺典子主演の『晴れときどき殺人』（井筒和幸監督、東映セントラル配給、一九八四）などの興行的失敗に見られるように、黄金期の影で、「角川映画」的ヴィジョンの衰退はすでに始まっていた。

一九八五年、映画製作十年目に入った角川春樹事務所に、大きな変化が訪れる。これまで「角川映画」を象徴するスターであった薬師丸が、事務所を辞めて独立したのである。このため、黄金期の薬師丸・原田主演の二本立て興行ができなくなった角川事務所は、残された原田、渡辺、野村宏伸の三人を軸にした映画製作を続けるという厳しい岐路に立たされた。その年、原田主演『早春物語』（澤井信一郎監督、配給東宝・角川）と志穂美悦子主演『二代目はクリスチャン』（井筒和幸監督、配給東宝・角川）が十二億円配収のヒットを飛ばすが、その後の「角川映画」は明らかに生彩を欠いていった。そして、一九八八年の『花のあすか組』（崔洋一監督、配給東宝）と『ぼくらの七日間戦争』（菅原比呂志監督、配給東宝）の二本立てを最後に、角川事務所は企画の立て直しを計り、事務所所属の原田、野村らのスターたちを独立させ、製作体制の強化を進める方針を打ち出すこととなったのである。[30]

もうすぐ一九九〇年代に入ろうとする一九八九年、「角川映画」は大きな賭けに出る。角川春樹自身が監督を務め、「角川映画」初期の大作路線を思わせる超大型時代劇『天と地と』（配給東映、一九九〇）の企画をスタートさせたのだ。この海音寺潮五郎原作の大作は、川中島の戦いを頂点とする上杉謙信と武田信玄の確執を軸として描かれるスペクタクルであり、大規模な海外ロケを行った壮大な合戦シーンが大きな話題を呼んだ。角川事務所の挑戦は、スペクタクル映画への回帰という点に留まらなかった。この映画の製作において、角川事務所は多くの企業から製作費を募り、同時に宣伝展開の拡大を推し進めることによって、映画をベンチャー・ビジネスとして確立させようと試みたのだ。この映画の製作プロセス・レポートにおいて、『キネマ旬報』は以下のような記述を載せている。


八九年末に一部撮影を残し、クランク・アップした「天と地と」は現在、完成に向けて仕上げの作業に入っている。

これまでリポートしてきたように、空前のカナダロケ、芝居場の国内ロケと撮影はすべて順調にいき、いよいよその全貌が我々の前に姿を現すのも間近となったわけだ。

映画の完成が近付くにつれ、「天と地と」製作委員会の動員対策や、東映の宣伝、マーケット戦略も追い込みに入り、〝熱気〟は撮影現場から営業の現場へと移っていった。

一月末に、この「天と地と」に出資している有力企業三二社が集まった「『天と地と』拡大委員会」でも、各企業から動員・宣伝に対する熱い支援体制が報告され、それを聞いている限りでは配収新記録はもちろんのこと、角川監督の悲願である動員一〇〇〇万人突破も間違いないのではと、そんな気になった[31]。

一九七六年に映画製作を始めて以来、「角川映画」とは撮影・製作の現場と出来上がった映画だけで完結するものではなく、その後の宣伝、動員戦略を含めたすべてが「作品」として構想されていた。『天と地と』は、そうした「メディア・イヴェントとしての映画」という「角川映画」の方針をできるところまで推し進めた作品であったと言えるだろう。

同誌の鼎談において「目標は一応一千万人ですか」と問われた角川は、次のように答えている。「そうです。今日現在（五月一〇日）で、前売りが四九六万枚ですから、五〇〇〇万台にのるのは、間違いないでしょう。採算点というのが九〇〇万なんです。だから一千万人いっても僅か一〇〇万人分の利益しかあがらない[32]」。角川がここで自ら語っているように、『天と地と』の巨大な出資と配給は各出資企業への前売り券の大量なばらまきという形で構成されていた。この年、『天と地と』は五〇億円を超す配給収入をあげ大ヒットとなるが、実際に映画館へ足を運んだ人は少なく、観客席は閑散としていたという。こうした疑似的な大ヒット作を製作し、前売り券を多く売り捌くいわゆる「前売り券映画」は、映画をベンチャー・ビジネスの投機対象とするその後の映画製作体制の走りとなった。「角川映画」は『天と地と』において初期の一本立て大作路線に立ち戻ったかのように見える。しかし、一九七〇年代半ばとバブル景気のただなかにあった一九九〇年代初頭とでは、もはや「大作映画」の示す意味は同一ではなかったのである。

戦国時代の日本に現代のスペクタクルと角川独自の理想主義を投影する『天と地と』は、一九八〇年代の「角川映画」において「少女」と「謎」の物語が体現してみせた退行的ユートピア主義を温存しているかのように思える。しかしそこにはもはや追いかけるべき「謎」はなく、かつての「マシンガン」を「剣」に置き換えた暴力と暴力とが互いに切り結ぶヴィジョンが、ただスクリーン上に繰り広げられる。『天と地と』は、「角川商法」にとっても、「角川映画」を貫いてきた「少女」、「謎」、「マシンガン」という三つのモチーフが作り出すダイナミズムにとっても、一つの臨界点であったと言えるだろう。華麗な絵巻のような映像美のあとに残るのは、「暴力」の記憶ばかりだ。このあと角川事務所は、一九九二年にハリウッド進出を狙った『ルビー・カイロ』（グレーム・クリフォード監督、配給松竹富士）を製作するが失敗、さらに一九九三年には角川春樹が薬物不法所持で逮捕され、角川事務所は実質的に終焉へと至る。角川春樹の最後の監督・製作作品が『REX　恐竜物語』（配給松竹、一九九三）であったことは示唆的である。「角川映画」は、「少女」と彼女が喚起する退行的ユートピア主義を体現するかのような太古からの稀人――恐竜は潜在的な「暴力」の隠喩でもあるだろう――との邂逅の物語によって幕を閉じるのだ。

## 終わりに

以上、一九七〇年代半ばに革命児のように日本映画界に現れ、一九八〇年代前半の黄金期を経て一九九〇年代の終焉へと至る独立プロダクション・角川春樹事務所が作り出してきた「角川映画」の足跡を追ってきた。配給を洋画系ロードショー館にすることによって大作一本立て興行を可能とし、従来の日本のスタジオ・システムが築いてきたプログラム・ピクチャーを切り崩した「角川映画」は、製作費の半分を宣伝費に費やし、さらに文学、音楽、テレビといった他メディアと協同することによって大きな利益を上げる「角川商法」によって映画を文化産業の商品へと貶めたとの評価がこれまで主流を占めてきた。しかし、新たな製作体制を打ち出すことによって、疲弊した日本映画界を活気づけた功績、ことに日活ロマンポルノや東映実録やくざ映画などのプログラム・ピクチャーのなかで生き残っていたスタジオ・システムの技術や人材を登用したことの意味は大きい。また一九八〇年代に入ると、少女スターを中心とした「アイドル映画」という枠組みのなかで新しい才能を次々と登用、多くの若手監督のメジャー・デビューの場を形作った。一九八〇年代末、翳りを見せ始めた「角川映画」を蘇生させるべく、角川事務所は大企業から出資された巨額の資金を投入して大作スペクタクル映画『天と地と』を製作する。「少女」が体現する退行的ユートピア主義と「暴力」の主題が華麗な映像美のなかで入り混じるこの作品は、記録的な配収を上げたものの、その大部分はチケットの大幅な前売りによるいわゆる「前売り券映画」の戦略によって得られたものであり、映画を投機の対象とする現代まで続く一つの潮流を形作ったものの、映画作品としてかつてのような輝きを放つことはなかった。時代の寵児であり、また自らも時代に翻弄された角川春樹と彼が作り続けた「角川映画」とは、日本映画史においてどのような意味をもちうるのか。彼らの挑戦が幕を閉じ、二〇年の歳月が過ぎた今こそ、その問いに対する答えが探求されるべきなのかもしれない。

（1）樋口尚文『砂の器』と『日本沈没』70年代日本の超大作映画』筑摩書房、二〇〇四年、一四三頁。

（2）「そんな状況の中、十月十六日から角川春樹事務所製作、東宝配給の「犬神家の一族」がロードショー公開される。角川書店の〝横溝フェア〟にタイミングを合わせて公開し、書籍と映画で多角的に宣伝しようとするもので、角川春樹事務所の第一回作品だ。すでに映画宣伝としては考えられる従来のワクの範疇を軽く越える宣伝体制となっており、かなり浸透宣伝がきいてきて、現在の邦画でなしうる宣伝としては、まず、パーフェクトに近い。（…）横溝正史の文庫本は、このところ急上昇の売れ行きをみせている、という。それは角川書店が最初に目論んだことで、いわば予定どおりに進んでいるといえるものだ」（黒井和男「興行価値」、『キネマ旬報』一九七六年十月下旬号、一七八頁）。

（3）『映画芸術』一九七七年十月号、一二頁。

（4）座談会「市川崑・大野雄二・角川春樹　新しい日本映画の誕生」『キネマ旬報』一九七六年十月上旬号、七三―七四頁。

（5）同座談会『キネマ旬報』七六頁。

（6）同座談会『キネマ旬報』七六頁。

（7）同座談会『キネマ旬報』七七頁。

（8）「ドキュメント　映画『人間の証明』のすべて　2／公募シナリオ選考会」『キネマ旬報』一九七七年五月上旬号、一〇三―一〇八頁。

（9）「ドキュメント　映画『人間の証明』のすべて　4／ニューヨーク・ロケ」『キネマ旬報』一九七七年六月下旬号、一一六―一二〇頁。

（10）「〝母さん、僕のあの帽子どうしたんでしょうね〟〝たたりじゃ〟などの流行語が誕生したが、このような現象も斜陽と呼ばれて久しい映画界にはなかったことであった」（川端靖男、新堀翔「1977年度日本映画・外国映画業界総決算　経営／製作／配給／興行のすべて」『キネマ旬報』一九七八年二月下旬号、一一八頁）。

（11）おかじょうじ「角川映画2本立て作品の系譜」『キネマ旬報』一九九一年七月下旬号、五二頁。

（12）川端、新堀、前掲論文、『キネマ旬報』一九七八年二月下旬号、一一九頁。

（13）「邦画の配給＝興行の流れ、といわれる〝ブロック・ブッキング〟は、もう完全な形で存在することはできず、ここ数年のうちに大きく変ってきている。そこでヒット作品を長期に公開し、その間をプログラム・ピクチュアでつないでいく形が常識化していくが、そうなると、ヒットしそうな作品の数をいかに多く生むかにかかってくるわけで、年間四〜五プロの長期公開作品を持つことが基本問題となってくる。結局、大量動員が望める、しっかりした大作といわれるものをつくっていかなければならないということだ。そして、固定化した安定感のあるシリーズのヒット作品を中心にしながら、大作をどううまく回転させてゆくか、にかかってくる。完全にプログラム・ピクチュアの時代は終ったことが証明された年でもあった」(黒井和男「1976年度日本映画・外国映画業界総決算　経営／製作／配給／興行のすべて」『キネマ旬報』一九七七年二月下旬号、一一〇頁)。

(14)「一九八三年の日本映画製作界は、角川映画をはじめとして独立プロダクションの作品が、これまで以上に活躍した年であった。このためロマン・ポルノ路線のにっかつが依然として量産体制を堅持したのを除き、他の三社は純粋な自社作品が減り、提携作品もますます目立つようになっている。特に、独立プロダクション作品は興行的にも上位を独占、名実ともに大手各社を凌駕しており、独立プロダクションが主、大手各社が従と立場が逆転した感さえあった。『南極物語』では、フジテレビと学習研究社、蔵原プロダクションの独立プロダクション三社の提携製作で、電波媒体会社と活字媒体が見事にドッキングして大成功を収めたわけだが、同じ独立プロダクション作品といっても製作形態はより一層複雑化している」(川端靖男、立川健二郎「1983年度日本映画・外国映画業界総決算　経営／製作／配給／興行のすべて」『キネマ旬報』一九八四年二月下旬号、一一三頁)。

(15) 志村三代子「菊池寛の通俗小説と恋愛映画の変容　女性観客と映画界」、岩本憲児編『ホームドラマとメロドラマ　家族の肖像』森話社、二〇〇七年、七五―一〇二頁。

(16)『映画芸術』一九七七年十月号、一二頁。

(17) 映画のイメージを通した「陰謀」論の分析は、吉本光宏『陰謀のスペクタクル――〈覚醒〉をめぐる映画論的考察』(以文社、二〇一二年)を参照した。

(18) 姫田眞佐久『姫田眞佐久のパン棒人生』ダゲレオ出版、一九九八年。

(19) 角川映画の主題歌は、つねにその挑戦的な姿勢で話題を集めてきた。『人間の証明』では西条八十の詩を英訳した歌詞に曲をつけ、劇中にも登場するジョー山中に歌わせた。『復活の日』ではジャニス・イアンが主題歌を担当している。大作路線後のアイドル映画時代になっても、そのクオリティは落ちることなく、来生たかおと来生えつこ、松本隆と大瀧詠一、南佳孝、呉田軽穂（松任谷由実の変名）といった豪華な布陣をそろえている。

(20)おか、前掲論文、五三頁。

(21)公開当時、大林の演出を「コマーシャル・フィルム」的と評した映画評もあった。「あいかわらずの大林美学とでもいうのであろうか、その映像感覚は人工的で美しい。瞬時に見せる閃きは華麗で魅惑的である。だが、それはワン・ショットごとに切り取られた〝絵〟としての画面構成の美しさであって、作品全体の流れではない。総体的には、コマーシャル・フィルムの寄せ集めといったら酷であろうか」（浜野優『ねらわれた学園』MOVIE REVIEW」、『キネマ旬報』一九八一年八月上旬号、一五六頁）。

(22)「垣井：お寺からバイクに乗って街に出ていくところは、七、八分くらい回しっぱなしですか。相米：六分くらいかな　赤川：長いですね。カット数はすごく少ないでしょ。相米：九十カット。赤川：すごいな。普通の映画の三分の一から四分の一。カットを切りたくないんでしょ。相米：うん。へただからね、カット割るの。それと、薬師丸が一番大きい原因かな。あいつに寄って芝居させても全然意味ないもの」「『セーラー服と機関銃』特集1　赤川次郎・相米慎二・垣井道弘　座談会「この作品は大まじめな青春映画だ！」」（『キネマ旬報』一九八一年十二月下旬号、五一頁）。

(23)「岡田：ひろ子っていうと、アイドル映画っていう風にイメージする筋もあると思うけど、その辺は意識するかね。根岸：それはあまりないね。もう年齢的にもそういうところから脱却するころだし、本来、そういうことで見に行ったら、わりと違った映画だったとか、逆に映画ってケッコウ面白いんだなって思われればいいなと最初思ってたことなんだけどね」「『探偵物語』特集1　根岸吉太郎VS岡田裕」（『キネマ旬報』一九八三年七月上旬号、四五頁）。

(24)「少年たちは片岡義男の映画が見たかったのかもしれない。生憎これは森田芳光の映画なのである。森田芳光は原作の設定を一部拝借しただけで、映画からは片岡義男の小説装置は見事にぶっ飛んでしまっている」（香山二三郎「日本映画批評『メイン・テーマ』」『キネマ旬報』一九八四年九月上旬号、一五〇頁）。

(25)「山根：(…)「Wの悲劇」が面白いのはなによりまず原作を劇中劇にしたということで、そのアイデアがじつにうまく生きてますね。薬師丸ひろ子もそれによって生かされている。原作をそのまま映画化して、薬師丸ひろ子が和辻摩子という女の子を普通にやっているんでは、こういう面白さの映画には全くならない。それにしても、こんなふうに原作を料理して、二重構造のドラマにしてしまうなんて、ものすごい決断ですよね」（「『Wの悲劇』対談：山根貞男・澤井信一郎　二重構造のドラマをみごとに生ききった女優・薬師丸ひろ子」『キネマ旬報』一九八四年十二月上旬号、四二頁）。

(26) おか、前掲論文、五四頁。

(27) 折口明「巻頭特集『天と地と』　角川映画の戦略　15年間の歴史と映画戦略を研究」『キネマ旬報』一九九〇年六月下旬号、一八頁。

(28) 桂千穂「『蘇る金狼』特集1　裡に秘めたる暗い夢を表現する大藪作品とその映画群」『キネマ旬報』一九七九年八月下旬号、七三—七七頁。

(29) 折口、前掲論文、一七頁。

(30) 折口、前掲論文、一八頁。

(31) 五社巴「『天と地と』隔号連載第6回」『キネマ旬報』一九九〇年三月上旬号、一〇三頁。

(32) 「巻頭特集『天と地と』　鼎談：角川春樹・脇田巧彦・黒井和男」『キネマ旬報』一九九〇年六月下旬号、一五頁。

# 編者あとがき

本書の著者である御園生涼子にとって、映画というメディアは声という形象と不可分に結びついていた。ここでの声とは、台詞や歌、ナレーションなども確かに含むが、しかしそれだけに還元できない一種の身体的な契機であり、視覚的イメージに随伴しつつも、ときに映像や物語に抗うかたちでスクリーンや画面から不意に立ち現れ、私たちに語りかけてくるような、ロラン・バルトであれば「プンクトゥム」と呼ぶであろう何かである。彼女がある映画作品について論じるとき、何よりもそれは、そこから発せられる声を受けとめ、聴き取られたものをテクストへと移し替えていく作業を意味していた。ちょうど大島渚の『儀式』のなかで、少年時代の主人公が地面に耳をあて、地中に響く声に懸命に耳を澄ませるように。

それでは、彼女は映画から、いったい何を聴き取ろうとしていたのだろうか。本書に収められた各論考が示すように、端的にいってそれは、歴史や政治の力学によって固有の場所を奪われ、あるいは共同体の外部へと追放された「他者としての生」の声であるといえるだろう（本書五二頁）。非主流派の学生運動家、在日朝鮮人、外地からの引揚者、沖縄人女性、博徒、アイヌとの混血児、広島やくざ……。このような帰属すべき国家や故郷をもたないマイノリティたちは、国民国家の論理とは相いれない他者として、境界と境界のあいだをあてどなくさまようことを余儀なくされる。そして、組織による庇護の埒外に置かれた彼らの身体は、そのヴァルネラブルな様態ゆえに、政治的・社会的・法的な権力が執行される舞台となるとともに、その仮借なき暴力を記録・記憶する媒体となる。著者が大島渚の作品に強く惹きつけられていたのも、通常であれば共同体の視界からできるかぎり遠ざけられ、公的言説から抹消されることを運命づけられた人々に、執拗なまでの情熱でもって焦点を当てているからにほかならない。だが、それと同時に彼らは、暴力や死という、説話的なダイナミズムを駆動するために不可欠な契機と強い親和性をもっているがゆえに、一般に娯楽映画と呼ばれる一般大衆向けの文化商品のなかにもしばしば登場してくる。おそらく、メロドラマややくざ映画といったジャンル形式や、スター俳優という制度的存在は、異質な人々が他者としてスクリーンに現前するさまや、彼らが晒される暴力が観客たちにもたらしうるショックを緩和する装置として機能しているのだろう。そして、映画のなかに表象されたマイノリティたちにたいして、その身に生じた暴力の痕跡を、本書の著者は声ならぬ声として聴き取ろうとするのである。

国家や民族や家族といった共同体の外部に放逐されたマージナルな存在に向けられた著者のまなざしは、前著である『映画と国民国家——１９３０年代松竹メロドラマ映画』（二〇一二年、東京大学出版会）から継続されたものである。彼女が二〇一〇年に東京大学大学院総合文化研究科に提出した博士論文に基づくこの書物では、その副題が示すように、一九三〇年代に松竹で製作されたメロドラマ映画(『その夜の妻』『港の日本娘』『家族会議』『愛染かつら』……)を例に、資本主義的モダニズムと帝国主義的ナショナリズムとの相克や結託の場としてメロドラマというジャンル形式を再規定することが試みられていた。そして、そこでもまた、もっぱら国民国家の境界線上に位置づけられた女性性をめぐる問題について考察するなかで、「混血」「異種混淆性」「無国籍者」「越境」といった主題が扱われていた。

そのような主題に著者が一貫して強い関心を抱きつづけた動機として何よりも大きかったのは、二〇〇〇年から二年半、フランス政府給付奨学生として留学したパリで、アラブ系移民が集まる地区に居住するという経験であったように思われる。それまでストローブ=ユイレの映画を研究していた彼女は、帰国後に日本映画へと研究対象をシフトし、とりわけ女性メロドラマ映画における「越境」というモティーフの究明に本格的に取り組むようになる。また、さらにそのあと彼女は、フルブライト奨学生として一年間ニューヨーク大学に留学し、吉本光宏やハリー・ハルトゥーニアンといった教授陣のもとで研鑽を積むのだが、そこで住居として選んだのも、ギリシア系移民が多く暮らす郊外の地区だった。母国語や人種の異なる他者としてカテゴライズされる人々に混じって、みずからもそのような他者の一人として外国に滞在するという経験こそが、おそらくは彼女のなかで、マイノリティにたいする問題意識をいっそう深めるとともに、その苦悩や痛みにたいする繊細な感受性を養ったのである。

そうした関心のもとに、博士論文の提出後の著者が新たな研究対象に定めたのが、大島渚の監督作品を中心とする戦後日本映画だった。一九三〇年代の日本で、資本主義的な論理に従う「大衆」としての映画観客が、戦時体制への移行に合わせて領土主義的な論理に従う「国民」へと徐々に再編されていく過程を丹念に検証した彼女にとって、それに直接つづく時代、すなわち敗戦というトラウマ的な出来事を経験したあと、紆余曲折がありながらも現在まで連綿と存続しつづけている日本の「戦後」という時代と取り組むことは、必然的な選択だったと言えるだろう。なかでも大島渚は、戦後民主主義という理念のもとで隠蔽され、抑圧された諸々の矛盾や、なおも形態を変えて機能しつづけている領土主義的な排除の原理に目を逸らすことなく正面から向き合い、さまざまなかたちで告発しつづけた。いうなれば、大島作品において一貫して問われていたのは、「他者としての生」の痕跡を、複数の声として、映像という手段をつうじて、いま・ここに響かせることであったのではないだろうか。そして、御園生涼子は、大島渚をつうじてこの声と出会い、それをみずからのテクストのなかで再生しようとしたのだ。すなわち、二〇一三年の監督の死に際して執筆された「オオシマナギサを追悼する」において「とても近しい、しかし決定的に「他なるもの」の面影」と呼ばれている、つねに「幽霊のように立ち戻ってくる」声を――「もう一度、わたしたちはオオシマに出会わなければ。もう一度、もう一度。その運命にも似た引力の圏内に入ることを恐れずに、その繰り返されると同時にただ一度でしかない出会いのチャンスに、もう一度賭けてみなければ。ただもう一度だけでも」（本書一一八頁）。

ここで断っておくと、著者が二冊目の単著としてそもそも構想していたのは、大島渚についてのモノグラフィーであり、本書に収録した『日本の夜と霧』『絞死刑』『儀式』についての論考のほか、『愛のコリーダ』論と『戦場のメリークリスマス』論を新たに執筆することを計画していた。もしかするとさらに、大島作品のなかで彼女がとくに愛好していた『日本春歌考』も最終的にラインナップに加わっていたかもしれない。しかしながら、二〇一三年に筑波大学日本語・日本学類に准教授として就職したあと、しばらくして体調を崩した彼女が、二〇一五年六月に四十歳の若さで逝去したことで、この企画は実現しないままに頓挫してしまった。本書は、その代わりになるものとして、すでに完成していた三本の大島渚論を軸に、彼女がそれまで発表した戦後日本映画についてのテクストのうち、主題的に関連するものを選んで編んだ遺稿集である。書物としての一貫性をもたせるために、彼女が執筆したストローブ＝ユイレ論や黒沢清論、アメリカの映画検閲についての論考などは割愛せざるをえなかった。彼女の絶筆となったナンシー関についての英語論文——Marc Steinberg / Alexander Zahlten (eds.), *Media Theory in Japan*, Duke University Press（近刊）に収録予定——などと併せて、機会があればいつかまとめて日本語で読めるようにできればと思っている。

著者にとって書くこととは、つねに全身全霊をかけて取り組まれるべきものであり、対象となる作品との精神的な格闘だった。ひとつの映画を何度も繰り返し鑑賞し、関連文献の抜き書きを大量に作成したのち、締め切り間際に一挙に書き下ろすというのが彼女の書き方であり、神経を極限まで緊張させながら映像を凝視したり、一心不乱にキーボードを叩いたりするさまは、作品から発せられる微かな声を一言も聞き洩らすまいとするかのようだった。結果的に、そのような執筆スタイルが彼女の心身を疲弊させ、生命を縮めることに繋がってしまったのではないかという思いは禁じえない。だが、彼女にとって、それ以外の書き方をすることもできなければ、執筆しないという選択肢もありえなかった。本書に収録された論考をつうじて、読者もまた、著者が追求しつづけた映画の声を聴き取っていただければと思う。

＊＊＊

各章の初出は次のとおりである。表記や註のスタイルに幾分不統一なところがあるが、できるかぎり原文を尊重するという方針のもと、無理に統一することは避け、最小限の修正にとどめたことを断っておく。書名のほか、各章の配列や図版の選択はすべて編者による。

第1部

「時代を証言する——大島渚『日本の夜と霧』論」、岩本憲児監修／西嶋憲生編『日本映画史叢書3 映像表現のオルタナティヴ』森話社、二〇〇五年

「法の宙吊り——大島渚『絞死刑』（一九六八）における国家と発話主体」、『表象』第六号、二〇一二年

「呼びかける死者たちの声——大島渚『儀式』における国家と戦後民主主義のイメージ」、加藤幹郎監修／杉野健太郎編著『映画学叢書　映画とイデオロギー』ミネルヴァ書房、二〇一五年

「オオシマナギサを追悼する——常にいつもそこにいる運命的な「他者」に向って」『boid.net』http://blog.livedoor.jp/boid/archives/6255496.html　二〇一三年

第2部

「幼年期の呼び声——木下恵介『二十四の瞳』における音楽・母性・ナショナリズム」、加藤幹郎監修／杉野健太郎編著『映画学叢書　映画とネイション』ミネルヴァ書房、二〇一〇年

「従軍する女性達——『ひめゆりの塔』にみる戦争とジェンダー／植民地表象の政治学」、岩本憲児監修／奥村賢編『日本映画史叢書10　映画と戦争』森話社、二〇〇九年

「コロニアル・メロドラマ試論——成瀬巳喜男『浮雲』にみる「植民地主義《コロニアル》メロドラマ」の可能性」、『ユリイカ』二〇一五年四月号（特集：高峰秀子）、二〇一五年

「メロドラマ的回帰——『秋津温泉』にみるメロドラマ形式の可能性」、『ユリイカ』二〇〇三年四月臨時増刊号（総特集：吉田喜重の世界）、二〇〇三年

第3部

「馬鹿は死ななきゃ治らない——『次郎長三国志』における富士山の表象とその遊戯性」、『現代思想』第四一巻第一四号（特集：富士山と日本人）、二〇一三年

「〝ビヤッキー〟と呼ばれた男——内田吐夢『森と湖のまつり』における高倉健のイメージ」、『ユリイカ』二〇一五年二月号（特集：高倉健）、二〇一五年

「召喚される暴力／記憶——『仁義なき戦い』における菅原文太と分有されるイメージ」、『現代思想』二〇一五年四月臨時増刊号（総特集：菅原文太——反骨の肖像）、二〇一五年

「少女・謎・マシンガン——〈角川映画〉の再評価」、加藤幹郎監修／杉野健太郎編著『映画学叢書

交錯する映画――アニメ・映画・文学』ミネルヴァ書房、二〇一〇年

本書の刊行にあたって、多くの方々のお世話になった。なかでも、論文の再録をご快諾くださった奥村賢先生、杉野健太郎先生、西嶋憲生先生、森話社およびミネルヴァ書房の編集者の方々。みすず書房への仲介の労をとってくださった三浦哲哉さん。遺稿集を出版したいというこちらの勝手な希望を快く聞き入れてくださったうえに、担当編集者としてひとかたならぬご尽力やご配慮をいただいた浜田優さん。本書の企画段階から出版にいたるまでつねにあたたかく見守り、さまざまなかたちで応援してくださった著者の両親である御園生誠・由子のお二人。それに彼女の遺稿集をぜひ読みたいと言ってくださった方々に、心より感謝申し上げる。本当にありがとうございました。

生前の著者は、論文の執筆中、その日に書き上げたところを私に読ませて、感想を聞くのが習慣だった。懸命に絞り出すようにして必死に言葉を綴っていた本人の思いをよそに、そのときは批判めいた指摘ばかりしてしまったような気がするが、彼女が遺したテクストをまとまったかたちで読むと、着眼点の独自性や分析の鋭さ、そして何より繊細さと独特の強度を湛えた文章に圧倒される。もはや彼女の新しい原稿を読むことができないことを本当に残念に思うとともに、長年にわたる彼女の努力の成果が、いまこうして一冊の書物として刊行され、新たな読者を得られるようになったことを、編者として、夫として、とても嬉しく思う。妻も天国で喜んでくれていることを切に願いつつ。

二〇一六年九月

竹峰義和

## 著者略歴

（みそのう・りょうこ）

1975年東京生まれ．東京大学文学部英文科卒．パリ第8大学造型文化学科DEA課程修了．東京大学大学院総合文化研究科超域文化科学専攻（表象文化論コース）博士課程修了（博士）．日本学術振興会特別研究員，ニューヨーク大学客員研究員，早稲田大学人間科学学術院助教などをへて，2014年に筑波大学日本語・日本文化学類准教授に着任．専門は，映画研究．著書に，『映画と国民国家―― 1930年代松竹メロドラマ映画』（東京大学出版会，2012年；表象文化論学会奨励賞受賞）．共編著に『淡島千景――女優というプリズム』（青弓社，2009年）．2015年6月，逝去．享年40歳．

御園生涼子
映画の声
戦後日本映画と私たち

2016年10月7日　印刷
2016年10月20日　発行

発行所 株式会社 みすず書房
〒113-0033 東京都文京区本郷5丁目32-21
電話 03-3814-0131(営業) 03-3815-9181(編集)
http://www.msz.co.jp

本文組版 キャップス
本文印刷所 萩原印刷
扉・表紙・カバー印刷所 リヒトプランニング
製本所 誠製本


Printed in Japan
ISBN 978-4-622-08551-5
[えいがのこえ]
落丁・乱丁本はお取替えいたします

国家に内在する「他者」を顕在化させ、「自己」の輪郭の自明性を問う彼女たちの両義的なアイデンティティは、その「他者性」を否認されることによって、神話的なイメージとして語り継がれてきたと言えるだろう。一九九五年版の再映画化において、監督の神山征二郎と共同脚本の加藤伸代は、『ひめゆり』原テクストとなった今井・水木版を参照しつつ、沖縄の「本土」からの異質性を表面化させることによって、その悲劇を描く演出を行っている。少女に訛りのある標準語をしゃべらせ、文化的背景へのより細やかな言及や、琉球語を話す住民の虐殺といった史実を加えられた新たな『ひめゆり』は、しかし、多くの観客を呼ぶことはなかった。[26] 冷戦構造が終わった後の日本において、「ひめゆり学徒」の「弱い他者」イメージは、もはや観客の同一化の対象とはなりえなかったのだろうか。[27] それとも、戦後日本主体は、またしてもスクリーンに描き出された彼女たちの「異質性」を否認しようとしたのだろうか。どちらにしても、「疎外されたネイティヴの女性」としての「ひめゆり学徒」イメージはいまだに「私たち日本人」にとっての「自己」と「他者」との境界を示す指標であり続けている。スクリーンに映し出された少女の身体に刻まれた、この入り組んだ切断線を見出すことができたとき、はじめて私たちは、戦後日本の自己像と、沖縄の少女たちの真の姿を見つめることができるのかもしれない。[28]

（1）『ひめゆりの塔』『きけわだつみのこえ』を含む戦後反戦の語りを分析した研究として、福間良明『「反戦」のメディア史――戦後日本における世論と輿論の拮抗』（世界思想社、二〇〇六年）から多くの示唆を受けた。また、戦後